2024年湖南省职业院校教育教学改革研究项目"教育家精神融入高职师范生培养的实践"（ZJGB2024739）项目研究成果。

高职高专"十四五"规划学前教育专业新标准实践型示范教材

总主编　蔡迎旗

幼儿园班级管理

主　编◎梁　娟　李　维　彭　妹

副主编◎莫云云　周　艳　秦炜森　宋　娟　刘玉立

参编者◎梁　娟（湘南幼儿师范高等专科学校）

李　维（湘南幼儿师范高等专科学校）

彭　妹（湖南民族职业学院）

莫云云（湘中幼儿师范高等专科学校）

周　艳（长沙南方职业学院）

秦炜森（周口职业技术学院）

宋　娟（湘南幼儿师范高等专科学校附属幼儿园）

刘玉立（郴州开放大学）

唐娣群（湖南民族职业学院）

漆　舟（岳阳市岳阳楼区康王中心幼儿园）

梅珺珺（黄冈师范学院附属幼儿园）

肖　燕（黄冈师范学院附属幼儿园）

代雅晶（武汉市直属机关育才幼儿园）

华中科技大学出版社

http://press.hust.edu.cn

中国·武汉

图书在版编目(CIP)数据

幼儿园班级管理 / 梁娟,李维,彭妹主编. -- 武汉:华中科技大学出版社,2025.8. --(高职高专"十四五"规划学前教育专业新标准实践型示范教材). -- ISBN 978-7-5772-2209-7

Ⅰ. G617

中国国家版本馆 CIP 数据核字第 2025MX8000 号

幼儿园班级管理
You-eryuan Banji Guanli

梁 娟 李 维 彭 妹 主编

策划编辑:周晓方　周清涛　袁文娣

责任编辑:张汇娟

封面设计:廖亚萍

责任监印:周治超

出版发行:华中科技大学出版社(中国·武汉)　　电话:(027)81321913
　　　　　武汉市东湖新技术开发区华工科技园　　邮编:430223

录　　排:华中科技大学惠友文印中心

印　　刷:武汉科源印刷设计有限公司

开　　本:889mm×1194mm　1/16

印　　张:15.5

字　　数:405 千字

版　　次:2025 年 8 月第 1 版第 1 次印刷

定　　价:49.90 元

编写委员会

总主编

蔡迎旗　华中师范大学教授，博士生导师
　　　　教育部高等学校幼儿园教师培养教学指导委员会委员
　　　　中国教育学会学前教育专业委员会副理事长
　　　　学前教育"国培计划"首批专家和学前教育师范类专业认证专家

副总主编

（按照姓氏拼音排序）

邓艳华	衡阳幼儿师范高等专科学校	王先达	福建幼儿师范高等专科学校
刘丽伟	华中师范大学	徐丽蓉	江汉艺术职业学院
罗春慧	湖北幼儿师范高等专科学校	杨 龙	郑州幼儿师范高等专科学校
唐翊宣	广西幼儿师范高等专科学校	杨素苹	武汉城市职业学院
田兴江	重庆幼儿师范高等专科学校	叶圣军	福建幼儿师范高等专科学校
王任梅	华中师范大学	尹国强	华中师范大学

编委

（按照姓氏拼音排序）

陈启新	三峡旅游职业技术学院	彭 妹	湖南民族职业学院
董艳娇	安阳师范学院	阮 娟	黄冈职业技术学院
段 为	湖北艺术职业学院	苏 洁	湖北幼儿师范高等专科学校
俸 雨	武汉商贸职业学院	孙丹阳	铜仁幼儿师范高等专科学校
郝一双	湖北商贸学院	谭学娟	江汉艺术职业学院
侯晓磊	合肥幼儿师范高等专科学校	田海杰	烟台幼儿师范高等专科学校
焦 静	福建幼儿师范高等专科学校	王会明	湖北职业技术学院
焦名海	深圳信息职业技术学院	王 梨	常州幼儿师范高等专科学校
李 卉	华中师范大学	王 淼	海南科技职业大学
李 维	湘南幼儿师范高等专科学校	王 雯	华中师范大学
李志英	三峡旅游职业技术学院	谢 娜	喀什大学
梁 娟	湘南幼儿师范高等专科学校	杨 洋	三峡旅游职业技术学院
廖 凤	湘南幼儿师范高等专科学校	张 佳	湖北职业技术学院
刘翠霞	湖北工程学院	张 娜	华中师范大学
刘凤英	湘南幼儿师范高等专科学校	赵倩倩	湖北三峡职业技术学院
刘 艳	三峡旅游职业技术学院	郑艳清	湖北幼儿师范高等专科学校
莫云云	湘中幼儿师范高等专科学校	周 伟	重庆幼儿师范高等专科学校
欧 平	衡阳幼儿师范高等专科学校	邹尚辉	重庆幼儿师范高等专科学校
欧阳艳桂	永州师范高等专科学校		

网络增值服务使用说明

欢迎使用华中科技大学出版社人文社科资源网

① 教师使用流程

（1）登录网址：**http://rwsk.hustp.com** （注册时请选择教师用户）

注册　登录　完善个人信息　等待审核　▶

（2）审核通过后，您可以在网站使用以下功能：

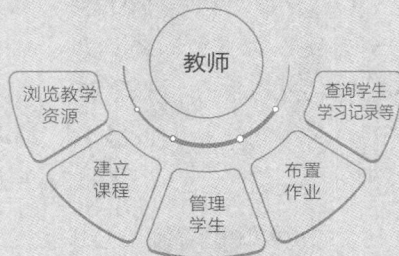

教师

浏览教学资源　建立课程　管理学生　布置作业　查询学生学习记录等

② 学员使用流程

（建议学员在PC端完成注册、登录、完善个人信息的操作）

（1）PC 端学员操作步骤

　　① 登录网址：http://rwsk. hustp. com（注册请选择普通用户）

　　注册　完善个人信息　登录　▶

　　② 查看课程资源：（如有学习码，请在个人中心 - 学习码验证中先验证，再进行操作）

　　选择课程

　　首页课程　课程详情页　查看课程资源　▶

（2）手机端扫码操作步骤

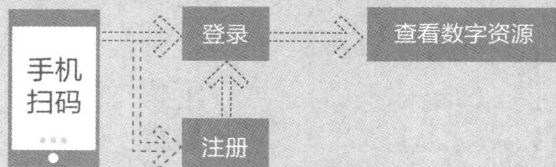

手机扫码　→　登录　→　查看数字资源
　　　　　↑
　　　　注册

summary
内容提要

　　本教材以高职学前教育专业人才培养目标为导向，系统阐述幼儿园班级管理的核心理念与实践策略。全书对接幼儿园教师班级管理的全过程，基于班级管理典型工作任务，设计了绪论（幼儿园班级管理的基本概述）、幼儿园班级一日常规管理、幼儿园教育活动管理、幼儿园班级安全管理、幼儿园班级环境创设、幼儿园班级专项事务管理、幼儿园班级与家庭共育等七大学习项目。每个项目由若干个任务组成，其中包括理论学习任务和综合实训任务。

　　本教材特色鲜明，以"岗课赛证"融合为抓手，融入相关行业标准，结合幼儿园大量真实案例与实训任务，设置"知识链接""拓展阅读""考点聚焦""课后实践"等模块，着重强调对班级管理流程的掌握与实践能力培养。读者对象为高职学前教育专业学生、幼儿园实习教师及相关从业人员，可帮助其系统掌握班级管理核心技能，提升职业素养，成为适应新时代幼儿园需求的管理人才。

总　序

人生百年,立于幼学。学前教育是我国学校教育制度的奠基、国民教育体系的重要组成部分和重要的社会公益事业,其关系到我国千万儿童的健康快乐成长和家庭的和谐幸福,故我国各级政府高度重视,社会各界高度关注。推动学前教育普及、普惠和高质量发展已成为我国学前教育事业改革与发展的未来路向。

幼儿园教师是决定幼儿园保育与教育质量的关键因素,是我国构建现代化、高质量的学前教育体系的根本保障。当前,我国学前教育事业发展的薄弱环节在于幼儿园教师队伍的建设。高质量的幼教师资来源于高水平的学前教师教育。为满足我国学前教育事业发展的迫切需求,我国颁布了《教师教育课程标准(试行)》《幼儿园教师专业标准(试行)》《新时代幼儿园教师职业行为十项准则》《学前教育专业师范生教师职业能力标准(试行)》等多项标准和文件,对我国幼儿园教师教育课程、幼儿园教师专业素养、职业道德与行为、职业能力与岗位适应等进行规范与引导,以努力提升我国学前教师教育的整体质量与水平。当前,我国幼儿园教师起点学历有所提升。在职幼儿园专任教师中专科及以上学历比例超过了90%,其中近八成是专科学历。高职高专在我国幼儿园教师人才培养中具有举足轻重的地位,是我国学前教师教育的主力军。

职业教育是我国国民教育体系和人力资源开发的重要组成部分,是培养多样化人才、传承技术技能、促进就业创业的重要途径。我国各级各类职业教育院校守正创新、锐意改革,大力提升职业教育办学质量和适应性,而打造职业教育精品课程与教材是提高职业教育办学质量和适应性的关键所在。华中科技大学出版社计划出版的"高职高专'十四五'规划学前教育专业新标准实践型示范教材"回应了我国学前教育事业发展之所急和职业教育事业发展之所需。本人受邀作为本套教材的总主编,深感荣幸且责任重大。通过跟出版社深度沟通、市场调研和全国学前教育专业相关院校教师专家的研讨,本套教材试图实现如下六个方面的创新与突破。

第一,坚持立德树人,创新教材理念。本套教材将以培养高素质专业化幼儿园教师为目标,坚持教材的思想性和先进性,把社会主义核心价值体系有机融入教材,精选对培养优秀幼儿园教师有重要价值的课程内容,将学前教育领域的前沿知识、教育改革和教育研究最新成果引入教学内容,加强中华优秀传统文化的渗透与融入,实现课程思政一体化,立德树人,德技并修。本套教材注重引导学习者树立正确的儿童观、教师观、教育观和长期从教、终身从教理念,塑造未来教师的人格魅力;加强职业道德教育和职业态度与行为的养成;着力培养学习者的社会责任感、创新精神和实践能力。

第二,分层分类设计,优化教材体系。本套教材从"教育信念与责任""教育知识与能力""教育实践与体验"三个维度,按照《教师教育课程标准(试行)》对幼儿园教师教育课程的要求,设计了"人文素养与思政类""保教理论与实践类""教师技能与艺术类"共三个层次40多本教材,分别着重培养学习者的人文科学素养与师德理念、幼儿园保育与教育职业能力以及幼儿园教师教育素养与艺术素养;强化教育实践环节,加强职业技能训练内容,编写教育见习、实习和研习手册,提供名师优秀教学案例;坚持育人为本,促使学习者"德、才、能、艺"全面发展,人才培养目标从促进就业、创业转变为促进人的全面发展和专业职业的可持续发展。

第三,"岗课赛证"并重,精选教材内容。本套教材的大纲与内容、拓展练习与教学资源库均依据我国幼儿园教师职前和职后教育、幼儿园教师职业与岗位准则、幼儿园教师资格制度、幼儿园教师职业技能大奖赛等方面的相关标准和文件,实现"岗课赛证"一体化。本套教材坚持职前教育和职后培训贯通设计,在全面夯实学习者专业知识与能力的基础上，注重学习者职业道德与能力的培养和从业态度与行为的养成教育。另外，本套教材注重课前、课中与课后的整体设计，课前预习相关学习资源，课中精讲关键知识点，课后链接"岗课赛证"相关练习，以便于学习者巩固所学内容并学以致用，提升学习者的专业与职业综合素质以及职业与岗位适应能力，实现终身学习和发展。

第四，以生为本引导学习，完善教材体例。本套教材从"教"与"学"两个角度设置教材体例，使其符合学习者的学习、内化乃至实践应用的规律，具有启发引导性，也充分考虑了教材面向的主体——高职高专学生的学习特点，内容编排由浅入深，理论与实践并重，努力做到"教师好教，学生好学"；注重培养学习者对学前教育学科知识的理解和感悟，设计模拟课堂、情境教学、案例分析、技能训练、教学竞赛等多样化的教学方式，让学生增强学习兴趣，提高学习效率，实现学习能力、实践能力和创新能力的三重提升。

第五，数字技术强力支撑，丰富教材形式。本套教材注重将信息技术作为基础条件与支撑，构建丰富多彩、高质量的数字资源库，努力实现课程与教学资源的共建共享；实现"互联网＋"教育和教材形态的多样化与数字化，将纸质媒介和电子媒介相结合，创设数字化的教育教学情境。教材中穿插的大量数字资源可以引导学习者在课前和课后拓展学习海量专业知识，培养学习者的数字化教育能力和数字化学习能力，做新时代高素质的数字化教育者和学习者。针对幼儿园管理与保教的特点，本套教材尤其注重提升学习者的信息素养和利用信息技术进行保育与教育、安全风险防控和质量管理的能力。

第六，"校社产教"多元合作，确保教材质量。为确保教材质量，我们特聘请全国开设学前教育专业的高职高专院校和本科高校中教学经验丰富、有较强影响力的专家及一线骨干教师担任每本教材的主编和副主编，拟定编写体例，给出编写样章，同时参与大纲和样章审定工作，总体把控书稿的编写进度与质量。参与编写工作的人员来自高校、行业领域和实践一线，实现"校社产教"不同领域的协同创新与深度合作。

当然，以上六个方面只是本人作为总主编对这套教材的美好期待与设想，这些想法能否真正实现，有赖于所有参编人员和编辑的共同努力，也有待广大读者的审读与评判。在本套教材编写的过程中，我们参阅、借鉴和引用了国内外大量科研成果和实践经验与案例。科研成果为教材提供了学术滋养,而实践经验与案例展示了当前我国学前教育改革与发展的生动样态,在此对这些成果的作者表示感谢。书中如有疏漏和不妥之处,敬请各位读者批评指正。

最后,我谨代表本套教材的所有编委和作者,衷心感谢本套教材的策划者——华中科技大学出版社人文分社社长周晓方,周社长对学前教育事业充满热情和信心,对教材的编写、出版和发行倾注了大量心血,还要感谢策划编辑袁文娣和其他各位编辑及相关工作人员。我们基于教材的首次合作渐趋默契和融洽。让我们携手共进,继续为我国学前儿童的福祉和学前教育事业的健康可持续发展贡献智慧与力量!

2023 年 5 月

武汉桂子山·华中师范大学教育学院

preface
前　言

　　《中华人民共和国学前教育法》的颁布实施，标志着我国学前教育事业迈入了一个新的发展阶段。它不仅为学前教育的规范化发展提供了坚实的法律基础，更为促进学前教育的高质量发展指明了方向。

　　在我国学前教育事业高质量发展的背景下，学前教育行业对规范化、专业化管理人才的需求愈发迫切。幼儿园班级管理能力是学前教育专业学生不可或缺的核心素养。本教材旨在立足高职教育类型特色，为培养"下得去、用得上、留得住"的幼儿园一线管理人才提供系统教学载体。通过整合班级管理理论与实践资源，帮助学生建立"幼儿为中心"的幼儿园班级管理理念，掌握幼儿园班级管理的基本理论，熟悉幼儿园班级管理的原则、方法、目的等知识；使学生具备从事幼儿园班级一日常规管理、教育活动管理、班级安全管理、班级环境创设、班级专项事务管理以及班级与家庭共育的能力。能够解决幼儿园班级管理各项实际问题，满足幼儿园对复合型管理人才的迫切需求，为学前教育高质量发展提供人力支撑。

　　本教材立足高职教育"职教性、实践性、开放性"特点，旨在解决传统教材"重理论轻实践""案例陈旧""与岗位脱节"等问题，通过系统化知识建构与沉浸式任务设计，提升学生的班级管理综合素养，以适应新时代幼教行业发展需求。

　　（1）国规导向，标准引领。严格对标《幼儿园教师专业标准（试行）》《职业教育专业教学标准（2025年）》及《中华人民共和国学前教育法》等最新法规要求，将"幼儿为本、能力为重"理念贯穿教材始终，七大项目覆盖班级管理全领域,确保教材内容的权威性与规范性。

(2)任务驱动,理实交融。基于幼儿园班级管理典型工作任务设计教材架构,每个任务均包含"知识目标—能力目标—素养目标"三维要求,通过"理论学习+案例研讨+实训操作"的递进式学习链条,实现"教学内容与岗位任务""学习过程与工作过程"的深度耦合。

(3)书证融通,精准育人。有机融入幼儿园教师资格证考试考核要点,在项目中设置与证书考试标准对接的实践任务,帮助学生实现"课证融合"式学习,提升职业资格证书获取率。

(4)动态更新,资源赋能。紧跟学前教育政策与行业实践发展,及时纳入《中华人民共和国学前教育法》中关于班级安全、家园共育的最新要求。配套开发"班级管理数字资源库",包含幼儿园优秀班级管理视频案例、知识链接等,通过二维码实现纸质教材与数字资源的无缝衔接。

(5)模块创新,强化应用。独创"情境导入—理论学习—拓展学习—考点聚焦—课后实训"学习体系。"情境导入"锚定岗位典型工作场景,以幼儿园班级管理真实工作任务为起点,每个章节开篇设置"情境导入",通过还原一线管理场景激发学习动机。"理论学习"构建系统化知识框架,围绕任务需求展开理论教学,采用"概念解析—原则阐释—方法示范"的递进结构。"拓展学习"通过多元载体延伸学习深度,丰富学生的知识维度与实践视野。"考点聚焦"精准对接幼儿园教师招聘考试与职业资格考试要求,强化学生应试能力。"课后实训"设置打造沉浸式场景训练,强化学生应试能力与岗位实操能力。

通过五大学习闭环设计,教材能实现"知识输入—能力转化—素质提升"的全过程培养,既满足高职教育"实践导向"的人才培养要求,又助力学生在职业资格考试与岗位实践中实现"双达标"。

本书第一主编为湖南师范大学博士研究生、湘南幼儿师范高等专科学校梁娟,第二主编为湘南幼儿师范高等专科学校李维,第三主编为湖南民族职业学院彭妹,副主编为湘中幼儿师范高等专科学校莫云云、长沙南方职业学院周艳、周口职业技术学院秦炜森、湘南幼儿师范高等专科学校附属幼儿园宋娟、郴州开放大学刘玉立,其他编写人员为湖南民族职业学院唐娣群、岳阳市岳阳楼区康王中心幼儿园漆舟。

具体编写分工为:项目一由梁娟编写,项目二由秦炜森编写,项目三由彭妹编写,项目四由莫云云编写,项目五由周艳编写,项目六由宋娟编写,项目七由李维编写。全书由梁娟、李维、刘玉立统稿。

此外,黄冈师范学院附属幼儿园、武汉市直属机关育才幼儿园等园所为本书提供了图片、案例资源。本书的编写也参考、引用了许多国内外同行的最新研究成果,在此一并致以深深的谢意。

　　由于编写人员的水平有限,书中的不足之处,恳请广大读者批评指正,以便本书日臻完善!

2025 年 2 月

contents

目 录

数字资源目录

项目一　绪论

◇ **项目学习目标**

[知识目标]

(1) 了解幼儿园班级管理的内涵、基本结构、基本特征和功能。

(2) 领会幼儿园班级管理的目的和意义。

(3) 掌握幼儿园班级管理的原则和方法。

[能力目标]

(1) 能够精准表达幼儿园管理的内涵和基本结构。

(2) 能够科学地梳理出幼儿园班级管理的意义。

(3) 能够在工作中合理运用班级管理的原则和方法。

[素质目标]

(1) 树立关爱幼儿、以幼儿为本的班级管理理念。

(2) 具备科学的班级管理观和幼儿教师管理素质。

◇ **项目学习导航**

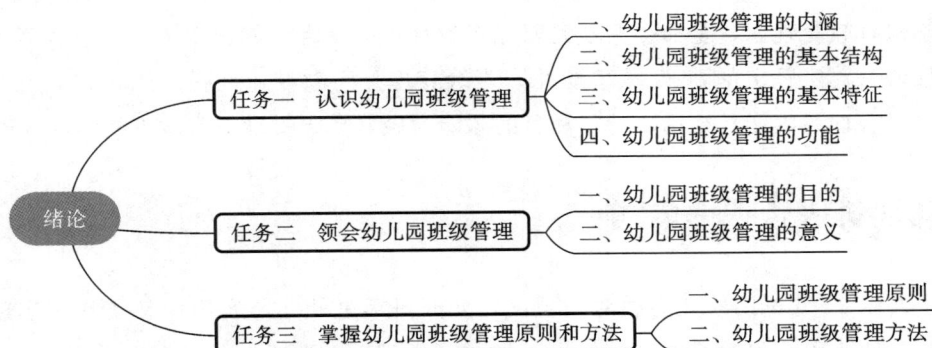

```
                              ┌─ 一、幼儿园班级管理的内涵
                              ├─ 二、幼儿园班级管理的基本结构
         ┌─ 任务一　认识幼儿园班级管理 ┼─ 三、幼儿园班级管理的基本特征
         │                    └─ 四、幼儿园班级管理的功能
         │
  绪论 ──┼─ 任务二　领会幼儿园班级管理 ┬─ 一、幼儿园班级管理的目的
         │                    └─ 二、幼儿园班级管理的意义
         │
         └─ 任务三　掌握幼儿园班级管理原则和方法 ┬─ 一、幼儿园班级管理原则
                                      └─ 二、幼儿园班级管理方法
```

Note

任务一　认识幼儿园班级管理

◇情境导入

小月在幼儿园教师岗位竞聘中凭借其出色的专业技能和教育理念脱颖而出，园所决定委派小月为小一班的主班老师。虽然她已有 5 年工作经验，但却是第一次担任主班老师。面对即将到来的新角色和挑战，小月决定提前做好准备，以确保自己能够迅速适应并丰富班级管理的各项工作，为孩子们营造一个温馨、快乐、有序的学习环境。

在此期间，小月采取了多种措施来提升自己的管理能力和专业素养。第一，她深入阅读幼儿园班级管理相关的书籍，如《幼儿园班级管理实用手册》《正面管教》等；第二，积极参加线上或线下的专业培训课程，如幼儿教育理念研讨会、班级管理策略工作坊等，让她接触到更多前沿的教育理念和实用技巧；第三，向园所内经验丰富的教师请教，她主动提出跟随这些老师进行观察学习，了解他们处理班级中的日常事务、解决幼儿间的冲突以及与家长沟通的技巧。

思考：在幼儿园管理班级不仅需要具备教育教学的专业知识和能力，还需要良好的组织管理能力，以确保班级的正常运行和教育教学的顺利进行。只有主班教师需要做好班级管理的各项工作吗？作为一名即将要走向幼儿教师岗位的工作者，该如何做好幼儿园班级管理工作呢？

党的二十大报告中提出要办好人民满意的教育。学前教育是基础教育的重要组成部分，《幼儿园工作规程》（简称《规程》）第二条指出："幼儿园是对 3 周岁以上学龄前幼儿实施保育和教育的机构。"《幼儿园保育教育质量评估指南》提出："以习近平新时代中国特色社会主义思想为指导，全面贯彻党的教育方针，落实立德树人根本任务，遵循幼儿发展规律和教育规律，完善以促进幼儿身心健康发展为导向的学前教育质量评估体系，切实扭转不科学的评估导向，强化评估结果运用，推动树立科学保育教育理念，全面提高幼儿园保育教育水平，为培养德智体美劳全面发展的社会主义建设者和接班人奠定坚实基础。"从事幼儿园班级管理是一项专业性强的工作，只有全面认识和了解幼儿园班级管理的内涵、结构、特征和目的才能为做好班级管理工作打下扎实的理论基础。

一　幼儿园班级管理的内涵

幼儿园主要以 3～6 岁的幼儿为教育对象，幼儿园班级是幼儿园实施保教工作、实现教育目标的基本单位，是幼儿生活和学习的主要场所。根据《规程》的要求，幼儿园每班幼儿人数一般为：小班（3～4 周岁）25 人，中班（4～5 周岁）30 人，大班（5～6 周岁）35 人，混合班 30 人。

二 幼儿园班级管理的基本结构

班级既是幼儿的另一个"家"，也是展示幼儿园教师育人水平的舞台。班级有自身的结构要素和运行规律。幼儿园班级管理的基本结构主要包括班级的人员结构、组织结构和物质条件。

（一）幼儿园班级管理的人员结构

1. 保教人员

我国 1996 年颁布并于 2016 年修订的《规程》和 1989 年颁布的《幼儿园管理条例》指出：教师和保育员是幼儿园班级管理的主要承担者，肩负着对幼儿进行保育和教育的双重任务，他们对幼儿的健康发展起着核心作用。

保教员在幼儿园完成各项保教任务中起着关键作用，其数量、素质等因素直接影响幼儿园保教目标的达成度。我国幼儿园保教人员配备是这样规定的：主、配班教师，全日制幼儿园平均每班 2～2.5 人；保育老师，全日制幼儿园平均每班 0.8～1 人，通常而言，幼儿园每个班级是按照"两教一保"配备保教老师，全托班级一般按照"两教两保"配备保教老师。幼儿园保教人员的作用和工作职责各不相同，他们有明确的分工又要团结协作。从职责角度来说，《规程》第四十一条和第四十二条都有明确的规定。

知 识 链 接

《幼儿园工作规程》（节选）

第四十一条 幼儿园教师必须具有《教师资格条例》规定的幼儿园教师资格，并符合本规程第三十九条规定。

幼儿园教师实行聘任制。

幼儿园教师对本班工作全面负责，其主要职责如下：

（一）观察了解幼儿，依据国家有关规定，结合本班幼儿的发展水平和兴趣需要，制订和执行教育工作计划，合理安排幼儿一日生活；

（二）创设良好的教育环境，合理组织教育内容，提供丰富的玩具和游戏材料，开展适宜的教育活动；

（三）严格执行幼儿园安全、卫生保健制度，指导并配合保育员管理本班幼儿生活，做好卫生保健工作；

（四）与家长保持经常联系，了解幼儿家庭的教育环境，商讨符合幼儿特点的教育措施，相互配合共同完成教育任务；

（五）参加业务学习和保育教育研究活动；

（六）定期总结评估保教工作实效，接受园长的指导和检查。

第四十二条　幼儿园保育员应当符合本规程第三十九条规定，并应当具备高中毕业以上学历，受过幼儿保育职业培训。

幼儿园保育员的主要职责如下：

（一）负责本班房舍、设备、环境的清洁卫生和消毒工作；

（二）在教师指导下，科学照料和管理幼儿生活，并配合本班教师组织教育活动；

（三）在卫生保健人员和本班教师指导下，严格执行幼儿园安全、卫生保健制度；

（四）妥善保管幼儿衣物和本班的设备、用具。

2. 幼儿

幼儿是幼儿园教育的对象，是班级的主体。我国的政策法规对幼儿班级有明确规定。

1）幼儿编班

目前，我国一般是按幼儿年龄进行分班，3～4周岁幼儿编为小班，4～5周岁幼儿编为中班，5～6周岁（或7周岁）幼儿编为大班，有些地方还有综合（混合）班。我国已经明确指出幼儿园和小学不得设立学前班。

2）班级人数

《规程》第十一条明确规定：幼儿园规模应当有利于幼儿身心健康，便于管理，一般不超过360人。幼儿园每班幼儿人数也有明确规定，幼儿园可按年分别编班，也可混合编班。关于幼儿园教育中的幼儿主体，《幼儿园教育指导纲要（试行）》（简称《纲要》）有明确的规定。幼儿园的保教人员要了解幼儿既是被管理者，又是班级管理的参与者，应尊重其主体地位，关注每个幼儿的个体差异，促进幼儿全面发展。

知 识 链 接

幼儿园教育指导纲要（试行）（节选）

第一部分　总则

一、为贯彻《中华人民共和国教育法》、《幼儿园管理条例》和《幼儿园工作规程》，指导幼儿园深入实施素质教育，特制定本纲要。

二、幼儿园教育是基础教育的重要组成部分，是我国学校教育和终身教育的奠基阶段。城乡各类幼儿园都应从实际出发，因地制宜地实施素质教育，为幼儿一生的发展打好基础。

三、幼儿园应与家庭、社区密切合作，与小学相互衔接，综合利用各种教育资源，共同为幼儿的发展创造良好的条件。

四、幼儿园应为幼儿提供健康、丰富的生活和活动环境，满足他们多方面发展的需要，使他们在快乐的童年生活中获得有益于身心发展的经验。

五、幼儿园教育应尊重幼儿的人格和权利，尊重幼儿身心发展的规律和学习特点，以游戏为基本活动，保教并重，关注个别差异，促进每个幼儿富有个性的发展。

说一说

为什么要限定幼儿园各班级的人数？

3. 家长

《规程》第四十一条明确指出，幼儿园教师要"与家长保持经常联系，了解幼儿家庭的教育环境，商讨符合幼儿特点的教育措施，相互配合共同完成教育任务"。《纲要》也明确指出："家庭是幼儿园重要的合作伙伴。应本着尊重、平等、合作的原则，争取家长的理解、支持和主动参与，并积极支持、帮助家长提高教育能力。"所以，幼儿园教育不仅仅是教师的责任，要建设好一个良好的幼儿班集体，家长的积极参与和支持也是相当重要的。

首先，保教人员要保持与家长的联系，经常与家长沟通交流孩子在园情况，并掌握了解孩子在家的情况。其次，家长要加强学习，与时俱进，掌握先进的幼儿教育理念，让家庭教育与幼儿园教育结合起来，形成全方位的幼儿教育体系。

（二）幼儿园班级管理的组织结构

幼儿园班级是一个正规组织，该组织的目的是对幼儿施加系统的影响，而这种影响主要通过教育活动来实现。组织的教育活动以班集体活动、固定小组活动、自选小组活动、个别活动和自由活动为基本形式，其对应的组织形式分别是班集体、小组和个体。

1. 班集体

班集体是幼儿园班级的最基本的组织形式，开展班集体活动是幼儿园教育的主要方式之一。利用班集体的组织力量、竞争力量，对于某些内容的教育，可以较集中、较有效地达成教育目标，降低教师的劳动强度。对于一些可以统一教授的内容，可通过班集体活动对幼儿进行集中教育，这样既免除了教师重复工作，又提高了工作效率，减轻了教师的工作负担。但不能为了省事省力，所有的活动都进行集体教育，必须充分尊重幼儿的个体差异和身心发展特点，对不适合进行集体教育的活动还需要采取其他的教育形式。

再者，班集体具有较大影响力。班集体要充分利用集体的力量去引导和教育幼儿，通过集体活动对幼儿施加影响。一个班集体中的幼儿长期在一起学习、生活、玩耍，教师的教育理念会在潜移默化中影响幼儿，并且在教师的引导之下班集体内还会形成一些约定俗成的"规则"。教师可以通过建立良好的班风来影响幼儿，还可以在幼儿当中树立一些榜样与典型。

2. 小组

班级的基层组织形式是小组，小组又可分为固定小组和随机组合小组两种具体形式。教师可以根据幼儿的情况及教育需要将班级划分为几个小组，并将一些教育活动分别落实到每个小组当中。固定小组是幼儿园小班和中班幼儿主要的生活、学习和游戏单位，是幼儿最为亲近的集体。随机组合小组是根据一定的需要临时组织起来的小组，同时还可以根据活动目的、内容和情景的不同分为指定小组和自选小组。无论是固定小组还是随机组合小组，小组活动都要比班集体活动更灵活、更分散，在小组中幼儿可以有较多的互动机会，更易于合作及达成活动目的。

3. 个体

个体是指班级内的每个成员，既包括教师也包括幼儿，它是班集体构成的最基本单位，个体对小组和班集体都具有重要的影响。个体的生活背景、个体已形成的特征会影响其在班集体中的行为。班级管理也是对班级中个体的管理，一方面教师要发挥幼儿的主体性、独立性，给幼儿提供宽松、自由的活动环境；另一方面教师要帮助幼儿个体适应集体，成为集体中的一员。

案例

幼儿园班级中，常规的制定和执行对于维护班级秩序和幼儿的安全至关重要。然而，传统的由老师单方面制定常规的方式往往难以让幼儿真正理解和接受。老师决定引导幼儿参与班级常规的制定过程。首先，老师组织了一次讨论会，让幼儿们自由表达他们在班级中遇到的问题和困扰，如玩具争抢、排队混乱等。然后，老师引导幼儿们一起思考如何解决这些问题，并鼓励他们提出自己的建议和规则。在讨论的过程中，老师给予了幼儿充分的发言机会，并对他们的建议给予了积极的反馈和引导。最终，经过幼儿们的共同讨论和协商，制定出了一套由幼儿自己参与商讨的班级常规。

在制定完常规后，老师与幼儿们一起制作了常规的宣传海报，并将其张贴在班级的显眼位置。同时，老师还组织了一系列的常规练习活动，让幼儿们在实践中逐渐熟悉和掌握这些规则。在执行常规的过程中，老师始终坚持以身作则，为幼儿们树立了良好的榜样。经过一段时间的努力，幼儿们逐渐养成了遵守常规的习惯，班级秩序得到了显著的改善。幼儿们不仅学会了自我管理，还增强了团队协作和解决问题的能力。

分析：

这个案例展示了引导幼儿参与班级常规制定的有效性。通过这种方式，幼儿们不仅能够更加深入地理解和接受规则，而且增强了参与感和归属感，从而更加积极地遵守和执行规则。同时，这种管理方式也有助于培养幼儿的团队协作和解决问题的能力，为他们的全面发展打下坚实的基础。

（三）幼儿园班级管理的物质条件

幼儿园班级管理的物质条件是教师开展班级管理工作的前提和保障，主要包括设施设备和材料物品两大类。

1. 设施设备

设施主要是指幼儿园的房舍。我国幼儿园大多采用生活单元的形式为每班幼儿提供一套房舍，包括活动室、寝室、卫生间、衣帽储藏间等基本空间，各班自成体系，互不干扰。2019 年开始施行的《托儿所、幼儿园建筑设计规范》对幼儿生活单元各房间最小使用面积进行了规定。

知 识 链 接

《托儿所、幼儿园建筑设计规范》（节选）

4.3 幼儿园生活用房

4.3.1 幼儿园的生活用房应由幼儿生活单元、公共活动空间和多功能活动室组成。公共活动空间可根据需要设置。

4.3.3 幼儿园生活单元房间的最小使用面积不应小于表 4.3.3 的规定，当活动室与寝室合用时，其房间最小使用面积不应少于 105 m²。

表 4.3.3 幼儿生活单元房间的最小使用面积（m²）

房间名称		房间最小使用面积
活动室		70
寝室		60
卫生间	厕所	12
	盥洗室	8
衣帽储藏间		9

4.3.5 设置的阳台或室外活动平台不应影响生活用房的日照。

4.3.13 卫生间所有设施的配置、形式、尺寸均应符合幼儿人体尺度和卫生防疫的要求。卫生洁具布置应符合下列规定：

　2 大便器宜采用蹲式便器，大便器或小便器之间应设隔板，隔板处应加设幼儿扶手。厕位的平面尺寸不应小于 0.70 m×0.80 m（宽×深），座式便器的高度宜为 0.25 m～0.30 m。

4.3.17 应设多功能活动室，位置宜临近生活单元，其使用面积宜每人 0.65 m²，且不应小于 90 m²。单独设置时宜与主体建筑用连廊连通，连廊应做雨篷，严寒地区应做封闭连廊。

幼儿生活单元是班级保教活动的主要场所，不但要有足够的空间，还要卫生、安全，以保障班级各项保教活动的正常进行。设备主要是幼儿园班级的家具和家电设备，包括更衣柜、桌椅、书架、饮水机、电视、空调等。

2. 材料物品

幼儿园班级的材料物品主要包括生活用品和玩教具两类。幼儿园班级的生活用品是保障幼儿一日生活的重要物品，主要包括幼儿的饮水用品、洗漱用品、睡眠用品、如厕用品、清洁卫生用品，以及窗帘、桌布等。玩教具与幼儿的发展有着非常密切的关系。幼儿园班级应配备数量充足、种类多样、安全卫生的玩教具，促进幼儿的健康发展。例如，配备运动类玩教具促进幼儿身体的运动和协调能力的发展；配备角色类玩教具促进幼儿角色认知和社会性发展；配备建构、棋类玩教具促进幼儿的智力发育等。

议一议

在幼儿园中，为幼儿提供玩教具越多越有利于幼儿的发展？

三 幼儿园班级管理的基本特征

幼儿园的班级管理不同于中小学的班级管理，它不仅要承担教育任务，还要担负起幼儿保育任务。班级管理者是教师，被管理者是幼儿，家长是班级管理的协助与合作者。幼儿园班级管理有着独特的基本特征，即渐成性、权威性、单层性和规律性。

（一）渐成性

渐成性指的是幼儿园集体是从幼儿进入幼儿园并编班以后，在日常教育活动和生活活动中逐渐形成的，而不是瞬间形成的。幼儿园班级是由教师、幼儿、家长及其保教目标、任务等要素构成的，这些要素需要经过一定时间的融合，逐渐形成比较稳定的且有一定风格的组织集体。幼儿园班级是幼儿进行集体活动的主要场所，在这个小集体中，他们一起成长、一起学习、一起交流。一个优秀的班集体会影响幼儿的成长，影响他们今后的学习和人际交往。

然而，初入幼儿园的幼儿，他们第一次比较长时间地离开家长，从长时间只有幼儿自己的分散状态突然到由许多幼儿组成的群体中生活，一般来说都是不适应的。第一次进入幼儿园的幼儿没有集体观念，更没有班集体的意识，他们所面对的是陌生的环境、陌生的伙伴、陌生的管理者，还要面对幼儿园固定的作息制度和规范性要求的约束。这时幼儿哭的哭、闹的闹，班集体还是散的，教师应该怎么办呢？教师既要知道班集体渐成性的特征，又要有耐心和细心，逐步帮助初入园的幼儿顺利通过入园关，引导幼儿尽快适应幼儿园环境，促使幼儿早日产生对班集体的归属感，形成班集体意识。幼儿在班集体中和教师、小伙伴一起逐渐相处相知，随着时间的推移就会建立起密切的关系，逐步适应并慢慢融入班集体，在大脑中形成班集体概念，渐渐地，幼儿也就知道自己是班集体中的一员了。

（二）权威性

权威性是指具有使人信服的力量和威望的人和事。幼儿园班级的权威性就是指教师在班级幼儿心中要树立起个人威望，让全体幼儿相信你、尊敬你、崇拜你。这样，班级教育活动才好开展、才好组织，班级幼儿才好管理，班级才会有凝聚力。教师应该如何树立起自己的威信呢？主要从以下四个方面考虑。

1. 教师应做到为人师表，在班级中起表率作用

3岁的幼儿上幼儿园之后，原先心中父母的权威逐渐被教师所替代，教师逐渐成了幼儿心目中的权威。教师的言行举止都是幼儿模仿学习的榜样，对幼儿的身心发展产生重要影响。因此，教师要注意自己言行举止的表率作用。

2. 教师要有强烈的事业心和责任心

教师要真诚、无私地关心爱护幼儿、尊重幼儿，投入真挚的感情去教育和引导幼儿，真正成为幼儿健康成长的引路人。

3. 教师要有正确的工作态度和对幼儿深厚的感情

态度与感情是密切联系在一起的，端正态度是产生感情的前提和基础，深厚的感情是态度端正的具体体现。教师工作态度的核心是对幼儿的态度，要能做到与幼儿平等地交流和互动，能一视同仁、客观公正地对待每位幼儿。这样的教师才会有人格力量，才会有权威性。

4. 教师要有过硬的文化素养和专业技能

教师只有具备了丰富的文化知识和过硬的专业技能，工作起来才能得心应手，教育活动和生活活动的内容、方法、手段、形式等灵活多变，才能充分调动幼儿参与各种活动的兴趣，教师在幼儿心中的地位和威望就会越来越高。

案例

短发也会变漂亮

　　清晨，娜娜一反常态，无精打采地跟在妈妈身后慢吞吞地走进了班级。还没等我问好，率直的妈妈就小声道："娜娜闹脾气了，说石老师只喜欢长头发的女孩！"我听完心里一阵愧疚，顿时想到每天中午给长头发女孩们梳头发的情景。在孩子们午睡的时间，我在门口小店里买了6个漂亮的小发卡。起床后，还没等长头发的女孩们来找我梳小辫儿，我便宣布新的决定："今天，石老师要先请短发的女孩们来找我。"我故作神秘地将短头发的女孩们带进了盥洗室，并悄悄地关上了门。当6个短头发的女孩戴着漂亮的小卡子出现在大家面前时，我看到了其他小伙伴们羡慕的目光，更看到短发女孩灿烂的微笑。下午离园时，娜娜快乐地投入妈妈的怀抱，指着自己头上的小卡子兴奋地说："妈妈快看，漂亮吗？石老师喜欢我！"

从那以后，每天午睡起床后，无论长发、短发的女孩，还是更短头发的男孩，我都会认真地给他们梳理一下头发。

思考：作为幼儿园班级的管理者，如何有效利用权威性来进行班级管理？

（三）单层性

单层性是指幼儿园班级管理只有单一层级。这种管理不存在更为复杂的多层级，只有单一的教师对学生的管理，没有下层管理。管理幅度（指一个管理者能够直接而有效地领导或管理的人数的数量）比较大，而管理层级（指一个组织管理单位中按垂直隶属关系划分的等级或层级）只有一层，可以有效明确管理者和被管理者的责、权、利的关系，可以减少管理实践中的矛盾与冲突。幼儿园班级管理具有明显的单层性特点，单层管理可以大大提高效率，但是也给管理质量提出了更高的要求。做一名合格的幼儿园班级管理教师必须做到：①客观公正、正确地评价、欣赏每个幼儿；②尊重幼儿的人格和权利；③树立正确的教育评价观，正确采用横向比较的方法；④以发展的眼光看待每个幼儿，充分肯定每个幼儿的长处；⑤以宽广的胸襟欣赏、接纳幼儿。

知 识 链 接

横向比较知多少

将幼儿学习的成果与其他幼儿的进行比较，这一行为在教育领域被称为横向比较。横向比较是指在同一时间点上，对不同个体（在此为幼儿）的学习成果、能力或表现进行的对比分析。这种比较方式在教育实践中屡见不鲜，家长、教师和其他教育工作者常常通过横向比较来评估幼儿的学习进度、能力水平以及发展潜力。然而，这种比较方式并非孤立存在，而是与纵向比较（即同一幼儿在不同时间点的比较）相辅相成，共同构成了教育评价的重要体系。

横向比较对幼儿心理的影响是复杂且深远的。一方面，适度的比较可以激发幼儿的竞争意识和进取心，促使他们更加努力地学习；另一方面，过度的比较则可能导致幼儿产生挫败感、焦虑甚至自卑情绪。

具体来说，当幼儿发现自己的学习成果不如其他幼儿时，他们可能会感到沮丧和失望，进而对自己的能力产生怀疑。这种负面情绪如果得不到及时有效的疏导和化解，就可能逐渐演化为自卑心理，影响幼儿的健康成长和未来发展。此外，过度的横向比较还可能破坏幼儿之间的友谊和合作关系，导致班级氛围的紧张和对立。

因此，在进行幼儿学习成果比较时，教育者应充分考虑到幼儿的心理承受能力和个体差异，避免过度强调比较结果，而是应该注重引导幼儿正确看待比较，将其视为一种自我提升和成长的机会。

（四）规律性

规律也叫法则，是指事物之间的内在的本质联系，这种联系不断重复出现，在一定条件下起作用，并且决定着事物必然向着某种趋势发展。规律是客观存在的，是不以人们的意志为转移的，但人们能够通过实践认识它和利用它。幼儿园班级管理的规律性是指在班级管理中根据幼儿生理、心理发展规律有序地开展班级管理工作。

幼儿园班级管理与中小学班级管理有非常明显的不同，这是由幼儿生理、心理发展的规律及国家对幼儿培养的目标所决定的。《纲要》明确指出："幼儿园教育应尊重幼儿的人格和权利，尊重幼儿身心发展的规律和学习特点，以游戏为基本活动，保教并重，关注个别差异，促进每个幼儿富有个性的发展。"这就说明幼儿园必须按照幼儿生理、心理发展的规律进行教育和管理，确保幼儿健康快乐成长。

案例

陈老师在带领幼儿进行区域活动时，发现很多幼儿在进行"小医院"的游戏后，将"医生"给的"收费单据"随意地扔到了地上。陈老师轻声地问扮演医生的朵朵："朵朵医生，我不太舒服，可以来你的医院看病吗？"朵朵欣然同意，在"就诊"流程结束后，朵朵把"收费单据"给了陈老师。陈老师愉快地说："谢谢你，医生，我感觉好多了。我要把这个单据带回去，给我的爸爸妈妈看，我不会随意扔在地上的。"听到陈老师这么说，幼儿再也没有把"收费单据"随意扔掉。

分析：

陈老师看到幼儿在游戏中随意扔单据的行为后，没有立刻制止，而是通过参与游戏，以身示范的方式，告诉幼儿正确的处理方法。这符合幼儿学习特点，值得我们学习。

依据幼儿生理、心理发展特点，幼儿神经系统正处于快速发育期，大脑皮层还没有发育成熟，兴奋与抑制持续时间不长，既容易兴奋，也容易疲劳，注意力不集中、不持久。因此，教师应根据幼儿这些特点合理安排好他们的一日教育活动，让幼儿的兴奋过程与抑制过程按规律交替，相互协调。比如：教师的教学组织应考虑从易到难、循序渐进、逐渐增加活动量；教育活动内容的难度与强度选择应适中，有利于幼儿集中注意力，提高活动效率；考虑到幼儿神经系统活动的规律，教师应将一日集中教育活动安排在上午9～10时，因为这段时间幼儿头脑最清醒、精力最旺盛。同时，每次集体教学活动时间不宜太久，一般小班每次集体教学活动时间为 10～15 分钟，每天安排一次集体教学活动；中班每次集体教学活动时间为 20～25 分钟，每天安排两次集体教学活动；大班每次集体教学活动时间为 25～30 分钟，每天安排两次集体教学活动。《规程》第十八条指出："幼儿园应当制定合理的幼儿一日生活作息制度。正餐间隔时间为 3.5—4 小时。在正常情况下，幼儿户外活动时间（包括户外体育活动时间）每天不得少于 2 小时，寄宿制幼儿园不得少于 3 小时；高寒、高温地区可酌情增减。"因此，依据幼儿的生理、心理发展特点，教师要制订好符合幼儿实际的一日生活计划，对幼儿每天的吃、睡、活动等项目的时间和顺序要进行合理安排，并相对固定，这样的一日生活有利于培养幼儿良好的生活习惯。

四 幼儿园班级管理的功能

幼儿园班级是幼儿园最基层的管理单位，其管理功能包括生活功能、教育功能社会功能。

（一）生活功能

幼儿在幼儿园的一日生活包括入园、进餐、睡眠、盥洗、如厕、离园、晨间接待、晨午晚间检查、教育活动、过渡活动、户外活动、自由活动等，这些都要进行有序、合理安排，做到有规律、有节奏、劳逸结合。《规程》第二十六条规定："幼儿一日活动的组织应当动静交替，注重幼儿的直接感知、实际操作和亲身体验，保证幼儿愉快的、有益的自由活动。"第二十七条又指出："幼儿园日常生活组织，应当从实际出发，建立必要、合理的常规，坚持一贯性和灵活性相结合，培养幼儿的良好习惯和初步的生活自理能力。"为此，在安排幼儿一日生活时，要坚持以下原则。

1. 合理安排原则

合理安排幼儿一日生活，可以保证幼儿在有限时间内掌握和学习对他们今后发展有意义的常识，有利于幼儿德、智、体、美全面发展。

2. 以人为本原则

幼儿园的工作是为了让全体幼儿得到全面发展，是一项育人的工作，既要考虑全体幼儿，又要关注幼儿个体差异，努力做到使全体幼儿能够有条不紊地进行生活活动，以及达到每个幼儿都能顺利参与各项教育教学活动的目的。

3. 保教并重原则

幼儿园班级管理工作包括教育和保育两个方面，要做到"保中有教""教中有保"，保教并重。

案例

衣服也会做早操

天气变化时，孩子们做完操后会出汗并脱下外套。老师要求他们将衣服放在床上，但发现很多孩子不会叠衣服，只是胡乱卷成一团。中一班的老师利用早操的音乐灵感，让孩子们通过口令使衣服"做操"。例如，"伸伸臂"代表拉平衣服并将袖子向外拉直，"拍拍肩"代表将袖子向内叠，"弯弯腰"代表将衣服对折整齐。叠裤子的方法也类似，如"立正"代表拉直拉平裤腿，"两腿并拢"代表一条裤腿叠在另一条上，"下蹲再下蹲"代表对折裤子。于是孩子们在快乐的游戏氛围中学会了叠衣服和裤子的技能，从此杜绝了衣服乱卷的现象，且叠得又快又好。

（二）教育功能

1．认知发展教育功能

直观、具体、形象、丰富多彩的教育教学形式和方法能开发幼儿智力。教学内容选择上应多考虑一些常识性的社会科学知识和自然科学知识，尽可能选取幼儿在现实生活中看得见、体会得到的知识点。各年龄班幼儿认知要求不同。小班通常侧重对幼儿自我认识的教育，例如：知道老师、同伴喜欢自己，愿意自己的事情自己做；遇到困难时，愿意向别人寻求帮助；日常生活中会自觉遵守规则。中班侧重了解"我"与他人之间的关系，例如：知道自己是集体的一员；愿意独立完成力所能及的事，学会关心他人、帮助他人，能和同伴分享快乐等。大班侧重强调"我"与社会之间关系的认知，例如：敢于表达自己的独特想法，尝试和别人不一样的方法；学习认知与自己生活有关的环境，以及动物、植物与人类的相互关系等。

2．情感发展教育功能

幼儿情感发展具有以下四个特点：①易冲动性。幼儿常常处于激动状态，不能自控，年龄越小，这种冲动越明显。②不稳定性。幼儿的情绪是非常不稳定的，容易变化。③外露性。幼儿的情绪完全表露在外，丝毫不加控制和掩饰。④易感性。由于个性不成熟、不稳定，认识水平不高，模仿性强，情感很容易受别人的暗示和感染。幼儿年龄越小，这个特点越突出。

《规程》总则明确规定："萌发幼儿爱祖国、爱家乡、爱集体、爱劳动、爱科学的情感，培养诚实、自信、友爱、勇敢、勤学、好问、爱护公物、克服困难、讲礼貌、守纪律等良好的品德行为和习惯，以及活泼开朗的性格。"第三十一条又指出："幼儿园的品德教育应以情感教育和培养良好行为习惯为主，注重潜移默化的影响，并贯穿于幼儿生活以及各项活动之中。"这说明幼儿的情感教育是德育的重要内容。如何对幼儿进行情感发展教育呢？①利用身边发生的事对幼儿进行情感教育；②结合节日，对幼儿进行情感教育；③创设教育主题，将一日活动和情感教育相结合；④通过游戏活动、区域活动强化情感教育。

（三）社会功能

社会功能是指在社会上能起到作用，能实现社会价值的功能。

1．服务基础教育的功能

《规程》第二条指出："幼儿园是对 3 周岁以上学龄前幼儿实施保育和教育的机构。幼儿园教育是基础教育的有机组成部分，是学校教育制度的基础阶段。"《纲要》总则也指出："幼儿园教育是基础教育的重要组成部分，是我国学校教育和终身教育的黄金阶段。城乡各类幼儿园都应从实际出发，因地制宜地实施素质教育，为幼儿一生的发展打好基础。"这些都说明幼儿园教育是基础教育的一部分，它具有服务基础教育的功能。

幼儿园教育作为基础教育的有机组成部分，是学校教育的奠基阶段。幼儿园的教育对象正处于人生发展的起始阶段，这一阶段获得的学习经验不仅会影响他们当下的发展，还会影响他们在小学、中学、大学甚至大学以后的发展。所以，幼儿园教育具有基础性。我国著名教育家陶行知先生认为，行为习惯的培养就是教育。幼儿时期是形成习惯的关键时期，养成良好的习惯会使幼儿受益终身。幼儿的心灵是块神奇的土地，可塑性极强。幼儿时期的良好行为习惯包括生活习惯、卫生习惯、品德行为习惯及学习习惯等，这些习惯是幼儿学会自己管理自己、顺利进入小学接受正规系统教育的前提条件，也会在童年期、青少年期甚至成年后影响他们德、智、体、美各方面的发展。幼儿没有良好的生活、卫生习惯，就难以有健康的体魄；没有良好的品德行为习惯，就难以有崇高的道德品质；没有良好的学习习惯，就难以有高度发展的智力水平。幼儿园班级管理就是对幼儿生活、卫生、品德行为、学习习惯的熏陶与培养，因其工作细致而又繁重，每项工作都有严格的要求和程序，所以幼儿园班级管理工作处处蕴含着教育因素。

2. 为父母提供育儿指导的功能

《规程》第三条规定的幼儿园任务是："贯彻国家的教育方针，按照保育与教育相结合的原则，遵循幼儿身心发展特点和规律，实施德、智、体、美等方面全面发展的教育，促进幼儿身心和谐发展。幼儿园同时面向幼儿家长提供科学育儿指导。"我国的幼儿园教育具有促进幼儿全面和谐发展和为家长提供育儿指导的双重任务。当前还存在有些幼儿家长教育理念落后，教育方法单一，重智育轻德育、重特长轻全面发展的现象，为家长提供科学育儿方法的指导，才能提升家长的育儿质量，形成教育合力，促进幼儿全面和谐的发展。

任务二　领会幼儿园班级管理

◇ 情境导入

李老师是幼儿园的骨干教师，在担任中二班主班老师的时候，通过扎实的专业能力和温暖的教育情怀，构建了班级管理的多维度的优秀范式，如利用"成长档案袋"评价系统，用照片、视频记录每个幼儿的进步瞬间，形成可视化成长轨迹；设计分层教学活动，针对幼儿发展水平差异，设置基础任务、进阶挑战和开放探索三种难度，确保每个幼儿都能获得成就感；运营班级微信公众号，定期发布"教师手记""育儿锦囊""精彩瞬间"三个专栏，其中家长在朋友圈自发转发的"李老师育儿金句"合集，单篇阅读量突破 500 次，形成良性家园共育生态。

李老师通过有效的班级管理，不仅提升了保教质量，更构建了家园信任的坚固桥梁。李老师用专业、智慧让家长看见教育的力量，用真诚沟通让家长成为教育伙伴，充分彰显了新时代幼儿教师的职业素养与教育情怀。

思考：为什么李老师可以通过班级管理营造良好的家园共育氛围呢？开展高质量的幼儿园班级管理工作到底有何意义呢？

一 幼儿园班级管理的目的

幼儿园班级管理目的是管理者的工作意图，又是管理者的工作目标，它是幼儿园践行培养目标，实践指导思想的核心。可从内在目的和外在目的两个层面来阐释幼儿园班级管理的目的。

（一）内在目的

幼儿园班级管理中最重要的和最直接的管理对象是幼儿。幼儿园班级管理主要聚焦幼儿发展，内在目的是对幼儿进行高效的保育和教育，促进幼儿身心健康全面和谐发展。幼儿园班级管理作为一种促进幼儿全面发展、培养幼儿良好的行为习惯的活动，从根本上说就是要培养幼儿适应社会生活、建构美好生活的能力，并在此基础上体会生命的意义、人生的价值。

1. 促进幼儿全面发展

幼儿园班级管理的首要内在目的是促进幼儿在身体、认知、情感、社会性等多方面的全面发展。在身体方面，通过合理的作息安排、健康饮食管理以及体育活动的组织，确保幼儿身体健康成长。例如，制订科学的幼儿运动计划，每天安排一定时间的户外活动，像玩滑梯、跳绳等游戏，让幼儿在运动中锻炼身体的协调性和肌肉力量。在认知发展上，班级管理要为幼儿提供丰富的学习资源和适宜的学习环境。教师通过创设各种主题区域，如科学探索区、阅读区等，引导幼儿自主探索和学习。比如，在科学探索区，放置一些简单的实验材料，像放大镜、磁铁等，让幼儿观察和发现事物的特性，激发他们的好奇心和求知欲。对于情感发展，班级管理要营造一个温馨、关爱的氛围。教师要关注幼儿的情绪变化，及时给予安慰和鼓励。当幼儿因为离开父母而感到焦虑时，教师通过拥抱、轻声安慰等方式帮助他们缓解情绪，培养幼儿的安全感和信任感。在社会性发展方面，班级管理要注重幼儿的交往能力培养。通过组织集体活动，如小组合作游戏、分享活动等，让幼儿学会与同伴友好相处、合作交流。例如，在分享活动中，幼儿把自己喜欢的玩具带到幼儿园，向其他小朋友介绍玩具的特点和玩法，这不仅锻炼了他们的语言表达能力，还促进了同伴之间的友谊和合作精神。

2. 培养幼儿良好的行为习惯

幼儿阶段是行为习惯形成的关键时期。班级管理要通过日常生活的点滴来培养幼儿良好的行为习惯。例如，在用餐环节，教师引导幼儿养成不挑食、不剩饭、细嚼慢咽的习惯，通过反复地提醒和示范，让幼儿明白良好的饮食习惯对身体的重要性。在卫生习惯方面，教师要教会幼儿正确的洗手方法、刷牙方法等。比如，教师可以编一些有趣的洗手儿歌，边唱边教幼儿洗手的步骤，使幼儿在轻松愉快的氛围中掌握正确的洗手方法，养成良好的卫生习惯。对于秩序习惯，班级管理要让幼儿明白规则的重要性。在教室中，教师制定一些简单的规则，如上课时要安静听讲、排队时要保持距离等。通过不断练习和强化，幼儿在集体生活中能够遵守秩序，形成良好的行为规范。

(二)外在目的

1. 保障幼儿园教育活动的顺利开展

幼儿园班级管理是幼儿园整体教育活动的基础。良好的班级管理能够确保幼儿园的课程计划得以顺利实施。例如，幼儿园的课程安排包括语言、数学、艺术等多个领域，班级管理要合理安排时间，保证每个课程活动都能按照计划进行。教师要提前准备好教学材料，组织幼儿有序地参与活动，避免出现混乱的情况。

在教育活动的组织过程中，班级管理要协调好教师、幼儿以及教学资源之间的关系。当开展户外教学活动时，教师要保证幼儿的安全，同时合理分配户外教学工具，如在自然观察活动中，教师要确保每个幼儿都能使用显微镜、望远镜等工具来观察植物、昆虫等，让教育活动能够高效、有序地开展。

2. 提升幼儿园整体教育质量

从外在目的来看，班级管理是提升幼儿园整体教育质量的重要环节。通过有效的班级管理，教师可以积累丰富的教育管理经验。例如，教师在班级管理过程中，不断探索适合幼儿发展的教育方法和管理模式，这些经验可以为幼儿园的课程改革和教育理念更新提供参考。班级管理还能促进教师专业成长。在管理班级的过程中，教师需要不断学习新的教育理念、管理方法，提升自己的教育技能。教师之间的交流和分享班级管理经验，能够推动整个幼儿园教师队伍的专业发展，从而提升幼儿园整体的教育质量，使其在社会竞争中脱颖而出，赢得家长和社会的认可。

3. 形成办园特色，打造办园品牌

幼儿园班级管理的外在目的是形成办园特色，打造办园品牌。一所幼儿园想要打开知名度、拥有良好的口碑就必须办出自己的特色。而幼儿园特色的形成又主要通过幼儿园的班级管理来实现。要想追求特色和个性，就必须打破传统束缚，改革创新。所以，在幼儿园班级管理的过程中必须根据幼儿及家长的实际需求，突破传统的束缚，积极探索个性化的班级管理新举措，从而不断提升班级管理的水平，使班级管理工作由规范化管理模式逐步走向特色化的管理轨道，它是幼儿园形成办园特色的关键。幼儿园的特色不是一味地照搬别人的经验成果，也不是简单地继承就能形成的，须是在总结别人的成功经验的基础上，切合时代的发展，不断探索、不断开拓而创新出来的属于自己的特色。

二 幼儿园班级管理的意义

幼儿园班级是幼儿园的基本组成部分，它的管理对整个幼儿园的管理工作有着非常重要的奠基作用，必须引起重视，良好的幼儿园班级管理能促进整个幼儿园管理工作的高效进行，且带动幼儿园管理工作的良好发展。

幼儿园班级管理有其特殊性，管理的工作既平凡、琐碎、服务性强，又具有十分严密的教育性和科学性。幼儿园班级是幼儿生活的情境，同时幼儿的心理和生理特点决定了学前教育的目的不仅是传授知识，而且要对幼儿进行生活管理与教育，促进幼儿的自律与合作，最终促进幼儿的全面发展。可以说，幼儿园班级管理是幼儿生活的前提，它本身就是一种教育，对幼儿的身心发展有重大意义。

（一）有利于保教目标的实现

幼儿园班级管理有利于实现幼儿园的保育和教育目标及幼儿园管理工作的展开。《规程》中对幼儿园保教目标做出了规定，幼儿园所应承担的任务是，贯彻国家教育方针，按照保育与教育相结合的原则，遵循幼儿身心发展特点和规律，实施德、智、体、美等方面全面发展的教育，促进幼儿身心和谐发展。幼儿园班级管理不仅关注幼儿的身体健康和知识学习，更注重幼儿的情感、社会性和个性发展。通过科学合理地管理，幼儿园可以为幼儿创造一个充满爱、尊重和自由探索的环境，促进幼儿的全面发展。

幼儿园班级作为幼儿园的基本单位，是实施保教工作的基础，因此对于保教目标的实现有重要作用。离开了有目的、有计划的班级管理，班级的日常运行将是随意的、无序的、低效的，甚至是不利于幼儿的顺利成长的。一方面，幼儿园班级管理通过科学合理地安排，确保幼儿的日常生活得到良好的照顾。例如，教师和保育员通过制定合理的作息时间表，安排幼儿的睡眠、用餐、盥洗等活动，确保幼儿的身体健康。同时，通过定期的健康检查和卫生消毒工作，预防疾病的传播，为幼儿创造一个安全、卫生的生活环境。另一方面，幼儿园班级管理为教育活动的开展提供了保障，有助于推动教育目标的落实。教师通过制定详细的课程计划和教学目标，组织各种教育活动，如语言活动、科学探索、艺术创作等，促进幼儿的认知、情感和社会性发展。例如，在主题活动中，教师通过创设丰富的学习环境，引导幼儿自主探索和学习，培养他们的创造力和想象力。

（二）有利于保教质量的提升

幼儿园班级管理有利于幼儿园保教活动的开展，促进幼儿园保教质量的提升。幼儿园班级管理是开展教育活动的保证，是为保教目标的实现而服务的。班级是幼儿园保教活动实施的基本单位，良好的班级管理会对幼儿保教活动带来良好的影响，会促进整个幼儿园保教活动的顺利实施，从而有利于整个幼儿园的管理工作。

有序的班级管理能够减少教育活动中的混乱和干扰，提高教育活动的效率和质量。一方面，通过有效的班级管理，教师可以更好地组织和引导幼儿参与各种教育活动，提高教育活动的效率。例如，教师通过合理安排活动时间和空间，确保每个幼儿都能充分参与活动。同时，通过多样化的教学方法和手段，激发幼儿的学习兴趣，提高教育活动的质量。另一方面，良好的班级管理能够确保保育工作的规范化和科学化，优化保育工作。例如，通过制定详细的卫生消毒制度和健康检查流程，保育员可以更好地照顾幼儿的日常生活，预防疾病的发生。

（三）能有效推动教师专业成长

首先，班级管理为幼儿教师提供了实践和成长的平台。教师在管理班级的过程中，不断学习新的教育理念、管理方法，掌握更多的教育方法和技巧，从而提升自己的教育技能。例如，教师通过组织班级活动，学习如何更好地引导幼儿参与活动，如何处理幼儿之间的矛盾，从而提升自己的教育管理水平。其次，班级管理能促进教师之间的团队合作。例如，在主题活动中，教师们需要共同策划、准备材料、组织活动，通过团队合作，教师们可以相互学习、相互支持。这种合作不仅有助于提升教师的专业能力，还能增强教师团队的凝聚力。最后，班级管理过程中，教师能不断探索适合幼儿发展的教育方法和管理模式。例如，教师在实践中总结出适合小班幼儿的过渡环节管理方法，通过游戏化的方式让幼儿在不同活动之间顺利过渡。这些经验可以为幼儿园的课程改革和教育理念更新提供参考，从而提升幼儿园整体的教育质量。

（四）有助于促进家园共育

班级管理离不开家长的支持和参与。通过有效的沟通和合作，幼儿园可以与家长建立良好的关系。教师可以通过定期的家长会、家园联系手册、微信等方式，及时向家长反馈幼儿在园的表现，同时了解幼儿在家的情况。例如，教师可以通过家长开放日活动，让家长亲身体验幼儿在园的学习和生活，增强家长对幼儿园教育的理解和支持。良好的家园关系有助于形成教育合力，共同促进幼儿的发展。同时，幼儿园通过班级管理，为家长提供科学的育儿指导。例如，教师可以通过家长讲座、育儿手册等方式，向家长传授科学的育儿知识和方法，帮助家长更好地教育幼儿。除此之外，班级管理还承担着为家长提供便利服务的职责。例如，幼儿园通过合理的作息安排和课程设置，为家长提供优质的学前教育服务，满足家长的工作和学习需求。这不仅有助于提升家长对幼儿园的满意度，还能增强幼儿园的社会声誉。

扫一扫：《家园协同育人　筑牢成长基石》

（五）有利于提高管理效率

通过科学的班级管理，幼儿园可以更高效地利用人力、物力、时间和空间等资源。例如，教师通过合理安排班级区域活动，让每个区域都能发挥最大的教育价值。有效的管理还能减少资源浪费，提升幼儿园的运营效率。同时，班级管理是幼儿园整体管理的重要组成部分，提升班级管理水平，可以带动幼儿园整体管理水平的提升。例如，幼儿园可以通过建立完善的班级管理制度，规范教师和幼儿的行为，提升幼儿园的管理规范化水平。

总之，幼儿园班级管理不仅对幼儿的全面发展具有重要意义，还对落实保教目标、提升保教质量、推动教师专业成长、实现家园共育以及提高管理效率等方面发挥着关键作用。它是幼儿园教育活动的基础，也是幼儿园实现培养目标、践行教育理念的重要保障。

任务三 掌握幼儿园班级管理原则和方法

◇情境导入

　　乐乐刚入园，前几天哭闹得还比较厉害，但今天情绪似乎稳定了下来，一个人静静地坐在积木区看别人搭积木。李老师看到这种情况，就说："乐乐，是不是也想来玩搭积木？来试一试吧！"李老师走到乐乐身边，牵起乐乐的手，将她带到积木桌旁边，带着她一起玩积木。老师一直耐心地陪伴乐乐，并在旁边观察，鼓励她尝试一些简单的操作，如："乐乐，你想选择哪种积木？""我们来搭个城堡好吗？"或者递给乐乐一块积木，让她尝试加入游戏中。同时，李老师还邀请其他小朋友一起为乐乐加油，让乐乐感受到集体的温暖。

　　思考：李老师运用了哪些班级管理的方法呢？

一 幼儿园班级管理原则

　　幼儿园班级管理原则是教师进行班级管理时必须遵循的普遍性的、基本的行为准则，它反映了幼儿园班级管理的基本规律，对开展班级管理工作具有重要的指导意义。幼儿园班级管理中需要遵循的四大基本原则为主体性原则、整体性原则、参与性原则和高效性原则。

（一）主体性原则

　　主体性原则一是指教师作为班级管理的主体，具有积极、自主、创造性地开展班级管理活动的职责和权利；二是指班级中的幼儿作为学习者，具有满足自身发展需要和兴趣的权利。在班级管理中，教师主体和幼儿主体，是相互促进、彼此依赖的。作为班级管理主体的教师，在创造性地开展班级管理工作时，要使幼儿作为学习和游戏者的主体地位得到保证和确立，教师作为管理者的主体性要与幼儿作为学习和游戏者的主体性相结合。贯彻这一原则，应注意以下两方面。

　　1. 明确教师对班级管理的职责和权利

　　幼儿园对班级管理工作要足够重视，明确教师对班级管理的职责和权利，鼓励教师认真贯彻落实《规程》，特别是《规程》中第四章"幼儿园的卫生保健"和第五章"幼儿园的教育"的相关要求，积极、主动、创造性地开展班级管理工作，提高班级管理的质量。

　　2. 确保幼儿作为学习和游戏者的主体地位

　　教师在班级管理中要最大限度地反映幼儿的愿望，充分发挥幼儿的主观能动性，做到"以人为本"，确保幼儿作为学习和游戏者的主体地位。

案例

在一次区域活动中，教师发现部分幼儿对现有的活动内容不感兴趣。但教师没有强行要求这些幼儿参与活动，而是与幼儿进行沟通，了解他们的兴趣和想法。幼儿提出想玩"接龙"游戏，教师便引导他们将纸牌接成一列，并启发他们将接好的纸牌想象成火车，进而开展"火车行驶"的游戏。在这个过程中，幼儿自主设计了游戏规则，安排了角色，甚至邀请教师参与其中。

分析：教师充分尊重了幼儿作为学习者的主体地位，尊重幼儿的想法，鼓励幼儿积极主动参与活动，于是幼儿在活动中表现出了浓厚的兴趣和较高的参与度，这样不仅锻炼了幼儿的思维能力和创造力，还增强了其与同伴的互动和合作。

（二）整体性原则

整体性原则是指班级管理应是面向全体幼儿及班内所有管理要素的管理。遵循整体性原则一方面可以保证班级中所有幼儿的共同发展；另一方面可以确保班级中各种管理要素的充分利用。贯彻这一原则，应注意以下三点。

1. 集体管理与个体管理相结合

教师既要有整个班级管理的学期或年度目标，还要有班级中每个幼儿发展的目标。不能只关注班级整体发展目标而忽略每个幼儿的发展，更不能只关注能力强的幼儿而忽视能力一般的幼儿，或者是过度保护某些方面发育比较缓慢的特殊幼儿，要让每个幼儿平等地享有各种学习资源。

2. 充分发挥集体在班级管理中的作用

教师一方面要通过集体进行教育，把集体作为教育的手段，凭借集体这一教育手段去影响幼儿；另一方面要以集体作为教育的基础，在集体中对幼儿进行教育，以获得良好的教育效果。

3. 做好班级财、物、时间、空间、信息等其他要素的管理

班级管理要素如财、物、时间、空间、信息等既是全方位的，也是相互联系和制约的，班级管理绝不能忽视这些管理要素的影响，要做到合理安排和运用，避免顾此失彼。

（三）参与性原则

参与性原则是指幼儿园教师在管理过程中不应以管理者身份自居而高高在上，应以多种形式参与到幼儿的活动中去，民主、平等地对待幼儿，与幼儿一起开展有益的活动。贯彻这个原则，应注意以下两点。

1. 教师以角色的身份参与到幼儿活动中

教师要依据活动内容、形式、情境等转换角色身份，参与到幼儿活动中。《纲要》指出："教师应成为幼儿学习活动的支持者、合作者、引导者。"在幼儿个别化探索活动中，教师更多的是支持者，为幼儿提供学习条件，创设学习的情境。在小组学习活动中，教师是幼儿的合作者，与幼儿一起通过实际操作，获得新的经验。在集体活动中，教师组织幼儿集体讨论，引领幼儿共同参与，给

予幼儿适当的帮助，发展幼儿的潜力，此时教师扮演的角色是引导者。

2. 教师的参与和指导要适时、适度

教师无论以何种身份介入幼儿的活动，参与和指导都要适时、适度。例如：当幼儿活动开展顺利、情节发展合理、幼儿兴致高时，教师没有必要参与；而当幼儿在活动中碰到问题或情节无法深入开展时，教师可以角色的身份参与幼儿的活动并进行指导，但指导要注意适度，避免过度指导而影响幼儿参与活动的积极性与主动性。

（四）高效性原则

高效性原则是指教师在进行班级管理时，以最少的人力、物力和时间，使幼儿获得更多、更全面、更好的发展。也就是说，最大限度地利用班级管理中的各种资源，以达到提高班级管理效率之目的。贯彻这一原则，应注意以下三点。

1. 制定明确合理的班级管理目标

教师要根据班级实际情况，制定明确合理的管理目标，避免因过高或过低的管理目标而导致管理资源的浪费。

2. 加强班级管理计划的实施

由于幼儿年龄小，生活自理能力差，幼儿园的班级管理烦琐而复杂，制订班级管理计划并严格实施是提高管理效率的重要措施。教师要通过对各种资源的综合平衡利用和在空间、时间上的合理安排，减少浪费，从而提高管理效率。

3. 选择恰当的班级管理方法

教师要加强学习，掌握先进的管理方法，从而达到有序、高效管理的目的。

以上四个原则中，主体性原则和整体性原则主要体现管理思想，参与性原则和高效性原则主要体现管理方法，彼此之间是相互联系，密不可分的。

二　幼儿园班级管理方法

为了能有效地管理班级，提高班级管理效率，教师一定要掌握一些科学的管理方法，这也是教师应具备的基本技能。常见的班级管理方法有规则引导法、情感沟通法、互动指导法、榜样激励法、家园合作法和随机生成法等。教师在班级管理中要根据实际情况，灵活运用各种方法。

（一）规则引导法

规则引导法是指通过班级规则的制定，引导、规范幼儿的行为，使其有意识地与教育目标保持一致性的一种管理方法。任何有效的班级管理都建立在制定班级规则的基础上。幼儿应该知道什么行为是适宜的或不当的，所以，从幼儿来园的第一天起，教师就需要让其明白和理解，班级生活是有规则的，规则引导法实质就是规范幼儿的行为，它是班级管理中最常用的基本方法。幼儿心理学研究表明，在对生命秩序感的依赖与需求下，幼儿对规则的需要与重视甚至会超过成人，一旦他们心里明确了某个规则是需要遵守的，他们遵守起来往往比大人还要认真与执着。例如，对于实际生活中"饭前要洗手""过马路看红绿灯、走人行道"的规则，幼儿有时比成人更善于遵守。规则引导法运用要点如下。

1. 规则的内容宜具体细化，以便幼儿能理解

幼儿的身心发展尚未成熟，他们虽然对事物有着强烈的认知需求，有强烈的好奇心和求知欲，但是他们的智力发展水平有限，理性思维不成熟，在认知上存在较强的无意性和表象性。而规则的养成正是幼儿行为的规范过程，所以我们在制定规则时要具体明确，符合幼儿的身心年龄特征。规则并不是标语，无须让幼儿喊口号似的背下来。规则的制定必须考虑幼儿现有的理解能力和认知水平。如"睡觉时不能讲话""走路排队时不能碰撞别人"的规则用语要比"控制好自己"更便于幼儿理解且行之有效。

2. 规则的养成重在实践而非说教

有人说过："当孩子意识到你是在教育他的时候，这样的教育往往是失败的。"幼儿规则的养成，应该在生活点滴中进行，应该在日常的实践活动中，通过具体的情境引出规则，引导幼儿将规则内化为行为习惯。例如，幼儿在活动区内玩玩具时，通常喜欢把所有的玩具拿出来一一玩耍，当听到老师说活动时间结束时，他们便会迅速离开活动区，场内的玩具则是一片混乱。这时，老师提示他们"要把物品放回原处"时，幼儿只能被迫遵守规则。而如果老师扮演其中的某一玩具角色，露出伤心的神情说："小朋友把我到处乱扔，我找不到自己的家和小伙伴了，呜呜，真难过啊！"这时，幼儿一定会被打动，积极主动地收捡地上的物品，当所有的物品都放回原处时，他们就会产生满足感。这时，规则的遵守真正成了他们内心的需求、行为的习惯，当下次看到一块肥皂放在洗漱台上而没有放在肥皂盒时，幼儿会马上注意到它，并把它放回原处。

3. 教师在执行班级规则时应公平、公正，保持规则的一贯性

开学初制定规则是班级管理特有的过程。在整个学年中，教师应定期复习班级规则，帮助幼儿理解、记住它们，保持班级规则的持续一贯性。幼儿应当知道班级生活是有规则的，也应该懂得每一个小朋友都要遵守规则。教师更要在执行班级规则时公平、公正，对所有的幼儿一视同仁。当幼儿想试着挑战规则的底线时，教师一定要及时引导他回顾规则。例如：李老师正在组织进行4人区域活动，飞飞小朋友突然从他的画画区跑到积木区来，这时，李老师赶紧给他解释游戏规则道："飞飞，我知道你想玩积木了，但这里已经有4个人了，你得等有人离开积木区再来！"听完老师的话，飞飞小朋友自觉地去寻找其他还未满4人的区域活动。当然，不遵守规则的幼儿还需要接受导致的后果，行为的后果能让幼儿理解自我控制的必要性。唯有这样，幼儿良好品行才能在规则中养成。

案例

在幼儿园的户外游戏时间，小班的几个孩子想玩秋千，但只有一架秋千，孩子们互相抢占，争吵不断。李老师问孩子们："你们都想玩秋千，但现在争吵起来，谁都会玩不了。老师这里有个玩游戏的规则，只要你们同意遵守规则，每个人都能荡秋千，你们愿不愿意配合老师呢？"孩子们大多表示愿意。于是李老师耐心地对他们讲解规则：可以

通过手心手背的方式排出荡秋千的顺序，每个小朋友可以玩 5 分钟，其间其他小朋友可以在后面轻轻推送。在听完李老师讲解的规则后，孩子们纷纷表示赞同，并按照规则轮流玩秋千，争吵和推搡的现象消失了，游戏变得有序且愉快。

思考：为什么游戏变得有序且愉快了？请你扮演李老师，向小班的孩子们讲解游戏规则。

（二）情感沟通法

情感沟通法是指通过激发和利用师生间或幼儿间的情感，以及幼儿对环境的情感，以引发或影响幼儿行为的方法。它的基础是教师对幼儿的理解和爱，也体现了教育家精神。

幼儿的情感较外露，并且易受暗示和感染，所以，教师很容易把握幼儿的情感特点，从幼儿情感入手，对幼儿的行为加以影响和引导。在班级管理中，情感沟通法一方面有利于幼儿情感的健康发展；另一方面能使教师保持自身情绪饱满，快乐工作。在实施情感沟通法时应着眼于以下三个方面。

1. 观察幼儿的情感表现，把握幼儿的情感特点

幼儿的情感特点是外露、易受暗示和感染，但是不同的年龄班幼儿的情感特点还是有区别的。教师在日常生活和教育活动中，应仔细观察幼儿的情感表现，了解幼儿的情感需求，准确把握幼儿的情感特点，并采取恰当的方法，激发和引导幼儿的情感积极向上发展。

2. 对幼儿进行移情训练，帮助幼儿学会理解他人

移情是幼儿自我情感发展的一种表现，是影响幼儿社会交往和社会关系发展的重要因素。教师要经常对幼儿进行移情训练，使幼儿从小学会站在他人的立场和角度考虑问题，在尊重和理解他人的过程中形成良好的个性品质，为幼儿今后进一步的亲社会行为的发展奠定良好的基础。

3. 教师要尊重、理解和爱幼儿

教师对幼儿的尊重、理解和爱，是情感沟通法实施的基础。一方面，教师要注意自己的言行，随时向幼儿传递一种被理解和尊重的积极情绪；另一方面，用包容的态度、欣赏的眼神，表达对幼儿的爱。教师需要有童心、耐心、爱心和细心。

案例

小班的高宇轩性格内向，来到幼儿园后不愿意与其他孩子交流，总是独自坐在角落，拒绝参与集体活动。教师通过观察发现高宇轩对绘画活动感兴趣，于是鼓励他参与绘画活动，并在活动中给予他积极的反馈和表扬。并且教师在组织小组活动时，会邀请高宇轩与其他小朋友一起完成任务，如在"乌龟运书"的体育游戏中，引导他们通过合作完成任务，潜移默化地增强了高宇轩的自信心和团队合作能力。同时，教师也会在活

动中引导其他小朋友关心高宇轩，让他感受到集体的温暖和接纳。慢慢地，高宇轩逐渐愿意与其他小朋友交流，开始主动参与集体活动，性格变得更加开朗。

分析：情感沟通法在幼儿园班级管理中具有重要作用。通过倾听、尊重、鼓励和情感支持，教师能够更好地理解幼儿的需求，帮助他们建立自信、融入集体、克服焦虑，从而实现班级的有效管理和幼儿的全面发展。

（三）互动指导法

互动指导法是指幼儿与教师、同伴、环境等相互作用的方法。也就是说，班级活动过程其实就是幼儿与不同对象互动的过程。指导幼儿与各种对象进行积极、有效的互动是班级管理的重要方法之一。在运用互动指导法时应注意以下三点。

1. 教师对幼儿互动的指导要适当

在班级管理中，教师对幼儿互动的指导要适当，要根据幼儿的年龄特点、身心发展水平、个性特点、活动性质、活动情境等因素来决定是否需要进行指导。过多的指导会抑制幼儿自主性和主动性的发挥，过少的指导会影响幼儿活动的效果及积极性。

2. 教师对幼儿互动的指导要适时

教师对幼儿互动的指导是事前进行、事中进行还是事后进行，都需要管理者根据当时的情况决定，把握指导的时机很关键，它直接影响指导的效果。例如：一个幼儿迫不及待地把自己画好的画拿给教师看，但是当教师指导完另一个小朋友之后再去看时，他已经将画全部涂黑了。教师适时的指导能有效支持幼儿的互动活动，否则，会影响幼儿的积极性。

3. 教师对幼儿互动的指导要适度

所谓的适度，是指教师的指导要把握合适的度，既不能过于笼统，也不能过于细致。应从幼儿身心发展水平出发，在其最近发展区之内进行指导和帮助。不能把指导变成包办代替，使幼儿失去学习和思考的机会。

案例

在附属幼儿园，廖老师在组织幼儿阅读《小兔子乖乖》时，采用了互动指导法。廖老师在教授绘本前，先询问幼儿是否读过这本书，有没有听说过小兔子乖乖这个人物，通过提问激发幼儿的学习兴趣，促进幼儿的积极参与。接着，廖老师引导幼儿仔细观察书中的图片和文字，对每一页内容进行讲解。在讲解过程中，廖老师时不时地停下来，询问幼儿对书中情节和角色的看法，并鼓励幼儿表达自己的观点。故事讲解完毕后，廖老师组织幼儿进行小组讨论，让幼儿分享自己的想法和观点，促进了幼儿之间的交流和互动。最后，廖老师安排幼儿进行绘画创作，让幼儿将自己的感受和想法用画笔表现出来。通过绘画，幼儿可以更好地理解绘本内容，加深对故事的印象。

（四）榜样激励法

榜样激励法是指通过树立榜样并引导幼儿学习榜样以规范自身行为的方法。对于好奇心强、好模仿、易受暗示的幼儿，榜样的力量是无穷的。运用榜样激励法时应注意以下三点。

1. 选择健康、具体、形象的正面榜样

榜样的来源十分广泛，在选择榜样时应考虑幼儿的理解能力、接受能力和可效仿性。选择来自幼儿周围生活中健康、具体、形象的正面榜样，特别是班级中的榜样更能引起幼儿的共鸣，达到榜样激励的效果。

2. 树立榜样要做到公正、权威

班级中树立的榜样应该是教师和幼儿共同认可的，其模范行为是公认的。在选择榜样时，教师要一视同仁，公平公正地为行为表现优秀的幼儿提供充当榜样的机会，激励全班幼儿形成良好的行为习惯。班级内的榜样不一定完美，只要某个方面行为表现优秀，就能成为大家学习的榜样，从而鼓励幼儿在不同方面争做榜样。在榜样树立之后，引导幼儿感知、了解，鼓励幼儿学习榜样的行为，并给幼儿提供表现榜样行为的机会。

3. 对幼儿表现的榜样行为做出及时、积极的反应

当发现幼儿以榜样规范自己行为并做出良好表现时，教师要及时、恰当地给予表扬和鼓励，使幼儿感受到学习榜样的益处，从而强化榜样的影响力。

案例

幼儿园设立了"榜样之星"评选活动，每周从班级中评选出一个"榜样之星"，并在班级内进行表扬。老师根据孩子的表现和家长反馈，从言行举止、卫生习惯、团队协作等方面综合评估，提名候选人。在评选过程中，老师邀请每个孩子发言，分享选择某个孩子的理由，最后全班投票选出"榜样之星"。被选为"榜样之星"的孩子会获得奖状或小奖品，其他孩子也会受到激励，积极向榜样学习。

分析：榜样激励法在幼儿园班级管理中具有显著的效果。通过树立具体的、积极的榜样，教师可以引导幼儿学习榜样行为、规范自己的行为习惯，激发他们的积极性和创造力。同时，榜样激励法还能增强班级凝聚力，营造积极向上的班级氛围。

（五）家园合作法

家园合作法是指家庭和幼儿园之间相互支持、相互配合形成教育合力，共同促进幼儿健康发展的班级管理方法。幼儿的教育学习活动与他们的生活密切相关，教师积极开展教育活动时，应充分利用家长资源促进班级管理。《纲要》明确指出："家庭是幼儿园重要的合作伙伴。应本着尊重、平等、合作的原则，争取家长的理解、支持和主动参与，并积极支持、帮助家长提高教育能力。"可见，家园的良好沟通和密切合作是幼儿园教育教学活动有序有效进行的重要保障。幼儿园可以通过

家长开放日、家园集体活动、家长讲座等方式促进家园的双向交流。父母是孩子的第一任老师，家长比任何人都了解自己的孩子。通过交流沟通，教师可以从家长那里获取幼儿的各种信息；而家长也能够全面深入地了解园内的教育教学、日常管理情况，充分反馈自己的意见，了解老师及其工作，并积极参与到幼儿园工作中，共同促进幼儿的健康发展。家园合作法的运用要点如下。

1. 要尊重每个家庭特有的文化背景和价值观

在情感、文化、价值观上的差异，让每个家庭形成了不同的养育风格。家园之间要产生真正的教育合力，教师了解并尊重每个家庭的价值观和养育风格是非常重要的。当我们尝试从他人的视角看世界时，更容易了解班级中各个幼儿的家庭对其幼儿的期望，会更愿意倾听家长的想法和意见，愿意为幼儿的健康发展而共同努力。

2. 要掌握口头沟通技巧，善于运用多种沟通形式

在与家长建立合作关系时，口头的沟通技巧非常重要。教师和家长的一次成功谈话往往能促进一种积极关系的形成。教师应在家长面前树立良好的第一印象，表现出对他们的尊重，并把谈话的焦点放在幼儿身上。在教师对家长提建议时，首先要了解家长的观点，同时，教师还要善于倾听并让家长表达他们的意见。当家长能从谈话中深切感受教师对幼儿的真诚关爱时，家长会尊重教师而积极地支持教师的工作。此外，家园沟通中除了口头交流，教师还要善于借助微信、QQ等多种沟通形式，有时这些沟通方式可以节省交流时间，而且交流的内容、目的更加清晰明确。

扫一扫：《家校携手共建"彩虹桥"，助"花朵"们一路生花》

案例

幼儿园中班的汐汐小朋友存在肥胖问题，但家长认为孩子"吃得好""长大了自然会瘦"，对幼儿园提出的健康饮食和运动建议不以为然。于是，幼儿园邀请营养专家为家长举办健康教育讲座，详细讲解儿童肥胖的危害及预防方法，让家长认识到问题的严重性。同时，教师为汐汐制定了"一对一"的个性化家庭饮食方案，建议家长将烹饪方式从油炸改为蒸煮，减少高热量零食的摄入，并增加户外活动时间。在此期间，教师与家长保持密切沟通，定期反馈汐汐在园的饮食和运动情况，家长也在家中按照方案执行，家园共同努力帮助汐汐养成健康的生活方式。经过几个月的努力，汐汐的体重明显下降，身体素质得到提升，家长也对幼儿园的教育理念和方法表示认可。

分析：通过有效的家园沟通与合作，教师可以更好地了解幼儿的家庭背景和个性特点，家长也能更深入地理解幼儿园的教育理念和方法，从而形成教育合力，共同促进幼儿的全面发展。

（六）随机生成法

随机生成法指随机抓住偶然出现的契机，从不同的角度完成教育目标的管理方法。长期以来，幼儿教师习惯于预先制订详细周密的计划，然后严格按照计划的程序开展工作，逐渐形成了教育管理工作的模式化。然而，根据幼儿身心的发展特点，他们在活动中灵活多变，不稳定因素很多，以至于幼儿的教育教学活动随机性较强。它需要教师具有敏锐的观察力和一定的创造力，在真实的教育情境中结合幼儿的兴趣爱好和好奇心理，捕捉有利的教育契机适时调整教育管理计划与方法，不断解决管理中的新问题，最终实现教育管理的总目标。

案例

一次，我看见洗手间有三个水龙头还在滴滴答答地流着水。我皱皱眉，顿生一计。召集小朋友到洗手间，请他们说说这几个水龙头为什么会流水，小朋友说是因为水龙头没关紧。然后，我拿来三个杯子放在水龙头下接水，并说：等我们做完游戏后，再来看看杯子里的水。十分钟后，我和小朋友一起来到洗手间，小朋友一看就惊讶地说："杯子里的水都满了。"我趁势说："才这么一会儿工夫，杯子里的水就这样多，如果老师不用杯子接水，时间一长，那么，白白流掉的水就不是几杯、几十杯，这有多可惜啊！"小朋友听了懂事地点点头。从这以后，小朋友每次洗手后都把水龙头拧紧了。

随机生成法运用要点如下。

1. 随机生成要能够因势利导

幼儿的教育过程寓于活动中，幼儿天性活泼好动，他们所处外部环境的诸多因素又是发展变化的，所以，在幼儿的一日活动中，常常会出现各种偶发情况和现象。其中许多情况就蕴含着教育的契机。此刻，教师要有敏锐的观察力，因势利导促进教育目标的实现。如当一个幼儿因沙子进了眼睛而疼痛难忍时，教师除了告诉幼儿这种情况应该怎么办之外，还要进一步引导幼儿明白眼睛的重要性以及平时保护好眼睛的方法等知识，使其得到一次富有实效的健康教育。

2. 随机生成要符合幼儿的身心特点和兴趣爱好

随机生成的最终目的是通过对一些偶然事件的创造性加工，使幼儿在无意之中获取一种经验上的认知机会。这就要求随机生成的教育计划一定要符合幼儿的身心特点，不断激发他们的兴趣。兴趣是最好的老师，只有在幼儿的主动参与配合下，才能真正随机生成一次教育活动。

幼儿园班级管理是一项长期而艰巨的工作，随着各种教育理论和管理经验的丰富，管理方法会不断地得以发展和完善。

拓展阅读

新时代幼儿园教师职业行为十项准则

教师是人类灵魂的工程师，是人类文明的传承者。长期以来，广大教师贯彻党的教育方针，教书育人，呕心沥血，默默奉献，为国家发展和民族振兴作出了重大贡献。新时代对广大教师落实立德树人根本任务提出新的更高要求，为进一步增强教师的责任感、使命感、荣誉感，规范职业行为，明确师德底线，引导广大教师努力成为有理想信念、有道德情操、有扎实学识、有仁爱之心的好老师，着力培养德智体美劳全面发展的社会主义建设者和接班人，特制定以下准则。

一、坚定政治方向。坚持以习近平新时代中国特色社会主义思想为指导，拥护中国共产党的领导，贯彻党的教育方针；不得在保教活动中及其他场合有损害党中央权威和违背党的路线方针政策的言行。

二、自觉爱国守法。忠于祖国，忠于人民，恪守宪法原则，遵守法律法规，依法履行教师职责；不得损害国家利益、社会公共利益，或违背社会公序良俗。

三、传播优秀文化。带头践行社会主义核心价值观，弘扬真善美，传递正能量；不得通过保教活动、论坛、讲座、信息网络及其他渠道发表、转发错误观点，或编造散布虚假信息、不良信息。

四、潜心培幼育人。落实立德树人根本任务，爱岗敬业，细致耐心；不得在工作期间玩忽职守、消极怠工，或空岗、未经批准找人替班，不得利用职务之便兼职兼薪。

五、加强安全防范。增强安全意识，加强安全教育，保护幼儿安全，防范事故风险；不得在保教活动中遇突发事件、面临危险时，不顾幼儿安危，擅离职守，自行逃离。

六、关心爱护幼儿。呵护幼儿健康，保障快乐成长；不得体罚和变相体罚幼儿，不得歧视、侮辱幼儿，严禁猥亵、虐待、伤害幼儿。

七、遵循幼教规律。循序渐进，寓教于乐；不得采用学校教育方式提前教授小学内容，不得组织有碍幼儿身心健康的活动。

八、秉持公平诚信。坚持原则，处事公道，光明磊落，为人正直；不得在入园招生、绩效考核、岗位聘用、职称评聘、评优评奖等工作中徇私舞弊、弄虚作假。

九、坚守廉洁自律。严于律己，清廉从教；不得索要、收受幼儿家长财物或参加由家长付费的宴请、旅游、娱乐休闲等活动，不得推销幼儿读物、社会保险或利用家长资源谋取私利。

十、规范保教行为。尊重幼儿权益，抵制不良风气；不得组织幼儿参加以营利为目的的表演、竞赛等活动，或泄露幼儿与家长的信息。

考点聚焦

单项选择题

1. 在一次续编故事活动中，小朋友们积极举手发言，一向胆小的圆圆也举起了小手，戴老师有意请圆圆回答，可圆圆的声音非常小，小朋友们嚷嚷："他的声音太小了，我们什么也听不见！""老师让我替他说吧！"对此，戴老师恰当的回应是（　　）。［2023年上半年幼儿园教师资格证考试真题］

A. 欣欣，你来替圆圆讲！圆圆请先坐下休息一会儿。

B. 圆圆真勇敢，请你大声地再讲一遍。好吗？

C. 你们管好自己的小嘴巴，我们要尊重圆圆。

D. 圆圆，你应该大声讲故事。

2. 盼盼妈妈问："在班上的作品展示栏里，我从来没有看到过盼盼的作品，为什么？"田老师说："盼盼妈妈，我们只展示优秀作品。"对于田老师的做法，下列说法正确的是（　　）。［2023年下半年幼儿园教师资格证考试真题］

A. 做到了因材施教　　　　　　　B. 保护了幼儿的发展权

C. 没有做到一视同仁　　　　　　D. 没有做到循循善诱

3. 中一班班级活动中，老师批评小明："你怎么这么笨啊，看人家早就学会了！"该老师的行为（　　）。［2024年下半年幼儿园教师资格证考试真题］

A. 违背了保教结合原则　　　　　B. 忽视了教育的主体性

C. 违背了教育公平原则　　　　　D. 忽视了教育的生态性

4. 工作了6年的邓老师向刚刚参加工作的朱老师介绍经验："对班上特别调皮捣蛋的孩子可以罚站一小时。"对此朱老师应该（　　）。［2024年下半年幼儿园教师资格证考试真题］

A. 不采纳建议，只罚站教育效果不佳

B. 不采纳建议，有损幼儿身心健康

C. 采取建议，适当罚站是正常行使教师的惩戒权

D. 采纳建议，适当罚站有助于培养幼儿良好习惯

课后实践

1. 实践一

（1）思考：作为一名学前教育专业师范生，应该如何在实践中做好班级管理呢？

（2）思考：在新时代背景下，如何成为一名受幼儿欢迎、家长认可、同行肯定的幼儿教师？

2. 实践二

（1）以小组为单位，到幼儿园采访五名及以上的幼儿教师，收集班级管理的案例。

（2）以小组为单位，整理案例并撰写成《我身边的幼儿园班级管理者》。

项目二 幼儿园班级一日常规管理

Note

◇ **项目学习目标**

[知识目标]

（1）领会幼儿园班级一日常规的内涵。

（2）了解幼儿园班级一日常规的意义。

（3）理解幼儿园班级一日常规制定的原则。

（4）掌握幼儿园班级一日常规制定的方法。

[能力目标]

（1）能够精准表达幼儿园班级一日常规制定的原则。

（2）能够灵活运用制定幼儿园班级一日常规的方法。

（3）能够梳理出幼儿园生活常规各个环节的注意事项。

（4）能够根据幼儿的年龄特点和活动类型来制定教育常规。

[素质目标]

（1）树立正确的幼儿园班级一日常规管理理念。

（2）意识到常规培养对幼儿一生成长的重要性。

（3）能依据保教结合的理念将生活和教育常规内化于心。

◇ **项目学习导航**

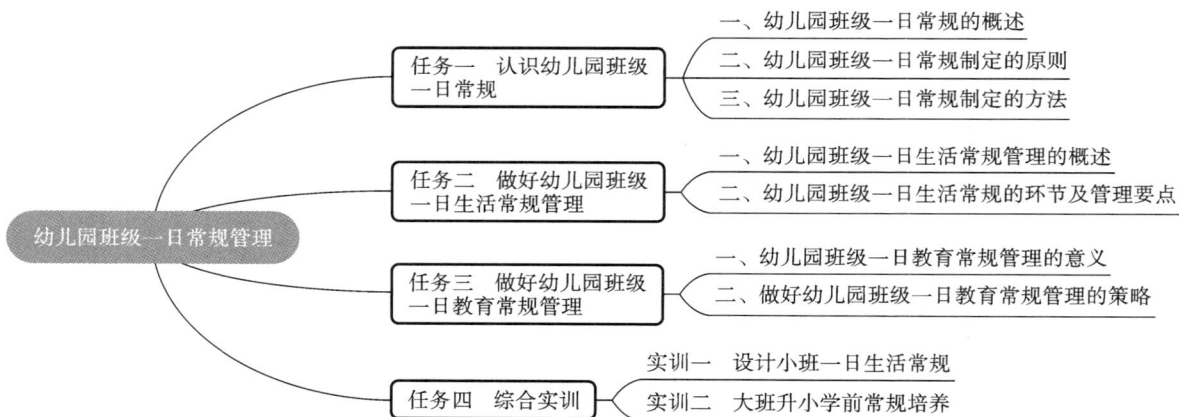

```
                                          ┌── 一、幼儿园班级一日常规的概述
                        任务一  认识幼儿园班级 ├── 二、幼儿园班级一日常规制定的原则
                        一日常规              └── 三、幼儿园班级一日常规制定的方法

                        任务二  做好幼儿园班级 ┌── 一、幼儿园班级一日生活常规管理的概述
                        一日生活常规管理       └── 二、幼儿园班级一日生活常规的环节及管理要点
  幼儿园班级一日常规管理
                        任务三  做好幼儿园班级 ┌── 一、幼儿园班级一日教育常规管理的意义
                        一日教育常规管理       └── 二、做好幼儿园班级一日教育常规管理的策略

                                          ┌── 实训一  设计小班一日生活常规
                        任务四  综合实训     └── 实训二  大班升小学前常规培养
```

30

任务一　认识幼儿园班级一日常规

◇情境导入

　　由于天气原因，孙老师破例取消了户外活动，让孩子们进行自由活动。孙老师巡回观察并指导。一会儿，中班年级组长宋老师进来，告诉孙老师："你去看你们班的孩子在干什么！"孙老师出来，脸色一下子阴沉下来。原来，凡凡和丁丁趁人不注意时跑出门，到走廊上把孩子们放在柜子里的鞋全都抱下楼，并丢到外面的地上。孙老师责令他们把鞋子找回来。宋老师对孙老师说："让老师陪他们去找，小孩上下楼梯多危险呀！"一会儿，只见大班的年级组长和宋老师站在了一起，看着眼前的"忙碌"景象，大班年级组长说："你看，他们班多乱呀！"

　　思考：这是一则关于常规检查的案例，幼儿园各年龄班的年级组长或保教主任，通常负责检查各班的常规情况，有的班级秩序井然，会被视为"好"的常规，而有的班级秩序混乱，会被认为"不好"的常规。说某某班"多么乱"，是对班级一日常规评价最严重的贬损性话语，意味着班级一日常规糟糕透了，这也意味着教师不得不加强对班级的常规管理。那么，究竟什么是常规？它涵盖了哪些方面？作为教师又该如何建立常规？带着这些问题我们一起走进学习任务。

　　《中华人民共和国学前教育法》第五十三条提出："幼儿园应当建立科学合理的一日生活制度，保证户外活动时间，做好儿童营养膳食、体格锻炼、全日健康观察、食品安全、卫生与消毒、传染病预防与控制、常见病预防等卫生保健管理工作，加强健康教育。"第五十六条提出："幼儿园应当以学前儿童的生活为基础，以游戏为基本活动，发展素质教育，最大限度支持学前儿童通过亲近自然、实际操作、亲身体验等方式探索学习，促进学前儿童养成良好的品德、行为习惯、安全和劳动意识，健全人格、强健体魄，在健康、语言、社会、科学、艺术等各方面协调发展。"以上两个法条分别从保育和教育的角度将幼儿园一日活动的内容予以立法规范。

一　幼儿园班级一日常规的概述

（一）幼儿园班级一日常规的内涵

　　所谓常规，就是需要经常遵守的规则与规定。一些学者对常规的理解略有出入。有研究者认为，常规是幼儿在幼儿园一日生活的各种活动中应该遵守的基本行为规则。而有的则将"常规"视为规定，具体包括三方面的含义：①遵守各种活动和休息的时间及其顺序的规定；②遵守一日生活各环节具体制度的规定；③遵守幼儿的一般行为规范的规定。具体而言，幼儿园班级一日常规是指幼儿在幼儿园一日生活中应遵守的行为规范和活动流程。它涵盖了从入园到离园的各个环节，包括晨间活动、进餐、教学活动、游戏、午睡、盥洗、离园等，是幼儿园班级管理的重要组成部分。

一日常规不仅是幼儿在园行为的指引，也是教师组织和管理班级活动的重要依据。通过建立和遵循一日常规，可以帮助幼儿适应集体生活，培养良好的生活习惯和行为规范，同时保障幼儿园教育活动的顺利开展。

（二）幼儿园班级一日常规的意义

幼儿园班级一日常规贯穿幼儿在园生活的全过程，对幼儿的身心发展、社会性成长及学习品质的养成具有重要的功能和意义，立足于幼儿发展和社会需求的角度，将一日常规的意义阐述如下。

1. 保障身体健康，维持心理稳定

人体内部存在一种无形的"时钟"，能调节生理过程的节律性，遵循规律作息能使生物钟正常运作，维持身体各项机能的稳定。幼儿园班级一日常规就像是一台"社会化"的生物钟，合理安排进餐、睡眠、饮水等时间，能让幼儿形成良好的生活规律，保证充足睡眠和合理饮食，促进身体正常发育和机能发展；通过洗手、消毒等常规要求，幼儿能够养成良好的个人卫生习惯，降低感染疾病的风险，增强身体免疫力；明确的行走、坐立姿势等常规，能帮助幼儿养成良好的行为举止，提升自身素养；稳定、有序的常规能给幼儿带来安全感和归属感，让幼儿在熟悉的环境中自由地探索和学习。

2. 适应集体生活，促进社会性发展

班级一日常规包含了幼儿在集体生活中的规则，让幼儿明白什么应该做、什么不应该做，什么时候该做什么、不该做什么。班级一日常规为幼儿提供了清晰的行为指引，使其能够快速适应幼儿园的集体环境。例如，幼儿通过学习在集体中有序排队、安静进餐等行为，逐渐适应集体生活的节奏。通过值日生任务，如午餐时分发餐具、照顾教室里的植物，幼儿体验到为集体服务的成就感，对集体产生归属感。集体活动中的规则，如轮流玩玩具、轻声说话，帮助幼儿理解社会规范，学会尊重他人和遵守公共秩序。

3. 强化自我管理，提升学习品质

一个好的作息时间表，不仅能够使幼儿在一天中生活得有条不紊、富有节奏，而且对提高幼儿的独立性、自主性、生活习惯和行为习惯的条理性以及自理能力都会产生重大的影响。例如，穿衣、整理玩具等常规活动，能使幼儿学会照顾自己，提高生活自理能力，为其今后独立生活奠定基础。

常规培养，能促进幼儿对生活知识和社会知识、技能的掌握，增强行为的目的性、意识性，发展自理、自律能力。例如，课堂上的倾听、发言等常规要求，有助于幼儿集中注意力，积极参与学习活动，提高学习效果；遵守活动规则、按时完成任务等常规，能培养幼儿的坚持性、独立性等学习品质，为其终身学习做好准备。

上述关于幼儿园班级一日常规的内涵和意义的探讨集中于正向功能，这是以正确、合理的常规作为前提的。班级一日常规功能的发挥程度也因教育任务的不同而略有差异，如小班可能相对突出如何让幼儿适应幼儿园集体生活环境这一内容，大班对如何让幼儿适应小学的问题考虑相对较多。但不同年龄班在一日常规方面具有同质性，因为任何年龄班都属于群体性组织，也同为幼儿园这一教育机构的组成部分。

（三）幼儿园班级一日常规的内容

幼儿园班级一日常规一般划分为生活常规、教育常规、游戏常规等。这三类活动通常是幼儿园每天发生频次较多的活动类型，不同的活动类型根据场景的变化有着不同的具体要求，有的是约束教师的行为规范，有的是管理幼儿的行为规则。

1. 生活常规

生活常规包括入园、盥洗、饮水、如厕、进餐、午睡、起床、离园等环节的常规。生活常规贯穿了幼儿在园的一日活动，每个环节都有具体而详细的要求。

2. 教育常规

教育常规是保证幼儿顺利、有效完成启蒙阶段知识学习的主要方式，是养成良好学习品质的保障，一般发生于集体教学活动中。例如，在活动前，幼儿能够按照教师的指令将自己的小椅子围成半圆形，端正地坐好；活动中，幼儿集中注意力，认真倾听，主动举手发言，不随意离开座椅，不和身边的小朋友打闹；活动后，能自己收拾简单的学具，整理场地，按照教师的指令饮水、如厕。

3. 游戏常规

《幼儿园工作规程》中阐述了一条重要的教育原则，即幼儿园以游戏为基本活动，生活活动和教育活动都不开游戏的组织与实施，游戏活动按照场景又分为室内游戏和户外游戏。尤其在组织户外游戏前，教师要反复强调游戏规则，组织幼儿按队列集合，下楼梯的时候不推搡、不打闹、不插队；到达游戏场地后，幼儿要在班级所属的区域或教师指定的地方活动。做游戏时，幼儿要有一定的安全意识和自我保护能力，在安全的前提下快乐游戏，遵守游戏规则；游戏结束后，能和教师一起收拾游戏器具，整理场地，玩大型器械时，学会排队和等待。

二 幼儿园班级一日常规制定的原则

《幼儿园工作规程》第二十七指出："幼儿园日常生活组织，应当从实际出发，建立必要、合理的常规，坚持一贯性和灵活性相结合，培养幼儿的良好习惯和初步的生活自理能力。"由于幼儿园教育对象的特殊性，幼儿园班级一日常规的制定有其特定的对象和特点。制定幼儿园班级一日常规应遵守以下原则。

1. 一贯性原则

幼儿园班级一日常规的制定者主要是幼儿园的领导及教师，常规一旦制定好，接下来就需要教师和幼儿在日常生活中共同建立，需要日复一日地重复和强化，当幼儿能主动遵守常规而不需要教师过多地强调与督促，就意味着幼儿已建立了常规。将外在的、早已制定好的常规转换为幼儿自我约束的机制，这还需要教师相互之间、教师和家长之间经常沟通，形成一致的要求。

2. 灵活性原则

常规内容和要求应根据幼儿个体差异、实际情况、教育目标和内容进行调整。每个幼儿都是独特的，班级制度需要考虑他们的个体差异。如有的幼儿可能因为身体原因不能参加剧烈运动，教师就应灵活调整体育活动的要求，让其参与一些适合的轻度活动。这里的实际情况包含客观环境的变化和突发情况，例如，在传染病高发期，可适当增加洗手次数和消毒频率，灵活调整班级的卫生制度。教育目标和内容也要依据现实需要灵活调整，允许幼儿在遵守常规的基础上有一定的自主性和创造性，因为幼儿往往在服从规则的同时，舍弃了某些兴趣和爱好，愿望受到了延迟，原本的情感、意念有时会被阻止和管控。如区域活动中，幼儿可根据自己的兴趣来决定活动的类型，几个幼儿在建构区里搭好房子后开始玩起了"过家家"，而教师发现这个场景后，中断了幼儿的游戏，开始引导他们继续学习搭建积木的方法，可见该教师在固有的观念中认为建构区只能搭积木，而忽视了幼儿游戏的自主性和自发性，因此，面对这种情况应当灵活处理。

3. 适宜性原则

常规的制定者要充分考虑幼儿的年龄特点、兴趣爱好和身心发展水平，确保常规内容符合幼儿的接受能力，如小班幼儿常规侧重于基本生活自理和简单行为规范，中、大班的幼儿可以共同探讨班级生活中的安全隐患、生活中的烦恼，一起想办法解决发现的问题。教师应制定相应的规则，调动幼儿遵守规则的自觉性。

4. 示范性原则

陈鹤琴先生在《家庭教育》中提到，幼儿具有模仿心，幼儿的模仿是无选择的，他们善恶观念薄弱，不能选择事物去模仿。比如看见父亲吐痰、抽烟，也会去模仿，并不知其坏处。因此，成人应以身作则，为幼儿树立良好的榜样。同理，教师在班级里管理幼儿时，凡是要求幼儿养成的行为习惯或卫生习惯，教师必须先做到。例如午睡时，个别幼儿在说话，这时候，带班教师大声说："悦悦小朋友不要说话！"殊不知，教师大声说话不但影响了其他幼儿的休息，而且让幼儿产生疑惑：老师不也在大声说话吗？因此，教师要求幼儿进寝室后保持安静，自己首先要安静，即使要管理，也应该悄悄地个别要求，为幼儿做好示范，这样幼儿才会跟着模仿，逐步形成良好的班级一日常规。

三 幼儿园班级一日常规制定的方法

1. 示范法

教师要示范正确的行为动作和操作方法，让幼儿直观地了解常规要求。如在教幼儿叠衣服时，教师边讲解边示范，让幼儿清楚每一个步骤。挑选表现优秀的幼儿进行示范，树立榜样，激发其他幼儿学习和模仿的积极性。比如，请整理玩具又快又好的幼儿给大家展示，鼓励其他幼儿向他学习。德国教育家利茨创办的乡村寄宿学校，教师从不对学生大声训斥，而是通过自己的表率来帮助学生，并让学生学会自我管理。

2. 讨论法

要组织班级教师共同讨论，根据幼儿的年龄特点、班级整体情况等，集思广益，确定一日常规的具体内容和要求。例如，针对小班幼儿，讨论如何制定简单易懂的洗手常规。鼓励幼儿参与讨论，让他们表达自己的想法和感受，共同制定大家都能接受的常规。比如，在制定图书角常规时，和幼儿一起讨论怎样爱护图书，如何有序借阅等。

3. 游戏法

要将常规内容融入游戏中，让幼儿在玩游戏的过程中学习和掌握常规。例如，通过"我是文明小天使"的游戏，幼儿在游戏情境中练习使用礼貌用语。设计一些竞赛类游戏，如"整理小能手比赛"，激发幼儿遵守常规的积极性，培养他们的竞争意识和良好习惯。

4．标识法

根据幼儿感知觉的发展理论，幼儿的感知觉处于快速发展阶段，他们对直观、形象的标识更容易理解和感知，标识以视觉信号的形式呈现，如用不同颜色、形状的图形来表示不同的区域或规则，能让幼儿快速感知环境中的信息，从而引导幼儿的行为。例如，在洗手池旁边张贴洗手步骤图，将七步洗手法每一步配上简单易懂的图片，幼儿可以按照图片提示完成洗手，形成良好的卫生习惯。

知 识 链 接

幼儿一日活动常规的实施细则

（一）入园及晨间活动

1．幼儿应做的

（1）衣着整洁，接受晨检，将晨检卡插回晨检袋。

（2）不带纽扣、硬币等危险物品来园。

（3）有礼貌地向老师、小朋友问好，向家长说再见。

2．教师应做的

（1）来教室第一件事情就是做好室内外清洁工作及室内通风，保持空气新鲜。

（2）微笑，蹲下来迎接幼儿。

（3）保育员做好室内卫生整理，并协助晨检。

（二）教学活动

1．幼儿应做的

（1）听从教师要求积极参加活动。

（2）坐姿自然端正，学会搬椅子的正确姿势。

（3）有倾听的习惯，有合作意识。

2．教师应做的

（1）做好活动前准备（包括活动内容、场地安排、材料组织等）。

（2）以游戏形式引起幼儿兴趣。

（3）保育员做好幼儿的卫生突发情况处理。

（三）盥洗及如厕

1．幼儿应做的

（1）参照贴在镜子上方的洗手方法，用正确的方法洗手。

（2）饭后要漱口。

（3）正确使用卫生纸。

2．教师应做的

（1）分组排队，提醒幼儿注意安全。

（2）让有需要的幼儿先去厕所。

（3）保育员随时注意厕所的卫生。

（四）户外活动

1．幼儿应做的

（1）情绪愉快，能积极参加集体游戏，又能自选游戏活动。

（2）遵守游戏规则，与同伴之间友好交往。

（3）会正确使用器械，能爱护器械并学习整理。

2．教师应做的

（1）预先做好活动准备，可组织指导中、大班幼儿帮助准备。

（2）保证充足的户外游戏活动时间，注意户外安全。

（3）保育员注意对个别体弱幼儿的照顾。

（五）进餐

1．幼儿应做的

（1）学习值日生的工作：分餐具和食物。

（2）文明进餐，不挑食，不剩饭，不浪费。

（3）餐后自己轻放餐具，擦嘴漱口。

2．教师应做的

（1）介绍食谱，说明菜的营养。

（2）餐后安排安静活动，如散步、看书、听故事。

（3）保育员注意进餐时桌面地面的卫生。

（六）午睡

1．幼儿应做的

(1) 安静入睡，不带小物品上床。

(2) 按顺序脱衣服、叠好，鞋放在固定位置。

(3) 养成良好睡姿与习惯，按时起床；正确穿衣、穿鞋（小肚子不露在外面）。

2．教师应做的

(1) 睡前提醒幼儿解便，特别是容易便溺的幼儿。

(2) 指导或帮助幼儿有序穿脱、折叠衣物，放在指定位置。

(3) 保育员经常巡视观察，帮助幼儿盖好被子，纠正不正确睡姿。

（七）离园

1．幼儿应做的

(1) 根据自己的意愿选择离园活动，遵守活动规则。

(2) 离园时，会将玩具、椅子等收放整齐，保持环境的整洁和有序。

（3）跟随家人离园，不独自离开，不跟陌生人走。

2．教师应做的

（1）清点幼儿人数，稳定幼儿情绪，组织幼儿开展安静活动。

（2）确认来接幼儿的家长，做好生病或情绪异常等特殊幼儿的交接。

（3）保育员检查好幼儿的仪表，帮助幼儿整理衣物和需要带回家的物品。

任务二　做好幼儿园班级一日生活常规管理

◇情境导入

阳光幼儿园的草莓班有 25 名 4～5 岁的中班幼儿。班级教师注重培养幼儿生活常规，通过多种方式引导，但仍有部分幼儿在午睡环节存在问题。

午睡时间，老师像往常一样播放轻柔音乐，引导孩子们入睡。大部分孩子能安静躺下准备睡觉，可轩轩、阳阳和浩浩却格外兴奋。轩轩在床上翻来覆去，还不时踢旁边的被子；阳阳用手撑着头，和旁边的小朋友小声讲话；浩浩则不停地摆弄自己的小枕头，把枕头立起来又推倒。

老师轻声提醒多次，让他们安静睡觉，一开始稍有效果，但没过几分钟，三个孩子又开始活跃起来。这不仅影响他们自身休息，还干扰其他想睡觉的小朋友，旁边的可可被吵得皱起眉头，用被子捂住耳朵。

为解决问题，老师没有严厉批评，而是先暂停播放音乐，轻声对大家说："小朋友们，我们来玩个安静小游戏，看谁能像小猫咪一样，安静不发出声音，坚持五分钟，就能得到一朵小红花。"孩子们听后很感兴趣，都努力安静下来。

对于轩轩、阳阳和浩浩，老师走到他们床边，轻轻摸摸他们的头，温柔地说："你们是勇敢的小战士，现在小战士要养足精神，才能有力气去打败怪兽，快闭上眼睛睡觉吧。"同时，老师给他们调整了舒适的睡姿，拉好被子。

在老师的引导下，教室里逐渐安静，孩子们都进入梦乡，轩轩、阳阳和浩浩也闭上眼睛睡着了。

思考：这是一则关于幼儿园中班生活常规的案例，描述的是中班个别幼儿午睡环节的具体表现。中班幼儿活泼好动，注意力难以长时间集中，神经系统发育不完善，兴奋易扩散，午睡时易受干扰难以快速进入睡眠状态。老师多次提醒是常规教育手段，但效果不佳。而小游戏能够利用幼儿的好奇心和竞争心理，以鼓励方式激发积极性，满足心理需求，更易被接受。那么幼儿园生活常规具体有哪些内容？涉及了哪些环节？面对不同的环节，教师的管理又有哪些侧重点？带着这些问题我们一起走进这一学习任务。

当前学前教育改革的一个重要课题就是幼儿教育生活化。幼儿生活常规管理体现了幼儿教育不同于其他阶段教育的一个重要特点。幼儿教育生活化体现出开放的教育观、课程观。幼儿教育要寓教育于生活之中，实现教育与生活的一体化。幼儿教育生活化要求教师具有较强的教育意识和教育技能，能够在生活中随时引发诱导，培养幼儿良好的生活习惯和能力，要能够发掘、发现和有效组织生活中的多种教育因素，把握教育契机，因势利导，把计划性和灵活性结合起来。要使班级日常生活能够有序进行，就需要班级保教人员认真执行保教工作常规，安排好各项活动的时间，明确保教人员的职责，在一日活动中相互协调配合，为幼儿营造和谐健康的生活和学习环境。

一 幼儿园班级一日生活常规管理的概述

（一）幼儿园班级一日生活常规管理的内涵

幼儿园班级一日生活常规管理，是幼儿园依据幼儿身心发展特点与教育目标，对幼儿每日在园生活各环节所进行的有计划、有组织的规范与引导。

（二）幼儿园班级一日生活常规管理的意义

幼儿园班级一日生活常规管理其重要意义在于，可以使幼儿在每日的生活活动中得到细致的照顾和科学健康的教育，同时引导幼儿在生活中学习，因此，它是幼儿园班级常规的重要内容。

二 幼儿园班级一日生活常规的环节及管理要点

（一）入园环节

1. 环节概述

入园是幼儿从家庭环境过渡到幼儿园环境的重要时刻，这一环节不仅关系到幼儿一天的情绪状态，还会影响他们在园的行为表现。良好的入园环节管理能够帮助幼儿快速适应幼儿园生活，建立积极的情绪体验。

2. 管理要点

教师的迎接态度：教师应以热情、亲切的态度迎接幼儿，蹲下身子与幼儿交流，主动与幼儿及家长打招呼，让幼儿感受到温暖和关怀。

晨检环节：晨检是入园的重要环节，教师应配合保健医生做好晨检工作，确保幼儿身体健康。同时，教师可以利用晨检时间与幼儿进行简单的交流，了解幼儿的身体和情绪状态。

3. 案例分析

聪聪是中班的一名幼儿，在一次晨检时，他看起来情绪有些低落，不太愿意与老师交流。保健医生询问家长，家长表示聪聪在家一切正常。测量体温后，体温也正常，但在检查手部时，发现聪聪的手心有几个小红点。保健医生怀疑可能是手足口病的初期症状，立即建议聪聪家长带孩子去当地的儿童医院做进一步的诊断。同时，对其他各班幼儿进行了更仔细的检查，上报幼儿园加强各班的卫生消毒工作，对玩具、桌椅进行全方位的清洁和消毒。

（二）晨间活动环节

1．环节概述

晨间活动是幼儿入园后进行的自由活动，这一环节可以为幼儿提供一个轻松、愉悦的开始，通常以户外活动或室内活动的方式开展。

2．管理要点

（1）组织丰富的活动。幼儿园应根据幼儿的兴趣和年龄特点，提供多样化的活动内容，满足不同幼儿的需求。例如，教师在各自班级队伍的前面带领幼儿跳操，或者在园内摆上各种体智能运动设施，引导幼儿们完成闯关小游戏，还可以引导幼儿在户外活动玩具区取玩具，进行自主游戏。

（2）确保活动的安全。教师应合理安排活动场地，确保活动的安全性。同时，教师要适时引导幼儿参与活动，避免幼儿出现无所事事的情况。

（3）培养幼儿的规则意识。在晨间活动中，教师应引导幼儿遵守活动规则，如按序排队、规范动作、爱护玩具等。通过规则的引导，培养幼儿的良好行为习惯。

3．案例分析

在蓝海幼儿园的小班，教师小王发现晨间活动时，幼儿总是随意取用玩具，导致玩具区一片混乱。为了改善这一状况，小王在晨间活动前组织了一次简短的讨论，和幼儿一起制定了玩具取用的规则，如"每次只能取一个玩具，用完后要放回原位"。同时，她还在玩具区张贴了简单的规则图示，提醒幼儿遵守规则。此外，小王还安排了值日生，负责监督玩具区的秩序。通过这些措施，幼儿的规则意识得到了增强，玩具区的秩序也得到了改善。

（三）盥洗环节

1．环节概述

盥洗环节包括洗手、洗脸、漱口等活动，是幼儿在园生活中重要的卫生保健环节。通过盥洗活动，幼儿可以养成良好的卫生习惯，预防疾病的发生。

2．管理要点

（1）掌握正确的盥洗方法。教师应通过示范、讲解等方式，让幼儿掌握正确的盥洗方法。例如，教师可以边讲解边示范七步洗手法，让幼儿清楚每个步骤。同时，教师还可以制作简单的图示，张贴在盥洗区，提醒幼儿正确盥洗。

（2）培养幼儿的自理能力。鼓励幼儿自主完成盥洗活动，培养幼儿的自理能力。教师可以通过设立"自理小能手"奖励机制，对能够独立完成盥洗活动的幼儿给予奖励。

（3）维护安全与秩序。盥洗区空间相对狭小，教师应合理安排幼儿的盥洗顺序，避免拥挤和碰撞。同时，教师要时刻关注幼儿的安全，防止幼儿滑倒或摔倒。

3．案例分析

在绿岛幼儿园的中班，教师小赵发现幼儿在盥洗环节总是拥挤、打闹，导致盥洗区一片混乱。

为了改善这一状况，小赵首先通过示范和讲解，让幼儿掌握正确的盥洗方法。然后，她根据幼儿的身高和能力，将幼儿分成小组，安排了固定的盥洗顺序，并在盥洗区张贴了简单的图示，提醒幼儿有序盥洗。此外，小赵还安排了值日生，负责监督盥洗区的秩序。通过这些措施，幼儿的盥洗习惯得到了改善，盥洗区的秩序也变得更加井然有序。

（四）进餐环节

1. 环节概述

进餐是幼儿在园生活中的重要环节，良好的进餐习惯不仅有助于幼儿的健康成长，还能培养幼儿的自理能力和社交能力。

2. 管理要点

（1）营造良好的进餐环境。教师应为幼儿营造一个安静、舒适、整洁的进餐环境，避免嘈杂和混乱。例如，教师可以在进餐前播放轻柔的音乐，让幼儿在轻松的氛围中进餐。

（2）培养幼儿的进餐礼仪。教师应通过示范、讲解等方式，让幼儿掌握正确的进餐礼仪，如安静进餐、不挑食、不剩饭、饭前洗手、饭后漱口等。同时，教师可以通过设立"文明进餐小标兵"奖励机制，对能够遵守进餐礼仪的幼儿给予奖励。

（3）关注幼儿的进餐量。教师应关注幼儿的进餐量，鼓励幼儿自主添饭，避免浪费。对于食欲不佳的幼儿，教师应给予适当的关心和鼓励，帮助他们养成良好的进餐习惯。

（4）培养幼儿的自理能力。鼓励幼儿自主使用餐具、自主添饭、饭后清理桌面，每个小组轮流选出一位"消毒小卫士"值日生，配合保育老师对桌面进行"清消清"的三步清洗，培养每个幼儿的自理能力。

3. 案例分析

在红花幼儿园的小班，教师发现班里的幼儿存在一些饮食习惯问题，如挑食、不吃蔬菜、用手抓饭、边吃边玩、浪费食物等现象。教师分析发现，部分幼儿因家庭喂养过度包办、缺乏餐桌规则意识等，自主进餐能力不足。于是，保育老师每次取餐后，一一向幼儿详细介绍当天的菜品，组织幼儿唱一唱开餐前的小曲，以此来提升幼儿的食欲。分餐时，由教师讲解用餐时的注意事项，讲解均衡饮食的重要性。用餐时，个别指导习惯挑食和进餐特别缓慢的幼儿，允许他们有 1～2 种暂时不喜欢吃的食物，适量添饭，不用"你看别人都吃完了"等横向比较语言，给予他们逐步成长的空间。通过这种分步骤的介入策略，班里的幼儿整体养成了良好的午餐习惯。

（五）午睡环节

1. 环节概述

午睡是幼儿在园生活中的重要休息环节，良好的午睡习惯有助于幼儿保持身体健康和精神状态。通过午睡，幼儿可以恢复体力，增强免疫力，为下午的活动提供充沛的精力。

2. 管理要点

（1）营造舒适的午睡环境。教师应为幼儿营造一个安静、舒适、整洁的午睡环境，避免嘈杂和光线过强。例如，教师可以在午睡前拉上窗帘，播放轻柔的音乐，让幼儿在舒适的环境中入睡。

（2）培养幼儿的午睡习惯。教师应通过示范、讲解等方式，让幼儿掌握正确的午睡姿势，形成良好的习惯，如安静入睡、不打扰他人、起床后整理床铺等。同时，教师可以通过设立"午睡小标兵"奖励机制，对能够遵守午睡习惯的幼儿给予奖励。

（3）关注幼儿的睡眠质量。教师应关注幼儿的睡眠质量，对于睡眠不安稳的幼儿，应给予适当的关心和照顾。例如，教师可以轻轻抚摸幼儿的头部，帮助他们入睡。

（4）培养幼儿的自理能力。鼓励幼儿自主脱衣叠被、安静入睡，教师可以通过示范和讲解，让幼儿掌握正确的脱衣叠被方法。

3．案例分析

在彩虹幼儿园的中班，一共25名幼儿，其中40％的幼儿存在午睡困难问题，如抗拒躺下、入睡时间长、中途频繁起床等。教师通过观察发现，部分幼儿家庭作息不规律，导致午睡适应困难。为解决这一问题，几位老师通过创设良好的入睡环境，调整窗帘透光度至柔和、昏暗，播放轻音乐（如《雨的轻语》），提供专属安抚物（如幼儿自选的小毯子），同时轻声地讲解绘本《小兔子睡觉了》，传递"午睡是快乐充电时间"的积极暗示，以此循序渐进地建立午睡常规。而对于个别抗拒入睡的幼儿，允许其在教师陪伴下最后躺下，逐步减少陪伴时长；对于中途醒来的幼儿，提供无声绘本《不睡觉世界冠军》供其翻阅；对于那些能够积极入睡并主动醒来穿衣的幼儿，用"小星星"代币强化积极行为。同时，给家长发放《家庭睡眠记录表》，指导家长同步调整晚间作息习惯。通过这种"环境支持＋个别引导＋家园共育"三位一体的策略，幼儿从抗拒午睡逐步过渡到主动参与。

（六）离园环节

1．环节概述

离园是幼儿从幼儿园环境过渡到家庭环境的重要时刻，这一环节不仅关系到幼儿的情绪状态，还会影响他们在家庭中的行为表现。良好的离园环节管理能够帮助幼儿顺利过渡到家庭生活，建立积极的情绪体验。

2．管理要点

（1）组织安静的离园活动。教师应组织一些安静的离园活动，如讲故事、听音乐、玩乐高等，让幼儿在离园前保持平静的情绪。例如，教师可以在离园前讲述一个有趣的故事，让幼儿在轻松的氛围中等待家长的到来。

（2）引导幼儿整理个人物品。教师应引导幼儿整理个人物品，如书包、玩具等，培养幼儿的自理能力。教师可以通过示范和讲解，让幼儿掌握正确的整理方法。

（3）确保离园的安全。教师应确保离园的安全，核对家长的身份，避免幼儿被陌生人接走。同时，教师要关注幼儿的情绪状态，对于情绪不佳的幼儿，教师应给予适当的关心和安慰。

（4）与家长进行有效沟通。教师应利用离园时间与家长进行简短的沟通，反馈幼儿在园的表现，了解幼儿在家的情况。通过有效的沟通，教师可以更好地了解幼儿的需求，为幼儿提供更优质的教育服务。

3．案例分析

在青云幼儿园的小班，教师小陈发现离园时幼儿总是乱跑乱叫，导致离园环节混乱不堪。为了改善这一状况，小陈首先组织了一些安静的离园活动，如讲故事、听音乐等，让幼儿在离园前保持平静的情绪。然后，她引导幼儿整理个人物品，培养幼儿的自理能力。此外，小陈还与家长进行了有效的沟通，反馈幼儿在园的表现，了解幼儿在家的情况。通过这些措施，幼儿的离园习惯得到了改善，离园环节也变得更加井然有序。

（七）过渡环节

1. 环节概述

过渡环节是幼儿园一日活动中的重要组成部分。它连接着不同的活动环节，如从室内活动到户外活动，从教学活动到游戏活动等。良好的过渡环节管理能够减少幼儿的等待时间，避免混乱和冲突，确保一日活动的顺利进行。

2. 管理要点

（1）合理安排过渡时间。教师应合理安排过渡时间，避免过渡时间过长或过短。过渡时间应根据幼儿的年龄特点和活动内容进行调整，确保幼儿有足够的时间完成过渡。

（2）组织有序的过渡活动。教师应组织有序的过渡活动，如排队、洗手、整理物品等，避免幼儿在过渡过程中出现混乱和冲突。教师可以通过示范和讲解，让幼儿掌握正确的过渡方法。

（3）培养幼儿的规则意识。在过渡环节中，教师应引导幼儿遵守规则，如排队时不插队、轻声交流、爱护环境等。通过规则的引导，培养幼儿的良好行为习惯。

（4）利用过渡时间进行教育渗透。教师可以利用过渡时间进行教育渗透，如进行简单的礼仪教育、安全教育、健康教育等。例如，教师可以在排队时提醒幼儿注意安全，在洗手时引导幼儿养成良好的卫生习惯。

3. 案例分析

在紫荆幼儿园的中班，教师小李发现过渡环节时幼儿总是乱跑乱叫，导致过渡时间过长。为了改善这一状况，小李首先合理安排了过渡时间，根据幼儿的年龄特点和活动内容进行了调整。然后，她组织了一些有序的过渡活动，如排队、洗手、整理物品等，避免幼儿在过渡过程中出现混乱和冲突。此外，小李还利用过渡时间进行了教育渗透，如进行简单的礼仪教育、安全教育等。通过这些措施，幼儿的过渡习惯得到了改善，过渡时间也变得更加合理。

幼儿园班级一日生活常规管理是幼儿园教育的重要组成部分，它不仅关系到幼儿在园的生活质量，还影响着幼儿的行为习惯和自理能力的培养。科学合理的管理，可以帮助幼儿更好地适应集体生活，培养良好的行为习惯和自理能力，为幼儿的全面发展奠定坚实的基础。

任务三　做好幼儿园班级一日教育常规管理

◇ 情境导入

从混乱到有序的小班音乐活动

董老师在活动室中央摆放了一个圆形的地毯，准备组织小班幼儿围坐在一起进行音乐活动。董老师播放了一首欢快的儿歌，试图吸引幼儿的注意力。部分幼儿听到音乐后兴奋地跑向地毯，但没有按照教师的要求围坐，而是随意站在地毯中间或周围。一些幼儿开始大声喧哗，互相追逐打闹，完全不理会教师的指令。有几个幼儿对音乐表现出兴趣，但因为周围环境太吵闹，无法集中注意力。

董老师尝试用提高音量的方式提醒幼儿："请大家安静下来，围坐到地毯上。"但幼儿的反应并不理想，反而更加兴奋，活动室变得更加嘈杂。教师意识到，幼儿对"围坐"的概念还不清楚，且没有明确的规则意识。同时，活动室内的环境过于开放，没有给幼儿提供明确的边界感。教师决定暂停活动，用一种更有趣的方式重新组织幼儿。

董老师拿出一个可爱的小兔子玩偶，模仿小兔子的声音说："小朋友们，小兔子来和大家一起唱歌啦！不过，小兔子有个小要求，大家要像小火车一样，一个接一个围坐到地毯上，这样我们才能一起唱歌哦！"教师用小兔子玩偶吸引幼儿的注意力，模仿小兔子的声音说："小火车要出发啦！谁想做小火车的第一节车厢？"教师邀请几位表现较好的幼儿手拉手围成一个圈，其他幼儿模仿他们的动作，逐渐加入"小火车"中。教师边引导边示范："小火车的车厢要一个接一个，不能断开哦！大家坐下来，小手放在膝盖上，眼睛看着老师。"教师用简单的口令和动作帮助幼儿理解规则。当幼儿围坐好后，教师播放音乐，带领幼儿一起唱歌。教师用小兔子玩偶鼓励幼儿："小兔子看到大家坐得这么整齐，非常开心！大家一起唱歌吧！"在小兔子玩偶的激励下，幼儿逐渐安静下来，开始认真听音乐并跟着唱。教师及时表扬表现好的幼儿，并用贴纸奖励他们，进一步巩固幼儿的规则意识。

教师总结道："今天小朋友们表现得真棒！我们学会了围坐在一起唱歌，这样大家都能听到音乐，也能一起玩得开心！"

思考：小班幼儿刚刚进入幼儿园，对集体活动的规则和常规还不熟悉。在这次音乐活动中，教师尝试组织幼儿围坐在一起唱歌，但由于幼儿注意力分散、规则意识薄弱，活动开始时显得非常混乱。通过教师的引导和干预，活动逐渐恢复秩序，幼儿开始积极参与并遵守规则。活动开始时的混乱主要是因为幼儿对规则不熟悉，且缺乏明确的引导。教师最初的指令不够具体，幼儿无法理解"围坐"的概念。通过情景导入和趣味化的方式，教师成功吸引了幼儿的注意力，并帮助他们理解规则。奖励机制有效地激励了幼儿，增强了他们的规则意识。在日常活动中，教师可以继续通过游戏化的方式帮助幼儿巩固规则意识。家长可以在家中配合，通过简单的游戏或活动，帮助幼儿养成遵守规则的好习惯。

《幼儿园工作规程》第五章规定："幼儿一日活动的组织应当动静交替，注重幼儿的直接感知、实际操作和亲身体验，保证幼儿愉快的、有益的自由活动。""幼儿园应当为幼儿提供丰富多样的教育活动。教育活动内容应当根据教育目标、幼儿的实际水平和兴趣确定，以循序渐进为原则，有计划地选择和组织。教育活动的组织应当灵活地运用集体、小组和个别活动等形式，为每个幼儿提供充分参与的机会，满足幼儿多方面发展的需要，促进每个幼儿在不同水平上得到发展。教育活动的过程应注重支持幼儿的主动探索、操作实践、合作交流和表达表现，不应片面追求活动结果。"

二 幼儿园班级一日教育常规管理的意义

（一）保障教育活动的有序开展

幼儿园班级一日教育常规管理是确保教育活动顺利进行的重要方式。通过明确的常规要求，幼儿能够在集体活动（又称"集体教学活动"）、区域活动和户外活动中明确自己的行为规范，减少混乱和冲突，使教育活动更加有序。例如，在集体活动中，良好的常规能够确保幼儿集中注意力，积极参与教学活动，提高学习效果；在区域活动中，明确的规则能够引导幼儿自主选择活动内容，有序使用材料，避免争抢和混乱；在户外活动中，合理的常规安排能够确保幼儿的安全，同时让活动更加高效。

（二）培养幼儿的自律性和规则意识

一日教育常规管理不仅是对幼儿行为的规范，更是培养幼儿自律性和规则意识的重要途径。通过常规训练，幼儿能够逐渐学会自我管理，形成良好的行为习惯。例如，在集体活动中，幼儿学会安静倾听、举手发言；在区域活动中，幼儿学会爱护材料、遵守活动规则；在户外活动中，幼儿学会排队、遵守游戏规则。这些常规训练有助于幼儿在未来的社会生活中更好地适应规则，形成良好的社会行为。

（三）促进幼儿的全面发展

良好的一日教育常规管理能够为幼儿提供一个稳定、有序的学习环境，有助于幼儿在健康、语言、社会、科学、艺术等各方面协调发展。例如，在集体活动中，幼儿通过倾听和发言锻炼语言能力；在区域活动中，幼儿通过自主探索和合作学习培养创造力和社交能力；在户外活动中，幼儿通过运动锻炼身体素质。通过常规管理，幼儿能够在有序的环境中获得全面发展。

三 做好幼儿园班级一日教育常规管理的策略

（一）集体活动常规管理策略

1. 明确活动规则

在集体活动开始前，教师应明确活动规则，并通过示范、讲解等方式让幼儿理解规则的重要性。例如，教师可以告诉幼儿："在集体活动中，我们要安静倾听，举手发言，这样才能让每个人都有机会表达自己的想法。"同时，教师可以在活动场地张贴简单的规则图示，提醒幼儿遵守规则。

2. 创设良好的活动环境

教师应为幼儿创设一个安静、舒适、整洁的集体活动环境，避免嘈杂和混乱。例如，教师可以在活动开始前播放轻柔的音乐，让幼儿在轻松的氛围中进入活动状态。同时，教师应合理安排座位，确保每个幼儿都能清楚地看到教师和活动材料。

3. 运用多种教学方法

为了提高集体活动的效果，教师应运用多种教学方法，如玩游戏、讲故事、讨论问题等，激发幼儿的兴趣和参与。例如，教师可以通过提问、讨论等方式引导幼儿思考问题，提高幼儿的思维能力和语言表达能力。同时，教师可以通过游戏的形式让幼儿在轻松愉快的氛围中学习知识。

4. 关注个体差异

教师应关注幼儿的个体差异，根据幼儿的能力和兴趣调整活动内容和要求。例如，对于语言表达能力较弱的幼儿，教师可以给予更多的鼓励和支持，让他们在活动中逐渐提高语言表达能力；对于能力较强的幼儿，教师可以适当增加一些挑战性的任务，满足他们的学习需求。

（二）区域活动常规管理策略

1. 合理规划区域

教师应根据幼儿的兴趣和年龄特点，合理规划区域活动的内容和空间。例如，可以设置阅读区、美工区、建构区、角色扮演区等，满足不同幼儿的需求。同时，教师应合理安排区域的位置，避免区域之间相互干扰。

2. 明确区域规则

在区域活动开始前，教师应明确每个区域的规则，并通过示范、讲解等方式让幼儿理解规则的重要性。例如，教师可以告诉幼儿："在阅读区，我们要安静阅读，爱护图书；在建构区，我们要爱护材料，不乱扔乱放。"同时，教师可以在每个区域张贴简单的规则图示，提醒幼儿遵守规则。

3. 引导幼儿自主选择

教师应引导幼儿自主选择区域活动的内容，尊重幼儿的兴趣和意愿。例如，教师可以在活动开始前让幼儿自由选择区域，但同时也要引导幼儿合理安排时间，避免长时间停留在一个区域。教师可以通过提问、讨论等方式引导幼儿思考自己的选择，培养幼儿的自主决策能力。

4. 加强巡视指导

在区域活动过程中，教师应加强巡视指导，及时发现幼儿的问题并给予适当的引导。例如，当发现幼儿在建构区发生争抢材料的情况时，教师可以引导幼儿通过协商的方式解决问题，培养幼儿的社交能力和合作精神。同时，教师应关注幼儿的活动情况，及时给予鼓励和支持，增强幼儿的自信心。

（三）户外活动常规管理策略

1. 确保活动安全

教师应确保户外活动的安全，提前检查活动场地和器材的安全性。例如，在活动开始前，教师应检查活动场地是否有杂物、器材是否牢固等，避免幼儿在活动中受伤。同时，教师应合理安排幼儿的活动范围，避免幼儿在活动中出现危险行为。

2. 明确活动规则

在户外活动开始前，教师应明确活动规则，并通过示范、讲解等方式让幼儿理解规则的重要性。例如，教师可以告诉幼儿："在户外活动中，我们要排队等待，遵守游戏规则，这样才能保证活动的顺利进行。"同时，教师可以在活动场地张贴简单的规则图示，提醒幼儿遵守规则。

3. 合理安排活动内容

教师应根据幼儿的年龄特点和兴趣，合理安排户外活动的内容。例如，可以设置跑步、跳绳、球类游戏等多种活动，满足不同幼儿的需求。同时，教师应合理安排活动时间，避免幼儿过度疲劳。

4. 培养幼儿的合作精神

在户外活动中，教师应通过分组游戏、团队竞赛等方式培养幼儿的合作精神。例如，教师可以组织幼儿进行接力赛、拔河比赛等活动，让幼儿在活动中学会合作、学会分享。同时，教师应关注幼儿的活动情况，及时给予鼓励和支持，增强幼儿的自信心。

幼儿园班级一日教育常规管理是幼儿园教育的重要组成部分，它不仅能够保障教育活动的有序开展，还能培养幼儿的自律性和规则意识，促进幼儿的全面发展。通过科学合理的管理策略，教师可以为幼儿创造一个稳定、有序的学习环境，让幼儿在有序的环境中获得全面发展。

任务四　综合实训

实训一　设计小班一日生活常规

一　实训描述

小班幼儿由于刚刚入园几天，较难立刻适应幼儿园的生活，会想念家人，哭闹个不停。为改变这个现象，为该幼儿园小班设计一日生活常规，根据一贯性和灵活性的活动原则，帮助小班幼儿逐渐适应幼儿园的一日生活，适应班级环境，融入班集体。

二　实训目标

（1）学生通过小组讨论，加强专业知识和能力的交流。
（2）学生掌握常规制定的方法，积累案例。
（3）学生依据小班幼儿的身心发展特点，建立适宜的规范。

三　实训要求

设计一份完整的小班一日生活常规方案。

四　实训过程

（一）目标解析

收集并分析《中华人民共和国学前教育法》《幼儿园管理条例》《幼儿园工作规程》《托儿所幼儿园卫生保健管理办法》《幼儿园教育指导纲要（试行）》《幼儿园保育教育质量评估指标》《3—6岁儿童学习与发展指南》等文件中有关幼儿园班级一日常规的规范性资料。

（二）分组讨论

将参与者分为若干小组，分别负责生活、教学、游戏等模块，需标注每个环节的常规培养要点（如进餐环节强调"不挑食""保持桌面清洁"等）。

（三）具体过程

（1）在实训室模拟小班教室，学生轮流扮演教师和幼儿，演练常规流程（如入园哭闹处理、排队纪律引导），录制视频复盘问题。

（2）根据模拟情况调整细节，如将"强硬指令"改为"游戏化引导"。

（3）实训结束后，组织全体参与者观看录制视频，总结优点与不足。

五　实训评价标准

（1）活动方案是否合理，是否符合小班幼儿的作息规律，常规目标是否明确（如"培养幼儿自主饮水习惯"），流程衔接是否自然。

（2）实操的可行性，模拟中能否灵活处理幼儿的问题（如哭闹、抢玩具等）。

（3）对于幼儿积极的行为是否及时给予正面反馈。

实训二　大班升小学前常规培养

一　实训描述

本实训聚焦幼儿园大班升小学前半年的常规培养，要求学生通过理论学习与实践操作，掌握幼儿在生活、学习、社交等方面的入学准备规范，能设计并实施有针对性的常规训练活动，为幼儿顺利过渡到小学阶段奠定基础。

二　实训目标

（1）理解幼小衔接常规培养的核心内容（作息、自理、课堂纪律等），掌握幼儿行为习惯养成的理论与方法。

（2）能独立设计常规培养活动方案，灵活运用游戏、情境模拟等教学手段引导幼儿，具备观察、分析幼儿行为并调整教学策略的能力。

（3）树立科学的幼小衔接教育理念，增强责任感与耐心，提升幼儿教育实践中的沟通与应变能力。

三 实训要求

（一）理论准备

研读相关文件中幼小衔接的内容，收集小学一年级常规要求。

（二）实践要求

设计至少 3 个常规培养活动方案（如"整理小书包"生活活动、"课堂小标兵"模拟活动）。完成 1 次常规培养实践（时长大于 45 分钟）。记录幼儿在常规培养中的典型行为（如作息适应、规则遵守情况），写观察日志。

（三）安全规范

实训过程中需确保幼儿人身安全，活动设计避免剧烈运动，避免使用危险道具，与幼儿园教师保持实时沟通。

四 实训过程

（一）准备阶段（第 1~2 周）

开展专题讲座：讲解幼小衔接常规培养的重点（如小学与幼儿园作息差异、学习习惯差异）。

分组研讨：以"生活/学习/社交"常规为主题分组，每组制订实训计划（如第一周聚焦"作息调整"）。

（二）实践阶段（第 3~8 周）

1. 生活常规培养

作息习惯：设计"小小闹钟管理员"游戏，让幼儿轮流按小学作息表（如 8：20 上课、10 分钟课间休息）模拟，适应时间管理。布置"家庭作息打卡"任务，要求家长配合记录幼儿在家起床、午睡时间，教师每周汇总反馈。

自理能力：开展"书包整理大挑战"，准备书包、课本、文具等道具，计时比赛并示范正确整理步骤（如课本按课程表排序、文具放入笔袋）。

2. 学习常规培养

课堂纪律：模拟小学课堂，设置 40 分钟"语文课"，要求幼儿坐姿端正（双手放桌面、眼睛看老师），举手发言，对遵守规则的幼儿发放"专注星"贴纸。

学习习惯：组织"故事侦探"活动，教师讲述故事时故意遗漏细节，引导幼儿复述并指出缺失内容，训练倾听专注力。

3. 社交常规培养

同伴合作：设计"小组值日生"任务，幼儿分组负责教室整理（如摆桌椅、发餐具），教师观察合作中的冲突（如分工争执），引导幼儿用"石头、剪刀、布"的方式解决或协商解决。

（三）总结阶段（第 9～10 周）

小组汇报：以 PPT 形式展示实训成果（如活动照片、幼儿行为变化数据），分享典型案例（如某个幼儿从"不整理书包"到"主动分类文具"的转变）。

五 实训评价标准

（1）活动方案是否符合幼儿特点，游戏化设计是否新颖，能否有效达成常规培养目标。

（2）能否灵活引导幼儿参与活动，能否及时回应幼儿需求，课堂纪律是否良好。

扫一扫：《过渡无痕 施教有心——一日生活过渡环节的策略研究》

考点聚焦

一、单选题

1. **制订一日活动计划主要是依据（ ）。** ［2022 年下半年幼儿园教师资格证考试真题］

A. 社会发展和幼儿身心发展规律   B. 当地文化特点和本班幼儿身心发展状况

C. 本周计划和本班幼儿兴趣需要   D. 幼儿园和班级的学期计划

2. **对幼儿如厕，教师最合理的做法是（ ）。** ［2017 年下半年幼儿园教师资格证考试真题］

A. 允许幼儿按需自由如厕   B. 要求排队如厕

C. 控制幼儿如厕次数   D. 控制幼儿如厕的间隔时间

3. 活动区活动结束了，可是曼曼的"游乐园"还没搭完，她跟老师说："老师，我还差一点儿就完成了，再给我 5 分钟，好吗？"老师说："行，我等你。"老师一边说，一边指导其他幼儿收拾玩具。该老师的做法体现了幼儿园一日生活安排应该（　　）。〔2016 年下半年幼儿园教师资格证考试真题〕

A. 与幼儿积极互动　　　　　　　　B. 根据幼儿的活动需要灵活调整

C. 按照作息时间按部就班地进行　　D. 随时关注幼儿的活动

课后实践

1. 实践一

思考：作为一名学前教育专业师范生，如何以一名班级管理者的角色建立班级一日常规。

2. 实践二

（1）以小组为单位到幼儿园，调研不同年龄段的班级一日常规，汇总后进行比较。

（2）从各年龄段班级一日常规中提炼出共同点，并与小学的班级一日常规进行比较。

项目三　幼儿园教育活动管理

◇ **项目学习目标**

[知识目标]

(1) 理解幼儿园教育活动的含义和特点。

(2) 了解幼儿园教育活动的分类及定义。

(3) 掌握幼儿园各类型教育活动的价值与功能。

[能力目标]

(1) 能够梳理幼儿园教育活动的设计原则及其在运用中必须注意的问题。

(2) 能够对幼儿园教育活动的具体案例进行分析和评价。

(3) 掌握幼儿园区域活动的实施策略和指导要点。

[素质目标]

(1) 树立正确的幼儿教育观念。

(2) 对设计与实施各类型的教学活动感兴趣，为优秀班集体的营造打基础。

(3) 理解环境与幼儿发展的关系，树立正确的游戏观、儿童观、环境观和教育观。

◇ **项目学习导航**

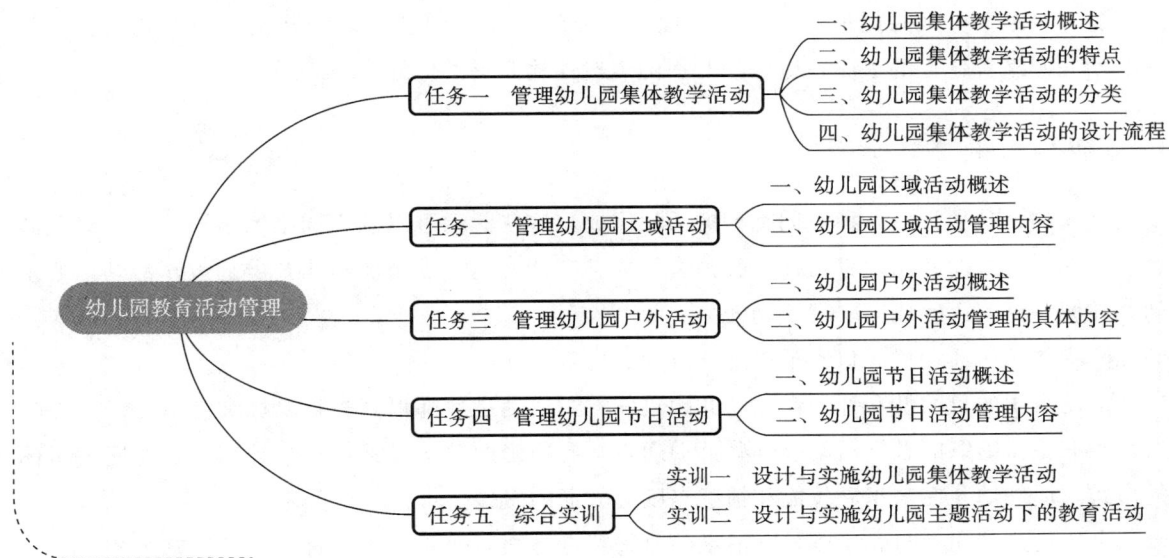

```
                                            ┌─ 一、幼儿园集体教学活动概述
                                            ├─ 二、幼儿园集体教学活动的特点
                   任务一  管理幼儿园集体教学活动 ┤
                                            ├─ 三、幼儿园集体教学活动的分类
                                            └─ 四、幼儿园集体教学活动的设计流程

                                            ┌─ 一、幼儿园区域活动概述
                   任务二  管理幼儿园区域活动 ──┤
                                            └─ 二、幼儿园区域活动管理内容

                                            ┌─ 一、幼儿园户外活动概述
  幼儿园教育活动管理  任务三  管理幼儿园户外活动 ──┤
                                            └─ 二、幼儿园户外活动管理的具体内容

                                            ┌─ 一、幼儿园节日活动概述
                   任务四  管理幼儿园节日活动 ──┤
                                            └─ 二、幼儿园节日活动管理内容

                                            ┌─ 实训一  设计与实施幼儿园集体教学活动
                   任务五  综合实训 ─────────┤
                                            └─ 实训二  设计与实施幼儿园主题活动下的教育活动
```

Note

任务一　管理幼儿园集体教学活动

◇情境导入

　　爱，给予幼儿安全感、信任、希望和活力，是他们生命成长的需要。我们不仅要让幼儿理解、感受爱的真谛，还要让他们在接受爱的过程中懂得如何去爱并用真情回报爱。我国教育家陈鹤琴先生曾经说过："要救国保民，必定从教育小孩子爱人开始，小孩子今日能爱人，他年就能爱国了。"因此，爱父母长辈、爱老师和同伴、爱集体、爱家乡、爱祖国是幼儿园教育的重要目标，我们应在日常生活和活动中，以多种方式引导幼儿认识爱、体验爱并付之以行动。

　　思考：作为教师你会预设哪些活动来实现主题目标？你会为幼儿园大班的幼儿设计与实施哪些关于"相亲相爱"的集体教学活动呢？

一　幼儿园集体教学活动概述

（一）幼儿园教育活动

《幼儿园教育指导纲要（试行）》指出："幼儿园的教育活动，是教师以多种形式有目的、有计划地引导幼儿生动、活泼、主动活动的教育过程。"根据《幼儿园工作规程》的精神和幼儿园工作的实际，现在比较统一的看法是：幼儿园教育活动应指一切具有教育因素的活动，具体包括游戏活动、教学活动和生活活动三大块。三者共同构成幼儿园教育活动的有机整体，它们之间相互联系、相互渗透、有机结合，共同促进幼儿身心全面和谐发展。幼儿园教育活动既是实现幼儿园教育目标、落实幼儿园教育任务的手段，也是幼儿教师创造性地开展工作的过程。

（二）幼儿园集体教学活动

幼儿在园的一日生活由各种不同类型的活动组成，这些活动可以从不同维度进行分类，幼儿园集体教学活动是根据幼儿园教育目标，教师有目的、有计划地组织全体幼儿开展的教学活动，要求全体幼儿在同一时间内完成同样的活动任务。

幼儿园集体教学活动概念包含了以下三方面的内容。

（1）活动组织的目的性和计划性。幼儿园集体教学活动是教师根据教育目标和教学需求，经过精心设计和准备而组织的教学活动。这些活动通常具有明确的教学目标和教学计划，旨在通过集体参与的形式，促进幼儿在知识、技能和情感态度等方面的发展。

（2）全体幼儿共同参与。集体教学活动的显著特点是全体幼儿在同一时间内进行基本相同的活动。这意味着每个幼儿都需要参与到活动中，共同完成任务，体验活动过程，从而实现教学目标。

（3）统一的活动目标和要求。这些目标和要求是教师根据教育大纲和幼儿的发展水平制定的，旨在确保每个幼儿都能在活动中获得相应的学习成果。同时，这些目标和要求也有助于教师在活动过程中进行指导和评估，以确保教学质量。

议一议

幼儿园集体教学活动与游戏活动、生活活动有何区别与联系？

二　幼儿园集体教学活动的特点

（一）启蒙性

《幼儿园教育指导纲要（试行）》指出，幼儿园教育的内容是广泛的、启蒙性的。幼儿园教育活动的启蒙性是指幼儿园教育活动必须符合幼儿身心发展水平和年龄特征，幼儿获得的是粗浅的、基础的、具体的、容易理解的、简单的知识和技能。启蒙性体现在，活动的内容必须符合幼儿的年龄特征；活动方式上，着重让幼儿感知、体验、具体操作及尝试；教师的语言应生动形象，浅显易懂。例如，科学教育活动探索颜色变化，对幼儿来说，没有必要让他们记住颜色混合、变化的原理，而只要能激发他们发现、探索、尝试这一科学现象，对颜色变化的现象产生兴趣就可以了。这是因为幼儿对科学知识的理解还停留在现象和经验的水平上，过深的知识对他们来说是不适合的。

（二）整合性

整合是指把不同类型、不同性质的事物组合在一起，使它们成为一个整体。这种整合和统一，反映在活动的目标、内容、资源以及活动的方法、形式、手段等各个方面、各个层次。

（1）幼儿园集体教学活动的目标本身就是一个完整的体系，是由多个领域、多种层级整合而成的目标结构系统。教育活动目标是对活动所要达成的最终结果的预期，作为整个活动的核心，它制约着活动的内容、决定着活动的进程、影响着活动的方法。

（2）幼儿园集体教学活动的内容也体现出整合性的特点：其一，同一活动领域内的整合，即在一个相对独立的领域中体现前后内容上的纵向整合或不同内容间的横向整合；其二，不同活动领域间的整合，即突破领域相对划分的界限，实现跨领域的内容整合。

（3）整合性也体现在幼儿园集体教学活动的资源上。

此外，幼儿园集体教学活动的方法、形式、手段也是丰富多彩且有机整合的，这种整合既表现在教育活动设计的过程中，也同样体现在教育活动实施的过程中。

（三）生活性

幼儿园集体教学活动中的师幼互动趋于生活化。正如卢梭所言："在这个关键的时刻，我们要爱护儿童，和他们做游戏，让孩子的童年充满欢乐，千万不要让他们的童年充满惩罚、恐吓、哭泣和奴役。"虽然教育活动是教师或活动设计者按照一定的社会规范和教育要求，选择一定的教育内容，创设相应的教育环境而进行的带有目标意识的活动，它或多或少地带有认知方面的要求，在某种程度上体现了一定的知识含量，但即便是对知识和经验的追求也要符合和贴近幼儿所熟悉的生活，要选择生动有趣的方式。只有这样，幼儿园集体教学活动才能迎合幼儿的天性，唤起幼儿的热情，引发幼儿的探究并促进幼儿的发展。生活性及趣味性的特点使幼儿园教育活动处在了整个教育系统的特殊地位。

生活性首先体现在幼儿园教育活动的内容方面。我国著名的教育家陶行知先生早就提出了"生活即教育"的理论，他认为，教育的根本意义是生活之变化，生活中无时不含有教育的意义，生活对于幼儿有着特殊的意义。

生活性还体现在幼儿园集体教学活动的途径与场所、环境方面。幼儿园集体教学活动的实施是渗透在幼儿园一日活动之中的，幼儿园生活的各个环节都是贯彻和实施教育活动的有效途径。在开展教育活动的过程中，用接近幼儿生活、结合生活情境的方式可以使幼儿在回归真实生活的背景中，体验和积累经验，更主动、积极地进入探索和学习；同时，在集体教学活动的场所和环境方面，也可以突破有限的活动室空间，走进无限的大社会空间，这也是生活性特点的充分体现。这种大社会空间，既可以是走进大自然的活课堂——树林、草地、山坡、花园等自然科学类的教育活动场所，也可以是进入博物馆、展览会、建筑群、新型社会公共设施等人文德育类的教育活动场所。

（四）趣味性

新奇、有趣是幼儿探究和加入活动的最直接而朴素的缘由，幼儿园集体教学活动的主要对象是幼儿，因此，教育活动的生动有趣和丰富多彩自然就成为其中一个显著的特点。幼儿园教育活动的趣味性首先体现在活动内容以及活动形式上。幼儿园教育活动的趣味性还体现在活动环境和材料的丰富多样上。教师必须使各个活动环节充满趣味，以引起幼儿浓厚的学习兴趣，激发幼儿学习的积极性和求知欲，使幼儿在愉快的气氛中，带着喜悦的心情，全身心地投入到活动中，获取知识和技能，也就是要寓教于乐。

（五）动态性

20世纪英国课程专家斯滕豪斯针对目标模式提出了一种"生成性"目标取向的课程，即"不应以事先规定好了的结果为中心，而是以过程为中心"，因此，课程和教育活动应是广泛的、动态的。

幼儿园集体教学活动的动态性首先反映在活动过程上。当然，动态性也体现在幼儿园教育活动环境的动态上。教育活动环境的动态是指根据幼儿兴趣以及与环境相互作用的情况，根据教育活动的流程，不断调整环境，重新构建环境。

三 幼儿园集体教学活动的分类

幼儿园集体教学活动的内容是全面的、启蒙性的，可以相对划分为健康、语言、社会、科学、艺术五个领域，各领域活动有着各自的内容和要求。

（一）健康领域教学活动

1. **养成良好的生活习惯**

养成良好的生活习惯主要包括掌握洗手、刷牙的基本方法；养成穿脱、整理衣服的习惯；会使用手帕或纸巾；坐、站、行、睡姿势正确；按时排便；养成良好的作息习惯；会整理活动用具；保持玩具清洁；关心周围环境的卫生；愿意独立进餐；认识常见的食物，平衡膳食，少吃零食，主动饮水；按时进餐，保持清洁，进餐习惯良好等。

2. **身体认识与保护**

身体认识与保护主要包括了解自己身体的外形和主要器官，认识与保护五官；初步掌握换牙、护牙的知识；用眼卫生；积极配合疾病预防与治疗；具有探索生命现象的兴趣。

3. **自身安全**

自身安全主要包括对日常生活中安全常识与规则的了解及遵守，在过马路、乘坐交通工具、玩大型运动器械时能注意安全；认识有关的安全标志，遵守交通规则，初步形成自我保护意识；了解应对意外事故（如火灾、雷击、地震、台风等）的常识，具有基本的求生技能。

4. **心理保健的常识**

心理保健的常识是指具有健康的体态，情绪愉快，有一定的适应能力；知道快乐有益于健康，逐步学会调节不良的情绪情感，形成积极开朗的性格；关心和尊重他人，愿意与小朋友交往，具有自尊、自信、自主的表现。

5. **基本动作发展**

基本动作发展包括走、跑、跳、钻、爬、投掷、攀登等，手脚灵活协调。

6. **基本体操和队列队形**

基本体操和队列队形包括模仿操、器械操以及体育游戏等。

7. **形成积极参加体育活动的态度**

愿意参加体育活动，积极参加户外体育锻炼，知道体育锻炼对身体发展的积极作用。

（二）语言领域教学活动

幼儿语言教育主要培养幼儿在倾听、表达、欣赏文学作品和早期阅读方面的能力，也就是听、说、读的能力。

1. **学习讲普通话**

熟悉、听懂并学习说普通话和本民族语言；掌握正确的发音，自觉用普通话进行交流并能够清楚地表达，掌握一定数量的词汇、汉语拼音等；民族地区学习本民族语言。

2．语言交往能力

学习倾听，敢于在集体中回答问题，敢于与他人进行交流；讲话的语气、语调、表情适当；有良好的语言表达习惯，逐步掌握讲述、谈话、辩论、讨论等多种交流形式。

3．学习文学作品

包括对各类故事、诗歌、童话、儿歌、散文等的学习，养成良好的早期阅读习惯；能够根据图片或感兴趣的话题进行谈话等。能理解，会复述，会运用，学习改编、续编、创编、仿造编写故事、儿歌等。能够在教师的指导下表演文学作品。同时教师要培养幼儿正确的看书姿势和阅读技巧，以及爱护图书的品德。

4．在日常生活中渗透语言的学习

语言的教育不仅仅局限于课堂，幼儿与幼儿之间、幼儿与成人之间的交流是幼儿语言发展的重要途径。教师和成人应多鼓励幼儿与他人对话，运用礼貌语言与人交流，清楚地表达自己的愿望、要求等。

（三）社会领域教学活动

1．对人际关系的了解

形成对自我的认识、对他人的认识，了解父母、家中其他亲人、老师、同伴，同情、关心、爱护他们；学会等待、分享、合作、谦让等；了解自己所在的集体，热爱和关心自己所在的集体；养成诚实、遵守纪律等良好品德和行为。

2．对周围环境的认识

爱护自然环境，爱护玩具和其他物品，适应社会环境以及养成自我保护的意识；认识家乡、祖国，感受祖国文化的丰富和优秀；遵守社会规范，理解基本的社会行为规则，形成良好的社会生活习惯。

扫一扫：大班社会领域活动教案《光影西游记》

扫一扫：大班社会领域活动视频《光影西游记》

（四）科学领域教学活动

1．科学方面

（1）探究和认识周围的自然环境，认识四季及其特征；认识常见的科学现象，预测和感受天气的变化，发现自然奥秘。

（2）自己种植和护理自然角的植物，爱护动物角的小动物；能够认识常见物品和材料，了解材料之间简单的关系，并能够进行简单的操作。

（3）认识生活和媒体中熟悉的科技成果等，感受科学技术对生活的影响，形成对科学的兴趣和对科学家的崇敬之情。

扫一扫：大班科学领域活动教案《冲上云霄》

扫一扫：大班科学领域活动视频《冲上云霄》

2. 数学方面

1）认识数、数量

能够认识 10 以内的自然数，理解数的实际意义、数与数之间的数差关系；认识序数，在生活情境中能够对事物进行分类、排序、数数，能比较数的大小；学习 10 以内的自然数的组成和分解；感知和体验一个数和它分成的两个部分数之间的关系，以及部分数之间的互换关系。

2）认识几何图形

认识简单的平面图形（如圆形、三角形、长方形、正方形等）和立体图形（如球体、正方体、长方体等）。能说出它们的名称和主要特征，能运用图形进行简单的拼图、绘画等。

3）认识时间和空间

在认识时间方面，能够区分早晨、白天，晚上、黑夜，昨天、今天和明天。知道一个星期七天的名称及其顺序；认识时钟，知道整点和半点。在认识空间方面，能够区分和说出上下、前后、左右的空间方位，能够按照指定方向进行运动。

（五）艺术领域教学活动

1. 美术方面

1）绘画活动

认识常用的绘画工具、绘画材料，掌握正确的绘画姿势，学会正确地使用绘画工具；能够用各种材料尝试情境画、意愿画、物体画、想象画等多种绘画形式。

2）手工活动

幼儿能够利用身边的物品或废旧材料制作简单的玩具、手工艺品；能利用材料进行泥工、剪纸、粘贴等，会装饰环境等。

3）欣赏活动

包括能欣赏各种儿童画、名作、雕塑、工艺制品、建筑艺术等；能欣赏自然环境，如花、鸟、鱼、山水等；能欣赏各种节日装饰。

2．音乐方面

1）歌唱活动

主要学习简单的幼儿歌曲，能够随音乐进行有节奏的表演，能够体会歌曲声音的强弱快慢及情绪变化；学习独唱、齐唱、合唱、领唱等不同的表演形式；注意正确运用和保护嗓音。

2）认识乐器

认识各种常用乐器，包括打击乐器；了解正确的演奏方法，能够进行简单歌曲的演奏或伴奏。

3）欣赏活动

欣赏一些中外优秀的儿歌、乐曲、舞蹈表演；聆听周围环境中的声音；幼儿在教师的指导下，能够运用表情、动作及其他方式表现自己感受到的音乐形象；了解简单的乐谱、五线谱的基础知识。

来自生活的素材是多方面的，教师在实际教育活动中，应根据幼儿园的教育目标，综合考虑德、智、体、美的具体内容和要求，恰当选择贴近生活、幼儿感兴趣、对幼儿健康发展有益的、浅显的、具有启蒙性的教学活动内容，不断促进幼儿身心和谐发展。

扫一扫：大班音乐活动案例《趣演西游》

四　幼儿园集体教学活动的设计流程

幼儿园集体教学活动需遵循"以幼儿为中心、以游戏为基本、以目标为导向"的原则进行精心设计，才能把科学的教育理念转化成具体、可操作的教育内容。

（一）目标的设计

1．幼儿园教育活动目标的结构

目标是对教育活动目标体系的横向分析，所以也叫横向目标。幼儿园教育活动的横向目标要从幼儿心理发展结构、幼儿园教育活动内容、幼儿心理发展水平三个维度来制定。在制定教育活动目标时，要涵盖幼儿认知、情感、动作技能发展的各个方面，保证幼儿在基本知识、基本能力、基本素质方面得到全面发展。幼儿园教育活动的横向目标有以下几个方面。

（1）认知目标。幼儿园教育活动的认知目标包括各学科知识的掌握和认知能力的发展。认知目标分为知识、领会、应用、分析、综合和评价等方面。

（2）情感目标。幼儿园教育活动的情感目标包括兴趣、态度、习惯、价值观念和社会适应能力的发展。情感目标分为接受、反映、评价、组织等方面。

（3）动作技能目标。幼儿园教育活动的动作技能目标包括感知动作、运动协调和动作技能的发展。动作技能目标分为反射动作、基本动作、技巧动作、感知能力和体能等方面。

2．幼儿园集体教学活动目标的表述

1）具有可操作性，避免过于笼统、概括和抽象

从幼儿园目标体系来看，从低到高，各层次目标越来越抽象、概括、笼统，最基础的幼儿园教育活动目标，其特点就是具体、明确，具有可操作性，能具体指导、调控教师的教学过程，有利于教育活动的开展，并且能更好地对教育活动的结果进行评价。

比如：一位中班教师为健康领域设计了一系列活动。"刷牙"活动的目标之一是：学习正确的刷牙方法，养成早晚刷牙的好习惯。"喝水"活动的目标之一是：知道口渴了要接水喝，养成主动喝水的习惯。教师在这两个教育活动中所表述的目标就比较具体、明确，比笼统地确定"培养幼儿良好的生活卫生习惯"对教学更有指导意义。

又如：大班数学活动"测量"，某教师制定的目标如下：①学习测量；②促进幼儿思维发展。这样的目标太笼统，学习测量什么？是方法还是步骤？通过这个技能的掌握，要让幼儿达到一个什么水平，得到怎样的提高，在这个目标中都没有体现。促进幼儿思维发展是幼儿时期我们进行培养的一个目的，我们在制定活动目标的时候，应该考虑的是经过这次活动，要促进和发展幼儿什么能力，可以对这个活动目标做如下调整：①初步感知自然测量的方法；②会恰当选择、运用测量工具；③对测量活动产生兴趣。调整后的目标，活动的指向性更强了，更便于我们操作。

2）以幼儿为行为主体表述目标

目标表述的角度或以教师角度出发或从幼儿的角度出发。从教师的角度表述，表明教师应该做的工作或应该努力达到的教学效果，常用"引导""让幼儿"等方式表述。从幼儿的角度表述，指明幼儿通过学习应达到的发展水平，常用"能够""喜欢""知道"等方式表述。一般来说，我们建议从幼儿角度来表述目标。从幼儿角度表述目标可以促使教师更多地关注幼儿"学什么"与"怎么学"，关注幼儿的学习方式，关注幼儿学习的效果，促使教师更多地"以学定教"，避免单纯地"以教定学"。

案例

中班健康教育活动《今天，你喝牛奶了吗？》

【活动目标】

1．认识多种乳类食品，如牛奶、酸奶、豆奶等。

2．让幼儿懂得喝牛奶有利于身体健康。

3．培养幼儿喝牛奶的良好习惯。

分析：在这三条目标中，第1条目标是从幼儿角度出发的，而第2、3条目标却是从教师角度出发的，表述角度没能统一。

3）不能用活动的过程或方法来取代，应体现行为的结果

一个完整的目标表述包括行为、条件、标准等。有些目标在编写的时候，用活动的过程或方法去代替行为的结果。以大班语言活动"摘橘子"目标表述为例：通过看照片和录像回忆，交流各自在摘橘子活动中的经历。该活动目标的表述把过程罗列在目标中，这是学习过程，而不是学习后表现出的行为变化。在编写时，一定要注意，这里的行为是指幼儿学习后能够做什么，是学习的结果而不是学习的过程，更不是教师的行为。同时也要避免写成教育活动内容或者程序。

4）目标的内容应包含认知、情感、动作技能三个维度

虽然不同教育活动的教育目标应有所不同，且应有各自的重点目标，但总体而言，除了突出本活动的重点目标外，还要兼顾其他方面的目标，挖掘活动内容的多种教育价值。每一个教育活动的目标原则上应该包括认知目标、情感目标、动作技能目标三个方面的内容。

案例

中班语言活动：散文《微笑》

【活动目标】

1. 初步理解故事内容，掌握故事的名称、角色和主要情节。（认知目标）

2. 懂得只要有爱心，不管能力大小都可以帮助别人，并愿意给别人带去快乐。（情感目标）

3. 能运用完整、连贯的语句积极反映对散文的理解。（动作技能目标）

分析：该活动目标条理清晰、可操作性强，从认知、情感和动作技能等多维度来表述，关注和促进幼儿的全面发展。

认知方面的学习也称知识学习，是指幼儿所获知识的数量和种类，以及运用这些知识的技能和能力。包括有关事物的名称、现象、符号、事实等信息。如知道自己祖国的名字叫"中华人民共和国"、知道五月一日是国际劳动节。认知目标常用的表述词汇有了解、知道、懂得、意识到、理解等。

情感方面的学习，是指幼儿在活动中产生的一种相对稳定的心理反应，它影响着幼儿参与活动的状态。如幼儿在活动中表现出来的快乐、兴趣、自信心、意志力等。情感目标常用的表述词汇有乐意、愿意、喜欢、保持等。

动作技能方面的学习，主要是指幼儿运用社会性知识进行社会性实践活动的技术。如交往能力、认识自我和他人的能力、辨别是非的能力。动作技能目标常用的表述词汇有学会、遵守、做到、能够、形成、运用、掌握等。

除以上目标表述需要注意的问题外，还应考虑目标设计是否着眼于幼儿的发展，要把握幼儿身心发展水平和需要。目标的制定还要体现学科领域的特点，从所教领域出发，挖掘其促进幼儿全面发展的教育价值。绝不能为了形式上的花哨，先想环节再定目标，更不能将一次教育活动设计成又像语言活动、又像音乐活动、又像美术活动、又像科学活动的"四不像"。

（二）幼儿园集体教学活动内容的选择

幼儿园教育活动的内容是实现教育活动目标的载体，其合适与否直接影响到目标能否顺利实现。因此，幼儿园教师应当选择适当的活动内容。

1. 幼儿园集体教学活动的内容

幼儿园集体教学活动包括健康、语言、社会、科学、艺术五大领域，各领域的具体内容在集体教学活动的分类中已有详细说明，这里不再赘述。

2. 幼儿园集体教学活动内容选择的原则

《幼儿园教育指导纲要（试行）》第三部分"组织与实施"明确规定：教育活动内容的选择既要适合幼儿现有水平，又要有一定的挑战性；既要符合幼儿的现实需要，又要有利于其长远发展；既要贴近幼儿的生活来选择幼儿感兴趣的事物和问题，又要有助于拓展幼儿的经验和视野。根据该纲要的规定，幼儿园集体教学活动内容选择要遵循以下基本原则。

1）科学性和启蒙性相结合的原则

科学性原则是指在选择内容时必须准确、可靠，符合科学原理。具体地说有三层意思：一是要贴近幼儿的实际和生活；二是要符合幼儿身心成长的特点；三是选择那些能被幼儿感知和证实的可靠的材料，以事实为根据和基础进行价值判断。

启蒙性原则是指选择的内容须符合幼儿的知识经验和认知发展水平，使幼儿在教师的帮助下，通过一定的努力能够达到教育目标。也就是说，启蒙性并不是一味的简单、容易，而低估幼儿的接受能力，若内容范围过窄、程度过浅、分量过少，都会降低幼儿的知识水平，阻碍他们的认知发展，降低他们的学习兴趣。所以，教师要正确估计幼儿的接受能力，既不能过分低估幼儿的能力，也不能拔苗助长、急于求成。总之，教师在选择教育内容时，要认真处理好科学性和启蒙性之间的关系，既注重启蒙性，又重视科学性，两者要协调、有机地结合起来考虑。

2）时代性和传统性原则

时代性是指要使选择的内容跟上时代的发展，面向现代化。随着时代的发展和科学技术的不断进步，新的符合幼儿认知的文学作品、音乐作品和科技产品等层出不穷，因此，幼儿园教育应当补充或更新教育内容，以适应时代发展变化的要求。时代性是社会和科技发展对培养人才的客观要求，因此教育应有超前意识，要选择那些幼儿能理解的，体现时代特点的新的科技知识，以开拓幼儿的视野。

传统性是指要着重选择那些能弘扬民族传统文化，在幼儿的心灵中播下民族自尊心、自信心和自豪感的种子，并能激励幼儿长大后为祖国科技发展作贡献、为国争光的内容，如中国古代指南针、活字印刷等发明。

时代性和传统性两者是相互关联的。例如，教师在具体选择内容时，可将古代的桥和现代的桥综合构成"桥"的教育内容。

幼儿园教育传承传统文化的内容与方式

幼儿园教育传承中华优秀传统文化的内容体系要坚持全面性这一原则。

调研发现，一些地区的幼儿园在传统文化教育实践中存在"偏而不全"等突出问题，即幼儿园里的传统文化教育以形式方面的内容居多，相对缺少精神文化层面的传示，一些活动存在形式大于内容、缺失文化内涵等问题。因此，在制定幼儿园教育中的中华优秀传统文化内容体系时，既要重视现象活动层面的文化内容，更要重视挖掘中华优秀传统文化精神层面的内容，从而引导幼儿园建立起对中华传统文化的全面认识，全面培育幼儿的传统文化素养。

中华优秀传统文化的内容十分丰富，但是并非所有的内容都适合在幼儿园教育中传承，因此在教育内容的选择上还应把握关键性原则。关键性指向内容的必要性、重要性。关键经验不是一般的经验，是幼儿发展过程中必不可少的、幼儿必须学习和掌握的内容，对幼儿来说是重要的、不可或缺的，对幼儿的终身发展具有奠基作用。关键性还指对幼儿园教育具有切实指导作用，这些内容要能够切实转化成幼儿园的教育教学活动，能够转化成幼儿可以获得的学习经历与经验。比如，近年来对幼儿"读经"的大讨论就牵扯到读什么经，用传统文化中的哪些内容来教育儿童的问题，争论的焦点就在于这些传统文化内容是否符合现代幼儿生活的需要、是否适合作为现代教育的内容。

3）广泛性和多样性原则

当今幼儿生活的周围环境呈现出极大的广泛性、多样性，这能激发幼儿强烈的好奇心，使其产生无数疑问，从而提出各种问题。幼儿园教育活动内容应是幼儿非常热衷且愿意去探究的自然现象或奇妙变化，如水结冰、种子发芽、蝌蚪变青蛙等；能解决幼儿所关心的实际问题，反映幼儿周围生活的活动，如争抢玩具怎么办、怎样做个有礼貌的好孩子等；能反映社会重大事件的活动，如2022年的北京冬奥会、神舟十四号发射，以及平日的重要节庆等，都是幼儿学习和活动的"好教材"。由此可见，广泛、多样的幼儿园教育活动内容不仅能满足幼儿认识世界的需要，也有利于促进幼儿适应环境、认识周围世界、关心周围世界、积累丰富经验，更能激发幼儿对周围世界产生广泛兴趣。

4）地方性和季节性原则

我国幅员辽阔，各地经济发展的状况和教育条件不尽相同，且各地教育资源也有较大的差异，地方特色十分明显。即使是人造产品、科技成果，有的也与他们所处的环境、文化背景相关。因此，各地幼儿园在选择幼儿园教育活动内容时，应尽量反映幼儿园周围环境和社区的特点，充分利用当地的教育资源和条件，使活动的内容区域化、本土化，以保证幼儿直接感受本地区的特点。

幼儿活动内容中涉及的各种自然现象的发生、发展和变化，都与季节变化有着必然联系。动植物的生长、发育、活动也受季节的影响，各种天气变化更是与季节有关，依据季节性原则来选择活动的内容，既能丰富、加深幼儿对季节的整体理解，又能帮助幼儿理解事物变化与季节之间的关系。

3. 幼儿园集体教学活动内容选择的方法

幼儿园教育活动内容要经过教师的设计，才能传授给幼儿。为幼儿选择教育活动内容的方法很多，要结合幼儿园具体的课程模式进行选择。

1）以领域教学内容为主导，进行分科教学

分科教学，就是依据《幼儿园教育指导纲要（试行）》来选择幼儿教育活动内容的。一般来说，各地有具体的课程体系教材，教师按照教材的要求，进行分科教学。教师可以参照教材，自由选择教学内容。

2）以主题活动课程模式为主线，选择教育活动内容

主题活动课程模式是幼儿园经常采用的，根据主题活动的目标选择相应的教育活动内容，同时要兼顾横向和纵向的联系。从横向来看，是事物与事物之间的联系，即外部联系，不同类别的知识之间也是相互联系的；从纵向来看，内容自成体系，即现有知识、经验与原有相关知识、经验也存在联系。

3）以季节为主线，选择教育活动内容

以季节为主线选择教育活动内容，是以认识春、夏、秋、冬为主线，将各领域的和季节相关的教育活动内容集中编排在一起。这种方法在幼儿园教育活动中是经常使用到的，并且效果好，便于幼儿整体认知的发展。

（三）幼儿园集体教学活动方法的选用

幼儿园教育活动方法的设计是幼儿园教育活动设计基本要素中最核心、最灵活的要素。同样的内容采用不同的方法，效果会明显不同。初学者首先要了解幼儿园教育活动常用的一般方法，在有了一定的初步认识和实践之后，才有可能进一步灵活地选择和运用其他方法，达到"教学有法、但无定法、贵在得法"的境界。

1. 幼儿园教育活动方法的类型

幼儿园教育活动的方法，是指教师和幼儿在活动中，为完成教育目标所采用的具体方式和手段。它包括两种含义：一种是指教师在组织幼儿活动时，指导幼儿学的方法；另一种是指幼儿在活动中所采用的学习方法。幼儿园集体教学活动常用的方法包括下述几种。

1）直观类方法

直观类方法是指通过运用直观手段，引导幼儿获取感性认识、帮助幼儿获得直接经验的一种方法。这种方法的最大优点就是可以使幼儿直接获得感性认识，形成清晰而深刻的表象，便于理解和记忆；同时，还有助于集中幼儿的注意力，引起他们的兴趣，更好地巩固所学的知识。

直观类方法具体包括以下几种。

（1）观察法。

观察法是指教师有计划、有目的地引导幼儿感知客观事物的一种方法，包括对个别物体的观察、比较性观察、长期系统性观摩等形式。教师有意识地引导幼儿观察，不仅可以帮助幼儿积累丰

富的感性认识，还可以逐步培养幼儿良好的观察习惯，提高其观察的水平和能力。

（2）演示法。

演示法是指教师通过向幼儿展示各种实物或直观教具，使幼儿获得关于某一事物或现象的感性认识的方法。语言、社会、科学领域的教育活动常采用这种方法。

（3）示范法。

示范法是指教师通过自己的语言、动作所做的教学表演，为幼儿提供具体模仿的范例，包括完整示范、部分示范、分解示范、不同方向示范等多种形式。教师可以根据幼儿的表现选择不同的形式，而且示范不仅可由教师进行，也可以请幼儿进行。

（4）欣赏法。

欣赏法是指教师指导幼儿体验客观事物的真善美，借以陶冶情感的方法。如艺术美和自然美的欣赏，有助于培养幼儿的审美能力，丰富精神生活；道德行为的欣赏，有助于培养良好的道德品质和高尚的理想情操；理智品质的欣赏，有助于培养求知兴趣、科学态度、创造精神。

2）语言类方法

语言类方法是指以教师的口语表述为主，通过教师有目的地运用语言去讲解知识、交流经验、传递信息、沟通认识、组织活动，帮助幼儿获得间接知识经验的一种方法。语言类方法最大的优点是不仅便于发挥教师的主导作用，也便于幼儿在较短的时间内获得系统、完整的知识。这种方法可以单独使用，也可以与直观类方法、实践类方法配合使用。

语言类方法主要包括下述几种。

（1）讲解法。

讲解法是教师用幼儿能理解的语言来解释和说明某事某物的方法，通常伴随着演示、示范、谈话等一系列方法。讲解法可以帮助幼儿了解事物或现象的主要方面和本质特征，把不认识的事物转化为能理解的内容，是幼儿学习和巩固知识技能、培养思想品德的重要方法。在运用讲解法时，需注意：教师在讲解过程中要注意抓重点，深入浅出，必要时可以适当重复讲解；在讲解中所使用的语言要准确生动、通俗易懂，符合幼儿的理解能力和接受水平；讲解的思路要清晰，便于幼儿理解和记忆。

（2）谈话法。

谈话法是指教师通过提问、问答、讨论等方式进行教学的方法。教师可以借助提问，引导幼儿运用已有的知识经验解决问题，继而获得新知识或检查知识、巩固知识。这种方法建立于教师和幼儿之间的积极互动之上，有利于集中幼儿的注意力，激发幼儿积极的思维活动，发展语言表达能力，提高教学效果。谈话法的运用要注意结合幼儿的已有知识，从幼儿的实际水平出发；教师所提问题需经过周密的设计，既要紧扣主题，具有一定的针对性，又要灵活生动，富有启发性、逻辑性，在面向全体幼儿的同时，也要照顾个别幼儿的发展水平。

（3）描述法。

描述法是教师运用形象化的语言描绘、讲述所教授知识内容的教学方法。它会唤起头脑中鲜明的表象和丰富的联想，帮助幼儿理解事物，获得间接知识，发展形象思维能力。教师在运用描述法时要绘声绘色、富于情感，把事物描述得生动具体、形象鲜明。描述要有一定的顺序，可以与观察法相结合。

3）实践类方法

实践类方法是指教师在教育活动中，创设多种以幼儿为主体的实践活动，训练幼儿的各种感官，达到进一步理解知识、巩固技能、加深记忆的一种教学方法。其最大的优点在于能调动幼儿的积极性，确定幼儿的主体地位。幼儿在实践活动中通过反复练习、动手操作，调动了各种感官的协调活动，促使幼儿的大脑处于积极活跃的状态，使幼儿在较短的时间内获得准确、系统、完整的知识，并且能保持情绪的高涨和注意力的集中。

实践类方法主要包括下述几种形式。

（1）练习法。

练习法是指在教师的帮助下，幼儿通过多次重复练习来熟练掌握知识和技术的一种方法，是巩固新知识、形成技能技巧和习惯的基本方法。运用练习法时需注意引导幼儿明确练习的目的、任务和具体要求，在理解的情况下自觉练习。教会幼儿运用正确的练习方法，使幼儿获得有关知识和实践的清晰表象，鼓励幼儿发挥创造力和想象力，避免盲目模仿和机械重复。并且练习的方式要多样化、游戏化，由少到多、由浅入深、由易到难、由单一到综合，循序渐进，以提高幼儿练习的兴趣，避免单调乏味的重复。

（2）操作法。

操作法是指幼儿通过自己动手操作直观教具、玩具，在摆弄物体的过程中进行探索，从而获得知识、经验和技能的一种方法。实际操作可以让幼儿的好奇心不断地被激发、不断地得到满足，使幼儿的学习始终处于一种积极快乐的状态。

这种方法是进行科学、数学、美术等活动的主要方法，如科学活动中的小实验、美术活动中的剪纸等。运用操作法时需要注意的是：要为幼儿提供充足的操作材料，一般人手一份。操作材料具有暗示性，能够激发幼儿的操作兴趣，所以在科学活动中，为幼儿提供大量可操作材料，对激发幼儿对科学活动的兴趣十分有益。在幼儿动手操作之前，向幼儿说明操作的目的、要求和具体的操作步骤；在幼儿操作的过程中，教师要观察幼儿的操作情况，及时发现问题，引导幼儿积极思考和探索；在操作结束后，要给幼儿提供足够的空间让其讨论操作的结果，以帮助幼儿归纳在操作中获得的感性经验。

（3）游戏法。

游戏法是指幼儿在教师的指导下进行有规则的游戏活动，从而达到某一教学目的的方法。游戏是最受幼儿欢迎的活动，是幼儿主动、自然进行的活动。在科学活动中，巧妙地将理性的科学知识结合到游戏当中，能够有效地激发幼儿参与活动的热情，充分发挥幼儿的积极性和主动性。教师需根据不同的教育目的和教育内容来选择、创编不同形式的游戏，并根据游戏的内容及形式的不同，采用不同的指导方法。在游戏活动过程中，教师要重点指导幼儿遵守游戏规则，能够克服困难，独立或与同伴合作完成游戏，注意培养幼儿之间的合作、谦让、友爱、互助等优秀品质。

（4）探索法。

探索法，又称发现法，是指教师提供给幼儿进行发现的活动材料，使他们通过自己的尝试过程，自行探索发现问题和解决问题的方法。探索法容易引起幼儿的兴趣和内在活动动机，有益于幼儿主动性和积极性的发挥，有利于幼儿智力、创造力的发展，还能丰富和扩展幼儿的经验，并使经验易于记忆、迁移和运用。探索法的运用中，教师要根据教育目标和内容、幼儿的水平投放教具，创设问题情景，引导幼儿明确任务，认识和了解教具，思考如何解决问题。

（5）记录法。

随着幼儿园科学教育改革的日益深入，近年来教师的实践探索也更加活跃，开展探究式科学活动已成为教师关注的重点。在幼儿探究的过程中，记录的使用对教师来说是一个比较新颖的方式。记录法是指幼儿在活动时将观察到的现象、计算出的数据等用图形、数字、表格、符号等形式记录下来以供分析的方法。在幼儿教学活动中，要指导幼儿学会记录，充分发挥记录表在探究活动中的作用。

2. 选择幼儿园教育活动方法的要求

1）根据教育活动目标选择活动方法

特定的目标往往需要特定的方法来实现，如认知领域有识记、理解、应用、分析、综合、评价六个层次。通常，要求达到识记层次的，可选用讲解法、描述法和示范法等；要求达到理解层次的，可选用探索法、（启发式）谈话法等；要求达到应用层次的，则应选择练习法、讲解法等；而对于高层次的目标，如分析、综合、评价，则应选择操作法、探索法等。所以在选择教育活动方法时一定要考虑教育活动所追求的目标是什么，然后根据不同种类的目标选择相应的方法。

2）根据活动的具体内容选择教育方法

不同的教育活动内容制约着教育方法的选择。即便是同样的教育活动目标，领域性质不同，具体内容不同，所要求的教育方法也不一样。例如：同样是培养幼儿的操作能力，科学领域多用探索法、观察法，而艺术领域多用练习法。

3）根据幼儿的年龄特征和学习特点选择方法

教育方法的选择应考虑幼儿的年龄特征和知识经验，如幼儿对某一事物已有大量的感性经验，教师就无须选择演示法；反之，可用直观教具进行演示，帮助幼儿理解。同时，对处在不同年龄的幼儿和思维水平不同的幼儿要采取不同的教育方法，如探索法和讲解法，对小班幼儿往往不能达到预期的效果，游戏法更能激发小班幼儿的活动兴趣和积极性。所以，教育方法的选择既要考虑幼儿的年龄特征，又要考虑如何发挥幼儿的主体性，这样选择的方法才能有成效。

4）各种教育方法有机结合，发挥最佳功效

每一种教育方法都有其独特的功能和长处，同时也有其局限性和不足之处。比如讲授法，它对陈述性知识的教学比较有效，但对技能的教学则效果较差。在进行技能教学时，讲授法只有在初期告知操作规则时才是有效的，如果教师一味地依赖讲授法，幼儿就会失去练习的机会，这样很难促进幼儿相应技能的形成。教育活动目标的多层次化、教育活动环节的多样性，必然要求教育方法的多样化。要保证教育活动目标的全面实现，教育活动中往往要求选择几种能互补的方法，并把它们有机地结合起来。

手指按画"小鸭子"（中班）

一、教师示范讲解

大拇指哥哥穿着黄颜色的衣服先出来了（用大拇指蘸黄色颜料并在纸上按出鸭子的身体），你们看，大拇指哥哥一个一个分开站好了。

小指妹妹穿上黄衣服也出来了，有的站在哥哥的前面，有的站在哥哥的后面，有的站在哥哥的上面，有的站在哥哥的下面（用小指蘸黄色颜料在鸭子身体的前后、上下各画出鸭子的头），她离大拇指哥哥不远。

他们是一对好朋友，手拉手唱起了歌（用棉棒蘸红色颜料把鸭的身体和头相连接）。

小指妹妹可漂亮了，她头上戴着一个美丽的蝴蝶结（用棉棒蘸橘红色颜料点在小鸭的头顶上）。

他们的"嘎嘎歌"唱得非常好，奖给他们一颗小豆豆。大拇指哥哥说："小指妹妹比我小，豆豆给她吃。"（用棉棒蘸上蓝色颜料，在鸭头的中间点上眼睛）

二、点评

此案例将示范法和讲解法相结合，生动地向幼儿展现出"小鸭"形成的过程，帮助幼儿对绘画的过程产生清晰的认识，以便完成接下来的教学活动。

任务二　管理幼儿园区域活动

◇ 情境导入

陈鹤琴先生认为：怎样的环境，就得到怎样的刺激，得到怎样的印象，教育上的环境，在教育的过程中起着重要的作用。《幼儿园教育指导纲要（试行）》也指出："环境是重要的教育资源，应通过环境的创设和利用，有效地促进幼儿的发展。""幼儿园的空间、设施、活动材料和常规要求等应有利于引发、支持幼儿的游戏和各种探索活动，有利于引发、支持幼儿与周围环境之间的相互作用。"区域活动环境的设置是区域设置的核心问题。我们既要提供一个有准备的精心设计的、有序的环境，又要提供开放的、变化的、有多种探索发现机会的环境；既要有幼儿个别活动的区域，又要有集体活动的空间；既要有活动室环境的整体布局，还应有细节的暗示及空间的动静区分等。

思考：区域活动环境的创设一切都是为幼儿服务的，要使幼儿在其中充分活动、和谐发展。作为幼儿教师，你会为你们班的幼儿创设什么样的区域活动环境支持他们的身心发展呢？

《幼儿园教育指导纲要（试行）》中指出："为幼儿的探究活动创造宽松的环境，让每个幼儿都有机会参与尝试，支持、鼓励他们大胆提出问题，发表不同意见，学会尊重别人的观点和经验。"区域活动符合《幼儿园教育指导纲要（试行）》的教育理念，颇受当前幼儿园的重视，它力求给幼儿创设积极的活动环境，使幼儿在其中自主、自愿地进行活动，切实满足了幼儿的身心发展需要。

一 幼儿园区域活动概述

近年来的研究和实践证明，幼儿园区域活动深受广大幼儿的喜欢，可以说区域活动也是幼儿的另一种学习活动，它能够促进幼儿全面素质的形成、发展和提高。

（一）区域活动的含义及其基本类型

区域活动，也称区角活动、活动区活动，是指以幼儿的需要、兴趣为主要依据，考虑幼儿园教育的目标和正在进行的其他教育活动等因素，将活动室或者教室划分为一些区域。如积木区、角色扮演区、科学区等，在其中投放一些适合的活动材料，制定活动规则，让幼儿自由选择区域，在其中通过与活动材料、同伴等的积极互动，获得个性化的学习与发展。区域活动最重要的特点就是创造能鼓励幼儿自由选择、大胆操作、大胆探索的环境，更好地促进幼儿身心全面和谐地发展，让他们的需要真正得到满足。区域活动对幼儿来说，是一种自主活动，活动的类型是幼儿感兴趣的，他们可以自己决定玩什么、怎么玩。为了实现一定的教育意图和目标，教师可以通过创设区域并投放材料来影响幼儿的自主活动，激发幼儿对周围环境的兴趣，积极实践、操作探索，促进幼儿全面和谐的发展。

目前，幼儿园的活动区域主要包括两种类型：一种是以班级为单位设立的活动区域，如阅读区、美工区等；另一种是全园共同设立的一些活动区域或活动室，如音乐表演区、科学区等。

幼儿园的活动区域是根据幼儿活动的趣向来创设的，具有重要的教育功能。幼儿园常见的活动区域有美工区、积木区、科学区、益智区、阅读区、角色扮演区、音乐表演区、玩沙玩水区、自然角和种植养殖区等。这些区域中有些是创设以后长期存在供幼儿活动的，如自然角。而有些则是要不断变换其中的材料，创设不同的活动环境，支持不同的活动内容的。如角色扮演区，需创设各种生活场景供幼儿扮演角色开展活动，因此教师要经常变换生活场景，如这段时间创设银行，过一段时间创设医院，再后来创设娃娃家等。

1. 美工区

美工区是让幼儿进行美术和手工制作的活动区域。在幼儿园，大、中、小班都可以创设美工区。该区域活动材料丰富有趣，能够引起幼儿的兴趣，幼儿能够开展丰富的自主活动，因此受到幼儿的广泛欢迎。

2. 积木区

积木区是让幼儿操作积木，进行自由建构和组合活动的活动区域。积木区是幼儿十分喜欢的活动区域，幼儿在积木区用积木搭建物件和建筑，能够发展幼儿的感知觉，促进幼儿动手能力的发展。

积木区的作用主要表现在以下几个方面：

（1）发展幼儿的建构能力，学习建构技法。

（2）发展幼儿的空间知觉能力，引导幼儿认识基本形状、数量关系。

（3）引导幼儿尝试各种不同的建构材料、方法、设计，激发幼儿的创造力、想象力。

（4）引导幼儿学习基本的数概念。

（5）幼儿之间分工合作，共同设计、建构，共同游戏，促进幼儿合作能力的发展。

（6）培养幼儿的社会性，发展幼儿的交流表达能力以及解决问题的能力。

3．科学区

科学区是幼儿利用材料或自然事物进行科学探索活动的活动区域。幼儿在科学区通过观察、实验、操作等方式，发现问题、提出问题并解决问题。科学区的主要作用是引导幼儿进行科学探究，培养幼儿的科学意识和解决问题的能力。

科学区对幼儿发展的作用主要有以下几个方面：

（1）激发幼儿的科学兴趣，学习运用多种感官感知事物，发展幼儿的观察力。

（2）初步了解人与自然的关系，增强幼儿的环境保护意识。

（3）提供尝试、探究和实验的机会，实地操作，解决问题，获得知识，形成概念。

（4）促进幼儿主动发现问题、解决问题，体验发现问题、解决问题的成功喜悦。

4．益智区

益智区主要是幼儿进行智力与操作小游戏的活动区域，它可以锻炼幼儿的手部肌肉，促进幼儿思维能力的发展。

益智区的作用主要有以下几个方面：

（1）在操作中幼儿获得感官满足，并增进手眼协调、手指灵活及小肌肉发展。

（2）在游戏中感受数、量、形，在操作中建立初步的数感。

（3）在探索中养成主动思考的习惯，提高解决问题的能力。

在益智区，幼儿可以进行下棋、打牌等游戏活动，也可以进行拼图、建构物件等操作活动。通过小游戏和操作活动，幼儿既能获得感官满足，又能锻炼手部肌肉，还能发展智力。

5．阅读区

阅读区是通过语言活动，激发幼儿兴趣，提高幼儿语言能力的活动区域。在阅读区，幼儿可以阅读图书、听故事，开展朗诵、演讲等活动。

阅读区的作用有以下几个方面：

（1）练习听、说、读、画基本技能，养成听、说、读、画良好习惯。

（2）培养阅读兴趣，掌握阅读方法，形成阅读习惯。

（3）在看、听、读的过程中，培养幼儿的语言表达能力和审美能力。

（4）运用语言表达个人情感、需求、意愿和观点，促进幼儿相互了解、相互沟通、相互影响、相互学习。

6．角色扮演区

角色扮演区是让幼儿在创设的生活化的活动区里开展角色扮演游戏活动，通常扮演区创设的生活活动区有餐厅、银行、娃娃家、医院、超市、邮局、车站等。角色扮演区创设的生活场景多是幼儿日常生活场景，为幼儿所熟悉和常见。

角色扮演区的作用有以下几个方面：

（1）帮助幼儿了解人际关系，通过不同角色身份的扮演，发展幼儿的社会性。

（2）帮助幼儿学习友好交往的技能，如轮流、分享、协商、互助、合作等。

（3）培养幼儿大胆表达个人意愿、情感、见解，能相互沟通，发展语言交流能力。

（4）发展表征能力，如能以物代物，激发想象力，能创造性地反映现实。

（5）学习适度表达个人情绪，了解他人情感，调整与伙伴间的相互性关系。

角色扮演区一般需要的空间比较大，以便于幼儿活动时走来走去，大声交谈，因此，一般布置在活跃的区域而远离安静的区域，也可以利用家具、柜子和纸箱等将其与其他区域隔离开。角色扮演区创设的生活场景是多种多样的，因此所需要的材料也是不同的，教师创设一定的生活场景，就需要积累相应的材料来投放布置。幼儿在生活化的活动区域里开展活动，既熟悉了生活，又锻炼了交往与社会生活能力等，角色扮演区是幼儿十分喜爱的活动区域。

7．音乐表演区

音乐表演区是通过艺术氛围营造，引导幼儿开展音乐艺术表演等活动的区域。幼儿在音乐表演区的活动主要有音乐欣赏活动、演唱活动、情景表演活动、戏剧表演活动、音乐律动与舞蹈活动等。这些活动能满足幼儿的活泼好动需要，促进幼儿的艺术发展。

音乐表演区的主要作用有以下几个方面：

（1）提供表演活动的舞台、材料和道具等条件，满足幼儿活动需要。

（2）营造艺术氛围，激发幼儿音乐表演等方面的兴趣。

（3）在各种音乐表演等活动中，可以发展幼儿的艺术感知力、表现力和创造力。

8．玩沙玩水区

玩沙玩水区一般设置在户外，便于清洁。玩沙区玩水区一般是沙池子、水池子。

玩沙玩水区的主要作用有以下几个方面：

（1）帮助幼儿认识自然物的性质。

（2）满足幼儿摆弄物体的愿望，激发他们的探索精神，培养他们的自主性。

（3）在玩沙玩水游戏中，能区别干湿、冷热、粗细、多少、深浅等不同的概念。

（4）活动后的收拾整理，能培养幼儿清理、打扫的技能与习惯。

9．自然角

自然角是布置在活动室靠窗户的地方或者阳台有阳光的地方，是幼儿观察自然植物和动物生长的活动区域。

自然角的主要作用有以下几个方面：

（1）将周围环境和广泛的自然物有选择地、集中地、分层次地、鲜明地展示于幼儿的眼前。

（2）培养幼儿细致观察的能力，使幼儿自由地操作和探索。

（3）培养幼儿对大自然的积极情感和态度，以及爱护自然、保护环境的意识。

10．种植养殖区

种植养殖区类似于自然角。自然角设置在活动室内或阳台，其空间太小，不利于种植养殖。所以需在户外或室外阳光充足、土壤较好的地方设置种植养殖区，以自然状态种植与养殖。幼儿在种植养殖区可以长期种植大型植物、养殖动物，用以观察和研究。

种植养殖区的主要作用有以下几个方面：

（1）有选择地将周围环境和广泛的自然植物和动物集中地、鲜活地展示于幼儿的眼前。

（2）让幼儿能够长期观察、了解动植物生长过程，获得一些自然常识并增强观察力。

（3）培养幼儿对大自然的积极情感和态度，以及爱护自然、保护环境的意识。

议一议

各班级设计与创设的各区域，只能进行该区域的活动吗？

（二）区域活动的特点

1. 自主性

在区域活动中，教师只是提供一些适宜幼儿活动的材料，让幼儿自由选择和操作，注重幼儿自由、自主地开展活动。幼儿在这种宽松、自由的活动环境中，很容易获得满足感和成就感，自主性得到充分发展。教师应多鼓励、多支持幼儿独立探索和操作的行为，并对幼儿区域活动情况进行观察、记录和指导，及时给予幼儿帮助和肯定。

区域活动是幼儿的自选活动，教师的直接干预较少。这样就为幼儿提供了更多的按照自己的兴趣和能力进行活动的机会，便于满足幼儿的个别化需要。区域活动打破了传统的集体授课形式，让幼儿通过自身的操作与环境互动，从而获得发展。区域活动能给幼儿提供更多的活动机会，无须受到"集体同步"的约束，能够使幼儿在轻松、愉快、自愿的状态下活动。区域活动材料多样，内容丰富，为幼儿提供了较大的选择余地，赋予幼儿成功感，幼儿可以选择自己喜欢的、擅长的或带有挑战性的项目操作。所以这种既适合幼儿的能力又有挑战性的区域活动深受幼儿的喜爱。

2. 教育性

幼儿在没有压力的环境中做做、玩玩，自主、愉快地活动，潜移默化地学习，体验成功的乐趣。幼儿的自主学习能力并不是由教师直接教的，而是幼儿在自由自主的探索学习中发展起来的。幼儿园区域活动有其独特的教育作用，这种教育作用是潜移默化的。如，幼儿教师在设计区域活动的时候，一般会设计进区规则，幼儿根据进区规则，遵守游戏活动要求，与同伴玩耍的过程中，促进了幼儿社会性的发展，增强了幼儿遵守游戏规则的意识。

3. 实践性

幼儿园区域活动具有可操作性，如生活活动"削苹果"，在动手操作的时候，促进幼儿手的动作协调灵敏，同时丰富了幼儿的生活经验。

（三）幼儿园区域活动的意义

区域活动是幼儿不可或缺的游戏活动形式之一，幼儿园开展区域活动对幼儿的学习与发展具有重要意义。

1. 满足幼儿好奇、好问、好探索的欲望

幼儿按照自己的意愿选择区域、活动材料、玩伴，在这个活动过程中，教师极少干预幼儿的操作。这样，幼儿能自主地在操作过程中获得相关的学习经验，并在探索过程中得到满足。开展区域活动，能够让幼儿积极、主动地学习、探索，也为每个幼儿搭建了展现自己的广阔平台，增强了幼儿的自尊心和自信心，充分体现了幼儿的主体地位。

2. 适合幼儿的个别差异

幼儿个人的兴趣、爱好、性格等都有明显的差异性。幼儿园开展区域活动，教师提供不同的材料，布置适合幼儿活动的环境，恰好满足幼儿因不同兴趣爱好而产生的不同活动需要。如，好动手操作的幼儿可以选择积木区，喜欢看书的幼儿可以选择阅读区，喜欢画画的幼儿可以选择美工区，等等。幼儿可以根据自己的需要，选择不同的区域进行活动。

（四）区域活动内容设计的原则

1. 适宜性原则

幼儿园区域活动的安排、设计，环境的创设，材料选择与投放，要适合幼儿的年龄特点，考虑其已有的生活经验及能力，使幼儿在原有基础上得到发展。例如，小班幼儿在游戏中常常从事平行游戏，即幼儿各人玩各人的，彼此玩的游戏是相同的。小班幼儿生活经验贫乏，接触社会的范围小，教师在设计小班的区域游戏时，要根据他们的特点，可在一个区域内多放几套相同的材料。在指导方面，也应以具体的示范、参与指导为主。相对而言，大班幼儿兴趣爱好比较广泛，个人需求也有所不同，因此，教师在设计大班区域活动的时候，材料的数量、种类应相应增加，以满足幼儿的需求。

2. 发展性原则

发展性原则是指区域游戏的设计与指导应体现层次性和循序渐进性。例如，小班幼儿活动的目的性较差，主要依靠客体的生动性、新颖性和颜色的鲜艳性吸引他们进行活动。而到了中、大班，幼儿活动的计划性、目的性逐渐明确，活动的结果成为吸引他们进行活动的主要因素。因此，在进行积木区活动时，小班幼儿积木的颜色要丰富，形状可少些，但数量要充足；在指导方面，着重于帮助他们学会独立地构造物体，并能表现物体的主要特征。而对于中班幼儿，积木的形状可以增加，还可以提供一些辅助材料；在指导方面，要求他们有目的有计划地构造。到了大班，可以提供更多形状的积木和丰富的辅助材料，要求幼儿学会通过协商共同构建一个复杂的大型结构物。假若一套积木从小班玩到大班，小班是搭小房子，到了大班还是搭小房子，这是不可取的。

3. 整体化原则

整体化原则是指将所有区域活动游戏环境作为一个动态系统，发挥整体优化功能。例如，"娃娃家"的"爸爸"可以到"建筑工地"上班，美工区可以为音乐表演区制作道具等。由此可以衍生出许多游戏的情节，促进幼儿创造力和想象力的发展。但是，这个动态系统要建立在幼儿自觉自愿的基础上，要由幼儿创造，教师只是为他们创设一定的环境，并引导他们想象新的游戏情节，而不是由教师指定他们行动。

二 幼儿园区域活动管理内容

幼儿园区域活动的管理分为区域活动环境的创设、区域活动的实施与指导、区域活动的观察与评价。

（一）区域活动环境的创设

1. 区域活动环境的布置

活动区域空间布置是指教师根据活动需要，在活动室内外布置活动区域，规划活动空间。

在某省一类幼儿园评估指标体系中就有规定："每个幼儿班必须创设 5 个以上的活动区域，为幼儿提供充足的成品和半成品操作材料，确保每个幼儿都有机会和条件参与区域活动。每班每天安排 5 个以上区域活动，采取多种形式引导全班幼儿积极参与尝试和探索，能根据幼儿的兴趣、教育目标、教育内容、活动进度、季节等因素及时增减、更换。每班每天室内自主游戏不少于 1 小时。"

在小小的活动室内，要布置多个区域，还要留有空间让幼儿走动或集体活动，这就需要教师精心设计，合理布局，充分利用活动室空间来创设区域环境。

1）活动区域之间要明显分隔开来

不同的区域是不同的活动环境，区域之间分隔开来，有利于幼儿自主活动，而不相互干扰。教师在分隔区域时，可以利用各种现有的事物，如用放置玩具的柜子或布帘分隔，用矮屏风或小篱笆分割空间，或者用地毯、地板明确区分区域等。

区域空间的分隔布置，也可以根据实际情况进行动态调整，这就需要教师布置一些活动性的分隔栏，在需要时能够及时调整相邻区域之间的空间大小，以利于幼儿的兴趣活动。如在美工区与科学区之间挂上布帘，当美工区人数剧增、科学区人数不多时，可以移动布帘，将原来科学区空间的一部分暂时移给美工区，这样既满足了美工区幼儿的活动需要，又充分利用了有限的区域活动空间。

2）活动区域空间布局要合理

活动区域是幼儿活动的空间，区域布局的合理性直接影响区域活动的有效性，合理的布局不仅能发挥每个区域的重要功能，也能促进相邻区域之间的积极互动。在区域布局上，教师除了要考虑干湿分开、动静分开、方便畅通和就近规划外，还要注意封闭性与开放性结合、空间大小不同、空间拓展、避免"死角"等问题。

区域活动有主动或主静的，有用水或不用水的，有独立或合作的，有易脏或干净的等。例如，主静的区域有科学区、益智区、阅读区、美工区等，而主动的有角色扮演区、音乐表演区、积木区等。在设置区域空间布局时，要将动静区分开，以免相互干扰。

3）活动区域之间要保持道路畅通，留有一定的空场地

有研究表明：过于拥挤的环境有可能增加幼儿的攻击性行为，减少幼儿的社会性交往活动，使观望、旁观、不主动参与活动的幼儿人数增多。因此，教师在区域空间布置时，一定要留出通道和一定空间，既便于幼儿走动，也避免幼儿拥挤。

活动区域空间布置，教师要综合考虑幼儿的活动和需要，还要考虑幼儿的走动，因此区域布局

要合理合适，尽量避免幼儿相互干扰和碰撞。另外，区域的布置还要保持一定的开放性，不要过于封闭，否则不利于教师的观察与指导。

当幼儿园活动室空间不够时，也可以暂时利用走道、过道、阳台或者门厅甚至院内空间来设置区域，以满足幼儿的活动需要。

4）区域环境布置要温馨、和谐、富有童趣

区域环境的创设与布置，除了要结合幼儿园的实际情况，教师还需考虑设置的大小、形状、结构等，更主要的是在视觉上就能引起幼儿参与活动的兴趣。每个区域设计要与活动目的相适宜，区域的环境布置要具有生活性、情境性和新颖性，以吸引幼儿主动到区域来活动。

2. 区域活动材料的投放

活动区域的环境创设与活动开展都离不开材料的投放，幼儿的区域活动更是受到材料的影响。因此环境创设中材料的投放至关重要。

1）材料投放确保安全环保，丰富多样

（1）保证投放的材料是安全环保无害的。一方面教师提供的材料要足量，能够满足幼儿活动需要；另一方面，要保证材料的安全卫生。如废旧材料的利用，必须在使用前进行消毒处理，防止有害物质或病菌的残留。

（2）要提供丰富多样的活动材料。一方面，材料随着不同活动内容而有所不同；另一方面，同一活动内容，材料也需多种多样。

案例

阅读区的材料投放

在阅读区，有的幼儿喜爱一本图画书，看了又看，能把里面的细节都找出来。有的幼儿喜爱看老师刚讲过的图书，有的幼儿喜爱独自翻阅图书，有的幼儿喜欢合看一本书，有的喜欢表演，有的喜欢绘画。因此，阅读区材料的摆放要有合有分，书架上既应有几个星期前幼儿爱看的图书，也应有本星期刚讲过的书；在展示架上，每周还要放上将要看的新书，以及幼儿扮演故事角色的照片、绘画、记录等。当一个新主题出现时，教师还应及时提供与主题相关的图书，并采用集中展览的方式供幼儿挑选。在阅读区内，如果不加挑选就陈列图书，从开学到学期结束也不变换图书，这样只会导致所陈列的图书无人问津。

2）材料投放要具有层次性和适宜性

幼儿因个体的差异，会对事物有不同的认识，其操作与利用材料的方式也可能大相径庭。因此，教师在投放区域活动材料时，要在同一区域，投放不同层次的材料，以满足不同幼儿的个性需要。

（1）不同年龄的幼儿区域活动材料投放差异显著。同样的区域，大、中、小班的活动材料以及环境布置有很大差异。如阅读区，小班幼儿阅读的图书画面简单，颜色鲜艳，以家庭生活、幼儿园的生活、小动物的内容为主，情节不宜复杂，篇幅不宜太长；中班幼儿可以阅读一些有关日常生活和人物方面的图书，图书的篇幅可以有所增加；大班幼儿则可以阅读配有简单文字的图书，图书内容的知识性和科学性可有所增加，可以提供一些寓言故事。

（2）在相同年龄的班级，同一区域也要投放不同层次的材料，以适应同一年龄层次不同幼儿的需要。

案例

科学区"形状变变变"

在科学区中，教师投放了三个层次的材料。第一层次的材料是现成的瓶盖、小棍，用瓶盖和小棍拼简单的图形，可以适应一部分幼儿的发展水平。第二层次的材料有各种不同形状的图形，可以满足较高发展水平的幼儿，用不同图形拼摆，发现图形中的组合变化。第三层次的材料，是在此基础上添加的白纸，鼓励幼儿把自己拼摆的图形记录下来。

3）活动区域材料要及时更新

活动区域的材料要有动态性，教师应根据幼儿的需要和兴趣，及时更新。一些活动区域的材料投放时间过长，一开始幼儿很感兴趣，但时间长了就会慢慢失去兴趣，最后这些材料就成了摆设。因此，区域的材料需要定时更新，需增加一些新的材料，删减一些不用的材料，这样才会激发起幼儿的活动兴趣。

案例

美工区材料大变化

美工区投放了松果给幼儿进行松果装饰彩绘，刚开始幼儿们很感兴趣，给松果涂上了绚烂的色彩，但教师观察到大部分幼儿只是简单地给松果涂色进行装饰，就适时地增添了棉花、橡皮泥、小细管等材料。新材料立即引起了幼儿的兴趣，他们纷纷拿起松果，利用教师投放的新材料，进行新的探索。有的幼儿把松果打扮成圣诞老爷爷，有的幼儿利用橡皮泥将松果装饰成外星人……

4）投放的材料要方便幼儿拿取和收拾

幼儿年龄小，个子不高。活动区域里投放的材料要能够让幼儿方便取用。因此教师在选用柜子和架子时，要考虑幼儿的身高，不能把材料放在高处，否则幼儿无法取用。另外，材料要开放式地存放在架子上，以方便幼儿查看和拿取。材料还要有规律地放置，以便于幼儿寻找并整理归位。总之，教师投放材料的目的是给幼儿玩、用，而不是摆设。因此对于投放的材料，幼儿要能够很容易地取用和收拾整理。否则，材料就会被束之高阁，不能发挥功用。

扫一扫：区域活动材料的特性

3. 区域活动规则的制定

适宜的规则是区域活动有序开展的重要保障，是规范幼儿行为的准则，对于增强幼儿的自律行为、规则意识和责任感具有重要意义。区域是幼儿活动的范围，无论是区域材料的使用，还是进入区域的人数，抑或区域的活动，都需要有合理的规则来协调，以保证区域活动的顺利开展。区域活动的规则并不都是预先制定好的，有些需要教师和幼儿在活动中议定，还有的则是幼儿们自己协商出来的。

区域活动的规则一般包括五个方面的内容：①进区域的人数规定；②进区域活动的时间规定；③操作活动的方法提示；④行为要求；⑤游戏的规则。

1）区域活动规则的制定方式

区域活动规则并不是教师一步到位地制定出来让幼儿遵守的，而是在区域活动中逐步完善的。当规则制定出来，就要加强宣传教育，以各种方式提醒幼儿了解规则，引导幼儿形成遵守规则的好习惯。

首先，教师在区域活动环境创设时，制定规则。这些规则往往是保障幼儿活动安全、卫生和秩序的重要前提，因此教师要求幼儿务必遵守。如使用玩具要注意安全、卫生；进入阅读区要保持安静，不得喧哗；玩沙玩水区要注意，不能将水泼到别人身上等。

其次，在活动过程中，产生规则。当区域活动中出现幼儿自行无法解决的问题时，教师要及时介入，了解情况，与幼儿一起协商，共同议定规则，通过议定或修改规则来解决问题。当然，在活动过程中，幼儿也会自己协商规则，推动区域活动的顺利开展。

案例

建构区的困扰——怎样保存自己的作品

在建构区，幼儿玩得很尽兴，但每次的作品却无法保留下来，为此幼儿非常苦恼。

当让幼儿动脑思考这个问题时，幼儿的答案是多种多样的："收玩具时，我们自己踩坏了""别人把我的踩坏了"……"那怎么才能使你们的作品保持更长时间呢？"最后经过探索，很多幼儿把他们思考的答案告诉我："玩时小心一点就不会弄坏别人的作品了""建的时候要牢固些，就不会坏了""收玩具时从搭好的作品旁边走就不会弄坏""在建构区建一条路让小朋友走，就不会踩坏了"……在大家的建议下，最后制定了保护作品的方法和区域的规则。

2) 制定区域活动规则的方法

（1）环境暗示法。环境暗示法即通过环境的创设，将规则蕴含在区域环境之中，通过环境来暗示幼儿规则。环境暗示法具有潜移默化的影响，能够让幼儿在不知不觉中遵守规则，养成规则意识和习惯。如用"小脚丫""插牌子"的方式告诉幼儿，标识用完了，表示区域里的人满了。

（2）图示法。图示法即将规则设计成图案、图形或图表、符号形式，提示幼儿区域活动规则。如阅读区墙上的"安静"图示，美工区"请勿乱丢垃圾"的图示，用某些标记指示放置玩具或材料的地方等。

（3）提示法。提示法即教师或幼儿及时提醒幼儿遵守规则的方法。幼儿因为活动注意力集中，往往会遗忘规则，不能自控。这就需要教师及时提醒，或者其他幼儿及时提示帮助。

（二）区域活动的指导与实施

区域活动是幼儿的自主性活动，教师在区域活动中的作用与其他教育活动中的作用有所不同。当幼儿自主开展活动时，教师的适时指导也是至关重要的，有助于幼儿自主活动的顺利开展。

1. 教师在区域活动中的角色地位

区域活动既不是休闲式娱乐，也不是功课式学习，它是幼儿自主性的作业活动、探索活动或游戏活动。因此，幼儿在区域活动中是真正的主人，教师在区域活动中的角色地位发生了一些变化，从教育活动的指挥者、调控者变成幼儿活动的观察者、支持者、合作者和引导者。

1) 教师是区域环境的创设者和活动材料的提供者

让环境和材料说话是幼儿园区域活动的最大特点。在幼儿园区域活动中，教师要始终关注区域活动中幼儿对活动材料的选用以及与环境的互动，这反映了区域活动是否能够满足幼儿的兴趣需要和活动要求。教师需要不断地增减区域里的材料，让幼儿保持对区域的新鲜感，持续地推动幼儿的区域活动的深入发展。

教师是区域环境的创设者。教师和幼儿一起创设区域，教师规划区域，选择材料，装饰区域，和幼儿一起布置区域。幼儿和教师一起布置，可以让幼儿对区域环境有所熟悉，能够激发其区域活动兴趣。

教师是区域活动材料的提供者。教师要密切关注区域中材料的使用，了解区域材料哪些常用，哪些用得较少，哪些不常用。在此基础上，教师不断增减材料，用新材料增加区域活动的吸引力，保持区域环境的丰富性和变化性，增强幼儿区域活动的创造性。尤其需要避免的是，教师将区域布置好后一成不变，甚至一学期都保持一个样子，因为这样的区域很难激发幼儿的区域活动的自主性。

2) 教师是幼儿区域活动的合作者

在幼儿园区域创设中，教师应该和幼儿一起来创设和布置区域，合作完成区域环境的创设和材料的摆放，这也有利于幼儿养成收拾整理玩具材料的好习惯。在材料的投放上，教师对投放的每一件材料都要亲身去玩、去摆弄，这样才能体验材料的玩法和难易程度。同时，在幼儿开展区域活动过程中，教师也要常常与幼儿一起活动，引导幼儿的活动开展和发展，与幼儿交流活动的感受与心得，鼓励幼儿克服困难，获得成功。教师与幼儿合作活动，应更多地以支持者、引导者的角色出现。当幼儿遇到问题时，教师可以参与其中，共同活动，但要以一个"未知者"的身份参与，要和幼儿一起思考，可以做恰当的提醒，引导幼儿自己解决问题。教师切忌包办、代替幼儿解决问题，这样会阻碍幼儿的探索活动，妨碍幼儿问题解决能力的提高，也会使幼儿养成不爱思考、依赖别人的惰性和习惯。

当幼儿在区域活动中兴趣减弱或转移时，教师可以以玩伴的身份参与活动，观察幼儿的活动行为，了解清楚情况，采取针对性的措施，不断激发幼儿的活动兴趣。

3）教师是幼儿区域活动的观察者和记录者

幼儿的区域活动是幼儿的自主活动，教师在幼儿活动时，要对其进行观察指导。教师要以关怀、接纳、尊重的态度仔细观察幼儿的行为，耐心倾听，努力理解幼儿的想法和感受，验证自己对幼儿的解读，分析幼儿的活动行为，反思自己的教育行为。

教师在幼儿活动过程中，要积极关注所有幼儿的区域活动，同时对幼儿的活动行为做适当的记录。记录是一种良好的过程手段，是教师分析幼儿行为、反思自己的重要手段，也是记录与保存幼儿学习状态的主要材料，还是评价幼儿学习和发展的重要信息资料。因此，区域活动中，教师要以多种手段来记录幼儿的活动过程和活动成果，记录同时也是分享幼儿成果的一种重要方式。

教师对区域活动的观察，有全面观察，也有重点观察；有旁观式观察，也有参与式观察。教师的观察不在于全面系统，而在于关注活动中幼儿的活动兴趣、认知水平、个性表现和他们的规则意识如何。例如，教师以旁观者的身份去观察幼儿的活动时，既可以当听众，倾听幼儿之间的交流、感受；也可以当观众，察看幼儿的行为表现。教师在倾听与观察中，了解幼儿，分析幼儿行为，既能锻炼教育直觉，又可反思教育行为。

4）教师是幼儿活动的支持者和协调者

在区域活动中，幼儿的活动难免会出现问题，其愿望难以自我实现，这时候就需要教师出现在幼儿身边，支持幼儿的活动，鼓励幼儿大胆尝试，启发幼儿学会学习。当幼儿在区域活动中出现人际矛盾时，教师应该利用自己的影响力进行协调，与幼儿平等对话与协商，帮助幼儿解决矛盾，促进幼儿和谐共处。

5）教师是幼儿区域活动成果的分享者

区域活动是幼儿的自主自由活动，他们往往沉浸在活动之中，乐此不疲，他们不断地探索和学习，获取成功，体验着成功的喜悦。正如陈鹤琴先生所说：幼儿有七好，其中就有一好是"好成功"。成功对于幼儿而言，不仅仅是喜悦，更是代表着他们的成长。所以，幼儿做好了一件事，往往就会邀请他人一起分享他的成功。当幼儿通过努力感到自己获得成功、有所收获时，教师应该为他祝贺，欣赏他的作品，宣传他的成果，一起分享他成功的喜悦。这既是对幼儿活动的承认，也是对幼儿活动的激励，还能够激发幼儿活动的兴趣和动力。

2. 教师指导幼儿区域活动的策略

区域活动是幼儿的自主性活动，但并不是说教师在幼儿区域活动中无所事事。实则相反，教师在幼儿区域活动中，需要密切关注幼儿活动，适时介入，指导幼儿活动的顺利开展。

1）帮助幼儿熟悉活动区域

在活动区域创设的初期，幼儿对区域活动尚无经验，区域内丰富的材料吸引着幼儿的关注，但同时幼儿又不清楚活动的内容和方法，就会出现打闹、争吵、争抢的状态。在此教师要向幼儿介绍区域的内容、材料和使用方法，使幼儿积极有序地进入区域开展活动。

案例

失控的区域

某教师利用暑期对班级环境重新布置，并划分许多区域供幼儿活动。新学期第一天，区域内的环境和材料吸引了幼儿，教师看到幼儿对区域活动充满兴趣，于是决定开放所有的区域和材料，让幼儿尽兴地玩。但现场秩序顿时混乱："这是我的""你玩那个"……原有的安静被争吵声、玩具摔打声、哭声所掩盖，教师不知所措。

为避免上述案例中的现象发生，保证活动的有效和有序，教师应逐步开放区域，介绍一个区，开放一个区；除此之外，对于幼儿熟悉的区域，当投入新材料、新工具时，也要遵循此方法进行。

教师要通过正式或暗示的方式，帮助幼儿熟悉区域及活动，引导幼儿熟悉区域的环境、区域容纳的人数、区域的材料及玩具、区域活动的规则等，帮助幼儿顺利开展区域活动。

2）观察分析幼儿的区域活动

教师观察幼儿的区域活动，一方面能获得各个活动区域的现状和信息，另一方面通过观察能更好地了解幼儿，为有效地指导幼儿奠定基础。

知 识 链 接

教师观察区域活动，应该观察什么？

1. 了解活动区域本身的状况

（1）各个区域的使用频率。观察幼儿是否经常进入某区域，进入后是否能持续活动一段时间，以了解当前区域设置是否符合幼儿的兴趣和需要，并及时调整。

（2）活动材料的数量和难易程度。材料太易或太难都不能吸引幼儿的兴趣，教师应以此来考虑材料的投放或变换问题。

（3）幼儿间的冲突是否受环境的影响。如区域过于窄小，而允许进入区域的人数过多；某种材料过少，而需要者太多……诸如此类的问题就需要通过对区域环境的改造来解决。

（4）事故与环境的关系。虽然在布置环境时，教师已充分考虑安全问题，但凡事不可能万无一失，一旦发现事故，应立即处理，属幼儿方面的，则应加强教育。

2. 了解幼儿的活动状况，重点观察以下方面

（1）幼儿的兴趣。察看他们经常选择哪些区域和活动材料，经常从事什么活动。

（2）幼儿活动参与程度。观察幼儿对区域的选择以及进入区域活动的表现。

（3）幼儿的社交水平。幼儿在区域里经常是一个人玩，还是与人合作？他怎么表达自己的请求和愿望？会不会与同伴轮流、分享？不同的表现反映出幼儿不同的社会性水平、交往能力、性格特征。

（4）幼儿的认知发展水平。观察幼儿的学习、操作和交流活动，据此判断幼儿的认知发展水平。

（5）幼儿遵守规则情况。目的在于了解幼儿的规则意识、任务意识和自我控制能力。

3）指导幼儿的区域活动

区域活动尽管是幼儿感兴趣的活动，但幼儿活动的开展需要教师的引导，特别是幼儿在活动中遇到困难和问题时，教师恰当而有效的介入能够激发幼儿的活动兴趣，深化幼儿的活动，解决问题，促进幼儿的发展。

（1）激发幼儿对区域活动的兴趣。布置好区域，投放好材料，创设好区域环境，才能引起幼儿的兴趣。但幼儿的兴趣和需要是不同的，有的幼儿对某些区域活动不感兴趣时，教师就要介入幼儿活动，引导幼儿参与多种区域活动，以促进幼儿多方面的发展。

案例

美工区里的故事

这段时间几个男孩对"枪"特别感兴趣，只要有空，就立即跑进操作区用积塑拼插各种"枪"，对其他区域的材料，尤其是对美工区用来折叠的纸张理也不理。而王老师投放这些纸张，是希望孩子们在折纸的过程中潜移默化地获得有关几何图形的变化、组合等分等数学方面的直接经验，这是积塑拼插所不能代替的。怎么办呢？王老师冥思苦想，想到了一条妙计。下班后，她精心用纸折了一把手枪。

第二天，当那几个男孩兴致勃勃地用积塑材料做"枪"的时候，王老师走到操作区，观察孩子们的活动。不一会儿，王老师突然一下亮出了自己的"秘密武器"。孩子们一下子就被这只漂亮的纸枪吸引过来。"啊！这么棒的枪，王老师，让我玩一会儿。""不行，我只有一把枪，你们那么多人，不够分，再说我自己也要玩呀！"怎么办？几个孩子说："老师，你教我们做好不好？""好啊，想学吗？可是有点难啊！""想！难点也没关系。"……于是，孩子们跟着王老师一起来到了曾经冷冷清清的美工区，全神贯注地投入了折纸活动中。

上述案例中的几个男孩对美工区不感兴趣，而总在操作区活动。教师通过仔细观察幼儿的区域活动，利用幼儿感兴趣的事物（"枪"），将幼儿引导到美工区，让他们在美工区开展活动，制作他们感兴趣的"枪"。这有助于促进幼儿对手工活动的兴趣和多方面的发展。

（2）介入指导幼儿活动。介入指导幼儿区域活动，是指教师介入幼儿的区域活动，运用语言或动作指导幼儿的活动，引导幼儿思考与改变，帮助幼儿解决活动问题，这种方式也叫"介入式指导"。

当教师观察到幼儿游戏的品质不高，游戏出现了难以为继的情况时，要果断介入，指导幼儿的活动，帮助幼儿掌握游戏方法，提高游戏活动的成功率，推动幼儿游戏活动的持续发展。在介入指导中，教师要以旁观者身份，协助支持幼儿的游戏，为幼儿的游戏活动创造宽松的氛围，推动幼儿之间的互动合作，启发幼儿的创造性行为。

（3）平行指导幼儿活动。平行指导是指教师不介入幼儿活动，在幼儿活动之外，利用语言和行为指导幼儿区域活动的方式。它是一种外在干预的指导方式。当幼儿的区域活动出现问题和难以为继时，教师利用自身的角色，在区域活动现场以间接的指导方式来影响幼儿的活动，促进幼儿活动的发展。

> **案例**
>
> ### 积木区活动的示范指导
>
> 小班幼儿小明在积木区运用大小不同的积木搭建小木塔，可他搭了一会儿，木塔就垮塌了。他接着又尝试搭建一座新木塔，可又倒了。小明生气了，嘴里叽里咕噜个不停，眼泪都快流下来了。华老师在旁看着，明白小明搭塔失败的原因，是因为他将一些小积木放在了下面，大积木搭在了上面，头重脚轻，塔就塌了。华老师没直接说，而是坐到小明身边，也搭起一座小塔来。华老师边搭边自言自语："小塔、小塔，搭起来；大积木，下面摆，小积木，上面垒；一摞一摞搭起来。"小明看着老师搭起来一座高塔，拍手叫好。随后学着华老师的方法，小明也搭起来。结果他搭起了一座高高的木塔，小明高兴极了。华老师和他一起拍手叫好。

上述案例中，华老师看见小明搭积木有问题，她并没有直接去干预，用语言指导小明，而是通过自己身体力行的示范作用，成功搭建木塔，让小明自己观察并理解，帮助小明解决了问题。通过示范行为，小明学会了搭建的方式方法，也成功地搭建起了高高的木塔。这种指导方式也被称为"平行式指导"。

（4）参与式指导幼儿活动。区域活动多是一些合作性活动，教师在指导幼儿的区域活动时，可以以参与者的身份与幼儿一起活动，配合幼儿的自主活动，逐步引导并促进幼儿活动。这种参与式指导方式既尊重幼儿自主活动的主控性，也相信幼儿自身的活动价值和活动能力。在高品质的团体活动中，这种指导尤为重要，在适当的时机参与幼儿的活动，能够促进幼儿活动的持续性，对幼儿活动的品质提升也具有重要的影响。

（三）区域活动的观察与评价

1. 在区域活动中，教师的观察

在区域活动中，教师既不能高高在上进行灌输，也不能自由自在放手不管，要允许幼儿出错，不要急于求成。教师应成为站在幼儿背后的慈爱、沉默的指导者，真正从观察中获取准确的信息，要观察幼儿兴趣点，以及游戏中一些有必要介入的情况，要观察幼儿语言、行为交往方式以及发现问题、解决问题的过程，以便为指导幼儿做好充分准备。

教师应该观察什么，可以采用哪些指导策略，是教师在活动前要有所考虑的。观察内容：一是观察活动环境能否激发幼儿兴趣，材料投放是否适宜不同发展水平的幼儿，材料数量是否充足，等等。二是重点观察幼儿的学习、探索情况，如当前幼儿的兴趣、需要是什么，分析幼儿为什么这样做，了解幼儿在活动过程中有什么困难，把握每个幼儿的认知水平、情感态度特点和个性差异等。

2. 区域活动结束后，教师的评价

当幼儿在区域活动中进行了探索后，教师应适时组织幼儿交流体验与收获，分享快乐和成功；要总结评价幼儿活动，引发幼儿感受、提升幼儿的经验。

1）教师的评价可以是鼓励性的

如："你的珠子串得真长"，鼓励幼儿专心练习，有始有终地完成一件任务；"你配瓶盖使用的时间最少"，表扬幼儿学习的速度快、动作灵活等。

2）教师的评价可以是激发兴趣的

对那些具有发展价值而一时尚未引起幼儿兴趣的受冷落的区域，教师可以通过启发，激起幼儿参与活动的兴趣；对那些兴趣有偏向的幼儿进行引导，使幼儿的兴趣指向更广泛些。

3）教师的评价可以是讨论性的

可以围绕幼儿共同感兴趣的一个问题进行集体讨论，如："有什么办法能很快地搭配瓶盖呢?"这样有意义的讨论可以使幼儿的思维火花在碰撞中得到升华，操作经验得以提升。

这三种评价方式更多的时候是结合起来使用的，在讨论中渗透鼓励，在鼓励中激发兴趣，使每一次区域活动在幼儿充分体验成功的快乐、探索的兴趣和自信的感受中结束，并激发幼儿下一次继续活动的愿望。

扫一扫：大班生活区域教案《我们的劳动计划》

任务三　管理幼儿园户外活动

◇ 情境导入

下午三点，小朋友欢呼雀跃来到操场进行户外活动。年轻的老师正在组织幼儿玩平衡木和攀爬架。平衡木和攀爬架并列摆放，位置比较靠近。老师没有注意到这点，当乐乐从攀爬架上下来时，一个趔趄摔到了平衡木上，马上，他口里鲜血直流。老师慌了，抱起孩子往医务室跑。保健医生赶紧让孩子漱口，发现孩子的乳牙磕掉了，牙龈破了，然后马上跟班级老师带乐乐上医院。家长也赶来了，孩子要马上缝针，看到孩子痛苦的样子，家长和老师的眼泪止不住地往下流。

思考：户外活动中幼儿运动量大，运动速度快，是安全事故高发的环节，事故可能会因为器械、器材引起，也可能会因为活动组织不妥引起，还有可能与幼儿的着装有关。如何加强对户外活动的管理，提高幼儿的安全意识，保障幼儿的人身安全呢？

一　幼儿园户外活动概述

（一）幼儿园户外活动的定义

幼儿园户外活动是指在幼儿园教育环境下，专门为幼儿设计和组织的，在幼儿园户外空间或户外环境中进行的，旨在促进幼儿身心健康发展、增强体质、培养社交能力、激发探索欲望及提升环境适应能力的各类活动和游戏。

（二）幼儿园户外活动的分类

幼儿园户外活动管理可以根据活动性质、组织形式和活动区域进行分类，这有助于更好地组织、规划和实施活动，以下是一些主要的分类方式。

1. 按活动性质分类

1）体能活动

基础体能训练，如跑步、跳绳、攀爬等，旨在提升幼儿的肌肉力量、平衡能力和身体协调性。

竞技类活动，如足球比赛、趣味运动会等，通过团队对抗培养竞争意识和抗挫折能力。

2）游戏活动

规则性游戏，如玩滑梯、老鹰捉小鸡等，促进幼儿社交互动和团队协作能力。

创造性游戏，如角色扮演、建构游戏等，激发想象力和语言表达能力。

3）探索活动

自然探索，如观察昆虫、收集落叶等，帮助幼儿了解自然现象，培养科学探究意识。

社会探索，如参观社区、了解社会角色等，帮助幼儿了解社会生活，培养社会交往能力。

4）艺术活动

绘画、手工等美术活动，在户外环境中开展，将自然元素融入创作过程，提升幼儿的创造力和审美感知。

即兴舞蹈或音乐互动，利用户外空间进行音乐表达，培养幼儿的音乐感知能力和表现力。

5）教育活动

安全演练、科普讲解等实践性内容，将生活常识转化为可操作经验，提升幼儿的自我保护能力和实践应用能力。

农事活动，如种植蔬菜、浇水施肥等，帮助幼儿建立生命教育认知和环保意识。

2. 按组织形式分类

集体活动：由教师组织全班幼儿共同参与的活动，如集体操、接力跑等，培养幼儿的合作意识和团队精神。

小组活动：将幼儿分成小组进行的活动，如小组建构游戏、小组探索任务等，促进幼儿之间的交流与合作。

自由活动：幼儿自由选择活动内容和形式，如自由玩耍、自由探索等，发挥幼儿的主动性和创造性。

3. 按活动区域分类

运动区，配备各种运动器材和设施的区域，如攀爬架、滑梯、秋千等，供幼儿进行体能训练。

玩沙玩水区，提供沙子和水的区域，供幼儿进行沙水游戏，培养感知能力和创造力。

自然观察区，设有自然观察角或自然探索路径的区域，供幼儿观察自然现象和动植物生长。

艺术创作区，提供绘画工具、手工材料等供幼儿进行户外艺术创作的区域。

扫一扫：大班建构区教案《最美武汉我的城》

扫一扫：大班建构区视频《最美武汉我的城》

（三）幼儿园户外活动的价值

幼儿园户外活动的价值体现在多个维度，对幼儿的全面发展具有不可替代的作用。

1. 有助于身体发展

增强了大肌肉群锻炼，攀爬滑梯、追逐奔跑等动态活动能增强肌肉力量与协调性，促进平衡感发展，为运动能力的提升与健康的体魄打下基础。

2. 有助于适应自然环境

户外活动时能增进多重感官的刺激，如草地触感、阳光照射、空气流动等刺激，能提升感官灵敏度，增强免疫系统功能，帮助幼儿更好地适应自然环境。

3. 有助于情绪管理与心理健康

自然环境中的开放空间能降低焦虑水平。在户外特别是大自然中，有助于幼儿的压力释放与情绪调节。

4. 有助于创造力与想象力激发

树叶、树枝、泥土等自然材料成为象征性游戏工具，如用落叶拼贴、用泥土雕塑。此类自由探索行为能促进大脑前额叶的发展，推动发散性思维和想象力的发展。

5．有助于社会性发展

沙池合作、角色扮演等活动中，幼儿需协商分配角色、解决冲突。研究显示，经常进行户外游戏的幼儿在同伴互动中表现出更强的同理心。在户外活动中，幼儿的合作与规则意识增强，有助于幼儿社交技能的养成。

6．有助于认知发展

在户外，通过观察蚂蚁搬家、植物四季变化，幼儿的系统观察与逻辑推理能力得到提升，知识建构能力在此过程中也自然提升。

议一议

在户外进行的体育游戏、体能训练与幼儿园户外活动的关系如何？

二　幼儿园户外活动管理的具体内容

（一）安全管理

1．场地与设施安全

确保活动场地平整、无障碍物，避免幼儿摔倒或碰撞。例如，滑梯应有护栏，秋千应有可靠的固定装置。定期检查和维护活动器材，确保其完好无损。例如，攀爬架的螺丝是否松动，秋千的链条是否磨损。

2．着装安全

幼儿户外活动时应穿着宽松、舒适、透气、吸汗的棉质运动装。服装样式应简洁、合体，无多余饰物，无绳、链、金属物等，以防幼儿在活动中被绊倒或受伤。鞋应轻便跟脚，以无鞋带的平底运动鞋为宜，以减少摔倒和崴脚的风险。

3．活动规则与安全教育

在活动前，教师应向幼儿交代活动规则及安全要求，提醒他们用正确的方法有秩序地进行游戏。教会幼儿正确的玩法，如荡秋千时，双手应抓牢链条或绳子，坐稳不站立，不多人一起荡秋千。对于大型玩具，应在危险处设置明显的安全警示语，提醒幼儿注意安全。

知 识 链 接

安全管理

玩滑梯的安全管理：在滑梯活动中，教师应提醒幼儿按规则、有秩序地上下滑梯，并指导幼儿滑滑梯时要坐稳扶好，双腿并拢，自然滑下不停留。同时，教师应在滑梯旁进行监督和保护，确保幼儿的安全。

大型玩具的安全管理：在组织幼儿玩大型玩具时，教师应仔细检查玩具是否存在安全隐患，如螺丝松动、链条磨损等。同时，教师应清点幼儿人数，检查幼儿着装和是否携带危险物品，并交代活动规则及安全要求。在活动中，教师应做好分工，各负其责，照顾好幼儿，严禁教师单独组织活动。

郊游活动的安全管理：在郊游活动中，教师应根据季节性、郊游的时间和地点，选择适宜的服饰及装备。同时，提出本次活动的要求及安全注意事项，准备好充足的食品和饮用水，并携带必要的急救药品。在活动中，教师应注意观察幼儿的身体状况，发现问题及时处理。幼儿如厕时，应有成人陪护。

（二）时间管理

根据幼儿的年龄和体能状况，合理安排户外活动时间，避免幼儿过度疲劳；优先选择天气晴朗的日子进行户外活动，避免在极端天气条件下进行活动；根据天气变化或幼儿的身体状况，灵活调整活动计划，确保活动的顺利进行。例如，若天气预报显示有雨，可以提前将户外活动改为室内活动，或调整活动时间。

（三）人员管理

1. 教师指导与监督

在活动中，教师应全程陪同幼儿，细致观察和耐心照顾，确保他们的安全。教师要引导幼儿正确使用玩具和设施，避免幼儿因错误操作而发生意外。对于个别体弱或能力差的幼儿，教师应给予特别的关注和照顾。

2. 家长参与配合

对于大型户外活动或园外活动，应提前告知家长活动的时间、地点、目的和注意事项，取得家长的支持与配合。例如，在组织郊游活动时，可以邀请家长一同参与，共同关注幼儿的安全。

综上所述，幼儿园户外活动管理的注意事项包括安全管理、时间管理、人员管理等多个方面。科学合理的管理和安排，可以确保幼儿在户外活动中获得愉快、安全的体验。

任务四　管理幼儿园节日活动

◇ 情境导入

为了迎接即将到来的春节，幼儿园各个班级提前一个月开始紧锣密鼓的节目排练，终于到了邀请家长们来幼儿园参加活动的这一天，活动室被布置成舞台模样，墙上贴满"欢度春节"标语，老师拿着节目单指挥幼儿列队。

老师戴着"小蜜蜂"喊："所有小朋友记住！一会儿家长来了，小红组先跳《恭喜发财》舞蹈，必须保持笑脸，手举到耳朵高度！小蓝组朗诵《新春贺词》，谁背错词就扣小红花！"（举起塑料金元宝道具）"拿道具的注意，掉地上一次罚站五分钟！"

甜甜求助（揉眼睛）："老师，头饰夹得头疼。"

老师说："表演完才能摘！你看看小美做得多标准！"同时摆正甜甜沉重的头饰……

思考：将节日活动等同于汇报演出、将孩子视为表演工具、将文化传承简化为动作模仿等一系列错误理解节日活动的做法与价值行为，将原本属于节日活动特有的情绪价值、文化体验与教育契机都扭曲了。作为幼儿园教师，你会在节日庆典活动中要求孩子们动作整齐划一地表演节目吗？你会刻意教孩子们跳热门舞蹈吗？你会怎么设计与实施节日活动呢？

一 幼儿园节日活动概述

近年来，随着生活水平的提高和全民教育理念的提升，幼儿园节日活动越来越受重视，比如中秋节做月饼、端午节包粽子等，这些活动通常包括手工、表演、团队合作，能促进孩子的动手能力、社交能力和创造力，既有趣又有教育意义。此外，节日活动往往会邀请家长参与，促进家园共育，加强家长与孩子、幼儿园之间的联系与沟通。

（一）幼儿园节日活动的定义

幼儿园节日活动，从广义上来说，指的是在幼儿园内围绕各种节日（如传统节日、国际节日、文化节日或园本特色节日等）所开展的一系列庆祝、教育与实践活动。这些活动不仅旨在让孩子们了解和体验节日的文化内涵与习俗，还通过参与和互动，促进孩子们的社会性发展、认知能力的提升以及情感与个性的培养。

具体来说，幼儿园节日活动通常包含以下几个方面的要素。

1. 主题明确

每个节日活动都会围绕一个特定的节日主题展开，如春节、中秋节、国庆节等，确保活动的针对性和教育意义。

2. 内容丰富

活动形式多样，包括故事讲述、手工制作、角色扮演、歌舞表演、游戏互动等，旨在让孩子们在参与中感受节日氛围，学习相关知识。

3. 教育性强

节日活动不仅是简单的庆祝，更重要的是通过活动传递节日背后的文化意义、价值观念和社会规范，如感恩、分享、团结等，促进孩子的品德教育。

4．家园共育

鼓励所有孩子积极参与，通过团队合作或个人展示，提升自信心和社交能力，同时增强班级凝聚力。许多节日活动还会邀请家长参与，共同营造节日氛围，加强家园之间的联系与合作，共同促进孩子的全面发展。

（二）幼儿园节日活动的分类

幼儿园节日活动可以根据不同的标准和维度进行分类，以下是一些常见的分类方式。

1．按节日类型分类

1）传统节日活动

包括春节、元宵节、清明节、端午节、中秋节、重阳节等中国传统节日的庆祝活动。这些活动通常围绕节日习俗、传统文化和民间故事展开，如制作灯笼、包粽子、赏月、登高望远等。

2）国际节日活动

包括圣诞节、万圣节、复活节等国际节日的庆祝活动。这些活动能让孩子们了解不同国家的文化习俗，培养国际视野和跨文化交流能力。

3）现代节日活动

包括"三八"妇女节、劳动节、"六一"儿童节、国庆节等现代节日的庆祝活动。这些活动通常与现代社会生活紧密相关，旨在培养孩子们的感恩意识、劳动观念和爱国情怀。

4）自创节日活动

包括幼儿园根据自身特色或教育理念自创的节日活动，如阅读节、科技节、艺术节等。这些活动旨在激发孩子们的兴趣爱好，培养综合素质和创新能力。

2．按活动形式分类

1）文艺表演类活动

如舞蹈、唱歌、戏剧表演等，通过艺术的形式展现节日氛围和文化内涵。

2）手工制作类活动

如制作灯笼、贺卡、手工艺品等，通过动手实践让孩子们感受节日的喜悦和传统文化的魅力。

3）亲子互动类活动

如亲子游戏、亲子运动会、亲子手工制作等，通过家长的参与增进亲子关系，共同体验节日的快乐。

4）社会实践类活动

如参观纪念馆、博物馆，参加公益活动等，通过社会实践让孩子们更深入地了解节日背后的历史和文化背景。

3．按参与对象分类

1）全园性活动

如全园运动会、文艺汇演等，是面向全体幼儿和教师的大型活动。

2）班级性活动

如班级联欢会、手工制作比赛等，是以班级为单位开展的活动。

3）小组性活动

如小组讨论、角色扮演等，是以小组为单位进行的活动，有助于培养孩子们的团队合作和沟通能力。

4. 按教育目标分类

1）认知类活动

如节日知识讲座、文化故事分享等，旨在提升孩子们对节日文化的认知和理解。

2）情感类活动

如感恩教育、亲情体验等，旨在培养孩子们的情感表达能力和感恩意识。

3）技能类活动

如手工制作、绘画、表演等，旨在提升孩子们的动手能力和艺术素养。

4）品德类活动

如志愿服务、公益捐赠等，旨在培养孩子们的品德修养和社会责任感。

综上所述，幼儿园节日活动的分类方式多种多样，可以根据不同的需求和目标进行灵活选择和组织。这些活动不仅有助于孩子们了解和学习各种节日文化，还能促进他们的全面发展。

（三）幼儿园节日活动的价值

1. 文化传承与教育

节日活动通常与特定的文化传统和历史背景紧密相连，通过参与活动，孩子们可以了解和学习各种节日的起源、习俗和意义，从而增强对传统文化的认识和尊重。这种文化传承不仅限于本国文化，还包括国际文化，有助于培养孩子们的全球视野和文化包容性。

2. 情感与社交技能培养

节日活动通常涉及团队合作、分享、互助等社交行为，这些活动有助于孩子们学会与他人相处，培养同情心、同理心和责任感。通过参与节日庆祝，孩子们还能感受到归属感和认同感，增强自信心和自尊心。

3. 认知与创造力提升

节日活动往往包含手工制作、艺术创作、表演等多种形式的活动，这些活动能够激发孩子们的想象力和创造力。同时，通过参与活动，孩子们可以学习到新的知识和技能，如时间管理、计划制订等，有助于提升他们的认知能力。

4. 情感表达与情绪管理

节日活动为孩子们提供了一个表达情感和情绪的平台，他们可以通过歌唱、舞蹈、绘画等方式表达自己的喜悦、期待或思念等情感。通过参与活动，孩子们还能学会如何管理和调节自己的情绪，培养积极的情感态度和应对压力的能力。

扫一扫：大班节庆活动教案《浓情三八节，感恩伴成长》

扫一扫：大班节庆活动视频《浓情三八节，感恩伴成长》

5. 家庭与社区联系加强

节日活动通常邀请家长和社区成员参与，这不仅有助于加强家庭与幼儿园之间的联系，还能促进社区文化的建设和传播。通过共同参与活动，家长和社区成员可以更好地了解幼儿园的教育理念和教育方式，从而更加支持幼儿园的工作。

6. 身体与心理健康发展

节日活动往往包含户外游戏、体育锻炼等活动，这些活动有助于孩子们锻炼身体，提高身体素质。同时，通过参与活动，孩子们还能感受到快乐和满足，有助于缓解压力，促进心理健康。

综上所述，幼儿园节日活动在文化传承与教育、情感与社交技能培养、认知与创造力提升、情感表达与情绪管理、家庭与社区联系加强、身体与心理健康发展等方面都具有重要的价值。这些活动不仅有助于孩子们的全面发展，还能为他们未来的成长奠定坚实的基础。

二 幼儿园节日活动管理内容

幼儿园节日活动管理是一个涉及多个方面的复杂过程，主要包括活动前的准备、活动期间的组织与管理以及活动后的总结与反馈。

（一）活动前的准备

1. 制订活动方案

首先，根据节日的特点和幼儿园的教育目标，确定具有教育意义和趣味性的活动主题；其次，明确活动的时间、地点、参与人员、活动流程等（包括开场白、活动内容、互动环节、结束语等），确保活动的顺利进行；再次，结合幼儿的年龄特点和兴趣，设计丰富多彩的活动内容，如手工制作、文艺表演、亲子游戏等；最后，要制订应急预案，以应对可能出现的突发情况。

2. 进行安全检查

对活动场所进行彻底的安全检查，确保没有安全隐患。检查活动所需的设施设备是否完好可用，确保活动期间的消防安全、用电安全等。

3. 人员分工与培训

明确各岗位人员的职责，确保分工明确、责任到人。对参与活动组织的人员进行培训，提高他们的安全意识和应急处理能力。

4. 家长沟通与参与

提前与家长沟通活动的目的、流程和安全措施，争取家长的理解和支持。鼓励家长积极参与活动，共同为孩子们营造一个安全、愉快的氛围。

（二）活动期间的组织与管理

1. 现场秩序维护

安排专人负责现场秩序维护，确保活动有序进行。提醒幼儿遵守活动规则，注意个人安全。

2. 安全监督与防范

密切关注幼儿的活动情况，及时发现并消除安全隐患。对可能出现的安全风险进行预判和防范，如防止幼儿走失、摔伤等。

3. 应急处理与救援

一旦发生突发情况，立即启动应急预案，进行紧急处理。及时疏散幼儿，确保他们的生命安全。

4. 活动记录与评估

对活动过程进行记录，包括幼儿的参与情况、活动效果等。活动结束后，及时总结经验和反思不足之处，为今后的活动提供参考。

（三）活动后的总结与反馈

1. 收集家长与幼儿的反馈

通过问卷、访谈等方式收集家长和幼儿对活动的反馈意见。认真分析反馈意见，找出活动中的优点和不足。

2. 撰写活动总结报告

根据活动记录和家长、幼儿的反馈意见，撰写详细的活动总结报告。总结报告应包括活动目的、流程、效果、问题及改进措施等方面。

3. 制定改进措施

针对活动中出现的问题和不足，制定具体的改进措施。将改进措施落实到今后的活动中，不断提高活动质量和安全管理水平。

任务五 综合实训

实训一 设计与实施幼儿园集体教学活动

一 实训目标

（1）掌握幼儿园集体教学活动设计的基本流程与方法。

（2）提升师幼互动的质量与活动组织的实施能力。

（3）提高团队协作与反思改进能力。

（4）能根据幼儿年龄特点与发展需求进行活动设计。

二　实训准备

（一）经验准备

学习幼儿园集体教学活动的设计原则、流程及评价标准；熟悉幼儿各年龄段的认知特点与学习方式。

（二）材料准备

教案模板，教具（绘本、手工材料、音乐道具等），多媒体设备；活动评价表（含目标达成度、师幼互动、幼儿参与度等指标）。

（三）环境准备

模拟幼儿园教室环境（区域布置、座位排列）。

三　实训内容及过程

（一）任务布置与选题

确定活动领域与活动名称，选定幼儿年龄段，设计目标。

（二）撰写教案，准备教具与多媒体资源

明确活动目标（知识、能力、情感三个维度），设计活动流程，选择教学方法（游戏法、示范法、提问法等）。

（三）模拟实施与互评

（1）试讲演练：小组轮流模拟教学，其他成员扮演幼儿与观察员。
（2）同伴互评：依据活动评价表反馈活动亮点与不足。

（四）反思、优化与总结

（1）根据试讲反馈调整教案，撰写活动反思。
（2）教师总结点评，强调"以幼儿为中心"的设计理念与实施细节。

四　注意事项

（1）指导教师需把控方向，但避免过度干预成员的自主设计过程。

（2）鼓励结合信息技术，但不能过度使用。

（3）组内分工明确，确保每位成员参与设计与实施环节。

实训二　设计与实施幼儿园主题活动下的教育活动

一　实训目标

（1）掌握幼儿园教育活动设计的基本流程与方法。

（2）理解主题活动下多种活动形式的设计方法与理念。

（3）提高团队协作与反思改进能力。

（4）能根据幼儿年龄特点与发展需求进行活动设计。

二　实训准备

（一）经验准备

了解主题活动，知道围绕主题可以设计与实施多种形式的活动。

（二）材料准备

主题介绍材料，教具（绘本、手工材料、音乐道具等），多媒体设备；活动评价表（含目标达成度、师幼互动、幼儿参与度等指标）。

（三）环境准备

模拟幼儿园教室环境（区域布置、座位排列）。

三　实训内容及过程

（一）任务布置与选题

根据给定主题素材包，确定活动年龄段，进而选择一种活动形式进行初步设计。

(二)撰写教案，准备教具与多媒体资源

明确活动目标（知识、能力、情感三个维度），设计活动流程，选择教学方法（游戏法、示范法、提问法等）。

(三)模拟实施与互评

(1) 试讲演练：小组轮流模拟教学，其他成员扮演幼儿与观察员。

(2) 同伴互评：依据活动评价表反馈活动亮点与不足。

(四)反思、优化与总结

(1) 根据试讲反馈调整教案，撰写活动反思。

(2) 教师总结点评，强调"以幼儿为中心"的设计理念与实施细节。

拓展阅读

区域活动的一般指导策略

区域活动的指导大致包括两方面内容：一是对无规则类区域活动的指导；二是对有规则类区域活动的指导。

1. 对无规则类区域活动的指导

以角色扮演和表演类活动为例。角色扮演区和表演区属于创造性活动，具有开放性。对于角色扮演的正确指导，主要在于帮助幼儿按自己的愿望和想象自由地开展游戏，充分发挥幼儿的积极性、主动性、创造性，使幼儿能够极有兴趣地毫不勉强地努力在游戏中进行学习、发展情感与培养能力。

不同年龄段，幼儿的发展水平也不相同，角色游戏的水平也在不断提高。从无目的到事先计划好，从由教师带着玩到自己提出游戏主题、装扮游戏角色再进一步发展到带领别人玩，从单独游戏、平行游戏再到联合、合作游戏。教师应充分了解幼儿的发展水平，在指导幼儿游戏的时候才能有针对性，贴近幼儿的实际情况，才可能使幼儿的积极性、主动性、创造性及组织能力等各方面得到提高，才能达到良好的教育效果。

如小班幼儿对角色游戏是很感兴趣的，但他们常常会忘掉自己的角色。所以，对于小班幼儿的角色游戏的指导应着重于增强他们的角色意识。教师可以通过提供角色的标志物，比如妈妈的丝巾，爸爸的手机，医生的白大褂、听诊器等，让幼儿明确自己的角色。也可以通过语言的启发和适当介入来提醒他们。例如，"娃娃家"的"妈妈"跑到别的地方玩去了，这时教师可以对幼儿说："你的宝宝一个人在家哭呢，快回家去看看吧！"启发她回到"妈妈"的角色。

2. 对有规则类区域活动的指导

以玩沙玩水区为例，我们应在幼儿进行活动前明确活动规则，如不能将水洒到衣服上，不能将沙子弄到眼睛或嘴巴里面，等等。

"老师，我们这个区域的人太多了，没法玩儿。""老师，他抢了我的玩具。"……教师经常遇到这些情况，那怎么办呢？如果我们在活动前建立相应的规则，就能减少这些情况的发生。有的教师采取如下措施，效果非常好。每个区域活动设定人数及其相应的规则。就人数来说，可以自由、民主地让幼儿进行选择，在某个固定位置设置一个所有区域的进区卡袋（每个区域相对应设计一个卡袋），并按照各区域可容纳的人数设计进区门卡数量。如建构区最多可同时容纳 6 人，那么在建构区旁设置一个空的卡袋，选择到建构区的幼儿就必须先去取一张允许进入的门卡，并将其放到建构区旁的卡袋中，这样才可以进区域玩耍，最后离开时将门卡放回原来位置。如果建构区已经有 6 人，那么想到建构区玩耍的幼儿就得等到区域内的幼儿出来之后才可以进去，否则就只能选择在其他未满人数的区域玩耍。

考点聚焦

单项选择题

1. 《幼儿园教育指导纲要（试行）》中的教育目标较多使用"体验""感受""喜欢""乐意"等词汇，这表明幼儿园教育强调（　　）。［2015 年下半年幼儿园教师资格证考试真题］

A. 知识取向　　　　　　　　　　B. 情感态度取向

C. 能力取向　　　　　　　　　　D. 技能取向

2. **按照布鲁姆等人教育目标分类的观点，"了解青蛙的生长发育过程"属于（　　）。**［2019 年上半年幼儿园教师资格证考试真题］

A. 情感目标　　　　　　　　　　B. 认知目标

C. 动作技能目标　　　　　　　　D. 行为目标

课后实践

1. **实践一**

思考：如果要组织大班幼儿去参观博物馆，请问应该如何做好各项准备工作？

2. **实践二**

（1）以小组为单位，设计并组织一次以"轮胎乐翻天"为主题的大班户外活动。

（2）设计中班建构区布局方案，需满足：

①动静分离（与阅读区隔离，避免干扰）；

②动线合理（设置材料取放区、作品展示区、操作区）；

③安全规范（承重架承重大于 50 kg、尖锐边角防护）。

项目四　幼儿园班级安全管理

◇ 项目学习目标

[知识目标]

(1) 理解幼儿园班级安全管理的基本概念。

(2) 熟悉安全管理实施的具体内容。

(3) 掌握突发事件的处理原则。

[能力目标]

(1) 能根据幼儿园班级物质环境特点，识别潜在安全隐患并提出整改方案。

(2) 能设计班级日常活动安全规范。

(3) 能制定并落实班级安全管理制度。

(4) 能组织幼儿开展安全教育活动。

(5) 能快速判断突发事件的性质和严重程度，启动应急预案。

(6) 能正确实施基础急救措施，并按规范完成事件记录与上报。

[素质目标]

(1) 形成"预防为主、安全第一"的职业态度，主动关注班级安全细节。

(2) 培养严谨的工作作风，严格遵守安全管理制度，杜绝侥幸心理。

(3) 在安全管理中体现对幼儿身心健康的关怀，注重安全教育的情感引导。

(4) 面对幼儿安全问题保持耐心与细心，尊重幼儿的个体差异和需求。

(5) 在突发事件中保持冷静，积极与园方、家长、医疗人员协作，妥善解决问题。

(6) 通过案例学习和模拟演练，提升应对突发事件的抗压能力和心理韧性。

Note

◇ **项目学习导航**

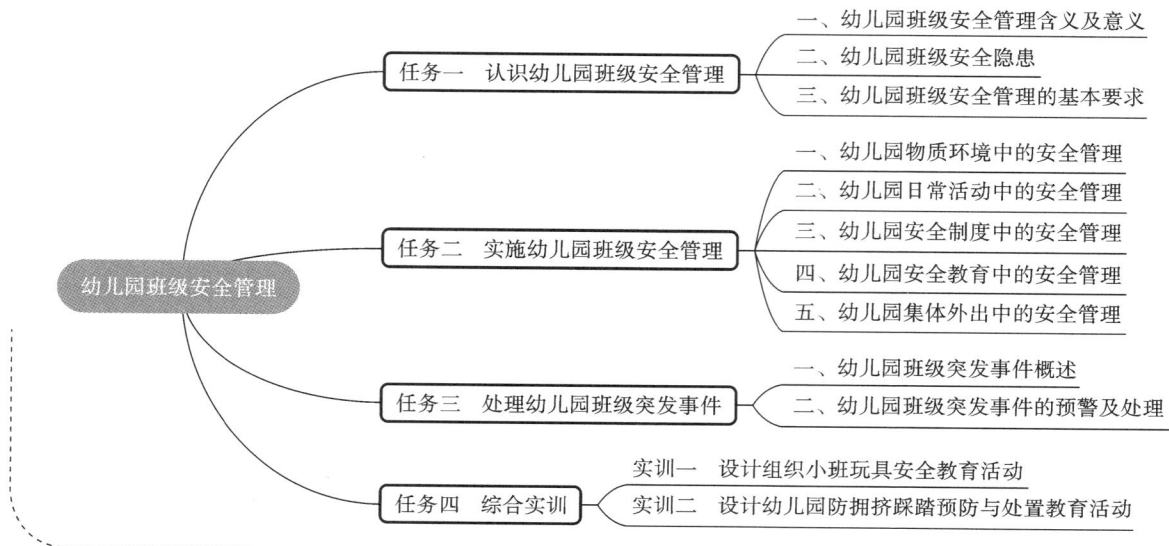

```
                                        ┌─ 一、幼儿园班级安全管理含义及意义
                        ┌─ 任务一  认识幼儿园班级安全管理 ─┼─ 二、幼儿园班级安全隐患
                        │                               └─ 三、幼儿园班级安全管理的基本要求
                        │                               ┌─ 一、幼儿园物质环境中的安全管理
                        │                               ├─ 二、幼儿园日常活动中的安全管理
                        ├─ 任务二  实施幼儿园班级安全管理 ─┼─ 三、幼儿园安全制度中的安全管理
     幼儿园班级安全管理 ─┤                               ├─ 四、幼儿园安全教育中的安全管理
                        │                               └─ 五、幼儿园集体外出中的安全管理
                        │                               ┌─ 一、幼儿园班级突发事件概述
                        ├─ 任务三  处理幼儿园班级突发事件 ─┴─ 二、幼儿园班级突发事件的预警及处理
                        │                               ┌─ 实训一  设计组织小班玩具安全教育活动
                        └─ 任务四  综合实训 ─────────────┴─ 实训二  设计幼儿园防拥挤踩踏预防与处置教育活动
```

任务一　认识幼儿园班级安全管理

◇ **情境导入**

　　某一天快要放学离园时，幼儿还在进行区域自主活动。王老师准备下班后与远道而来的朋友小聚，这时朋友给她打来电话询问路线，因嫌幼儿声音太吵，她随手关上门走到教室外打电话，隔着门玻璃看着幼儿的动态，可是不巧的是一个幼儿在教室奔跑，摔倒了，额头撞到桌子，最终头上缝了五针。

　　思考：这是不是王老师的工作漏洞？你怎么看待？

　　《幼儿园教育指导纲要（试行）》中明确要求："幼儿园必须把保护幼儿的生命和促进幼儿的健康放在工作的首位"。《幼儿园教师专业标准（试行）》中指出：幼儿园教师应"关爱幼儿，重视幼儿身心健康，将保护幼儿生命安全放在首位"。《幼儿园工作规程》中对幼儿园各方面都有安全要求。由此可见，幼儿的安全工作是幼儿园工作的重中之重，保证幼儿在幼儿园期间的生活、学习、游戏等活动的安全，是幼儿园教师的主要职责。

一 幼儿园班级安全管理含义及意义

（一）含义

安全指人没有遭受威胁、危险、危害、损失，人类整体与生存环境和谐相处，互不伤害，不存在危险隐患，是免除了不可接受的损害风险的状态。

幼儿园班级安全管理是指以班级为单位，幼儿园保教人员为避免发生损害、危险等事故而进行的有计划、有组织的协调、控制、指挥等管理活动的过程。

（二）意义

1. 幼儿园班级安全管理关系到幼儿的生命安危

班级安全管理与幼儿的安危紧密相连。幼儿年龄小，自我保护能力弱，对危险的认知和判断不足。比如在户外活动时，若滑梯的扶手松动未被及时发现，幼儿在玩耍过程中就可能因扶手不稳而摔倒受伤，严重的甚至危及生命。又或者班级的插座没有防护措施，幼儿出于好奇用手指去触碰，极易引发触电事故。这些看似平常的场景，一旦安全管理出现漏洞，就可能给幼儿带来不可挽回的伤害。所以，只有做好班级安全管理，从设施设备的检查维护到活动过程的细致监管，才能切实保障幼儿的生命安全，让他们远离危险。

2. 幼儿园班级安全管理关系到幼儿园日常工作的开展

在幼儿园的日常工作中，安全贯穿始终。从幼儿入园的那一刻起，安全检查就是首要任务，如检查幼儿是否携带危险物品。课堂上，教师要时刻留意幼儿的行为，防止因争抢玩具等发生冲突、受伤。课间活动时，场地和器材的安全与否直接影响幼儿能否尽情玩耍。若发生一起安全事故，如幼儿在园内意外摔倒骨折，幼儿园教师不仅要及时处理伤口、通知家长，后续还可能面临调查、与家长沟通协商等一系列事务。这会打乱正常的教学安排，教师的精力也会被分散，其他幼儿的学习和生活也会受到影响。可见，幼儿园安全管理一旦出现问题，日常工作将陷入混乱，只有确保安全管理到位，幼儿园的教学、活动等各项工作才能有条不紊地进行。

在安全的前提下，幼儿园的各项工作才能稳步推进，保教质量才能进一步提升，"幼有所育，幼有优育"才能得以落实。因此，做好幼儿园班级的安全管理工作意义重大。

3. 幼儿园班级安全管理关系到国家法律法规的落实

《幼儿园工作规程》明确指出，幼儿园要把保护幼儿的生命和促进幼儿的健康放在工作的首位。教育行政部门围绕这一要求构建了全面的监管框架，从幼儿园的场地设施建设，到师资配备、日常管理等方面都有严格规定。例如，该规程第十三条规定："幼儿园的园舍应当符合国家和地方的建设标准，以及相关安全、卫生等方面的规范，定期检查维护，保障安全。幼儿园不得设置在污染区和危险区，不得使用危房。"该规程还进一步规定，幼儿园的房屋建筑、设施设备必须符合国家安全标准，教育行政部门会定期检查，确保幼儿园的硬件设施不存在安全隐患。在食品卫生方面，要求幼儿园严格把控食品采购、加工、储存等环节，保障幼儿饮食安全，相关部门会不定期抽查。同时，对幼儿园的安全教育课程设置、安全演练开展等也有明确要求，督促幼儿园切实落实安全管理工作。幼儿园严格执行这些法律法规，既是对幼儿负责，也是依法办园的必然要求，有助于推动学前教育行业的健康、规范发展。

2006 年颁布的《中小学幼儿园安全管理办法》明确规定了学校、幼儿园安全管理工作，要求遵循积极预防、依法管理、社会参与、各负其责的方针，构建学校安全工作保障体系，全面落实安全工作责任制和事故责任追究制，保障学校安全工作规范、有序进行；健全学校安全预警机制，制定突发事件应急预案，完善事故预防措施，及时排除安全隐患。

知 识 链 接

安全管理法律条文

《幼儿园管理条例》（国家教育委员会令第 4 号，1989 年 9 月 11 日发布），明确幼儿园建筑设施安全标准、教职工任职资格、卫生保健制度等基础性规范。

《中小学幼儿园安全管理办法》（教育部令第 23 号，2006 年 9 月 1 日施行），建立校园安全责任制，细化门禁管理、活动安全、隐患排查等多项安全管理措施。

《托儿所幼儿园卫生保健管理办法》（卫生部教育部令第 76 号，2010 年 11 月 1 日实施），规定每日晨检、传染病防控、食品安全监测等多项卫生保健细则。

《中华人民共和国未成年人保护法》（2021 年 6 月 1 日修订版），第 35～37 条专门规定幼儿园等教育机构的安全保障义务及突发事件处置要求。

《校车安全管理条例》（国务院令第 617 号，2012 年 4 月 5 日颁布），制定校车技术标准、驾驶员资质、行车路线审批等专项安全规范。

二 幼儿园班级安全隐患

安全隐患是导致安全事故的直接原因，对安全隐患的分析与排查是基础性的工作，只有杜绝了安全隐患，才能有效实施安全管理。

据调查研究发现，在少数幼儿园中尚存在安全意识不强、制度不健全、管理不到位、忽视对幼儿的安全教育等问题，导致安全事故频发，严重影响了各项工作的开展。幼儿园班级中可能存在的安全隐患有以下五个方面：

1. 班级管理制度问题

班级管理制度问题方面，若制度不完善，可能导致职责划分不明确，出现安全管理的空白地带。比如在户外活动时，教师不清楚自己具体的监管范围，容易出现幼儿无人看管的情况。

2. 物品及设施设备问题

物品及设施设备问题涵盖多个方面。玩具材料若存在质量问题，如含有有害物质、零件易脱落等，可能对幼儿健康和安全造成威胁。设施设备老化失修，如滑梯表面磨损、楼梯扶手松动等，都存在安全隐患。

3. 保教人员管理问题

保教人员管理问题不容忽视。少数教师安全意识淡薄，在日常活动中未能时刻关注幼儿安全。而且，若教师专业培训不足，面对突发安全事故时，可能无法采取正确有效的应对措施。

4. 幼儿问题

幼儿问题主要体现在幼儿年龄小，安全意识匮乏，活泼好动，好奇心强，常常在活动中忽视潜在危险，如喜欢奔跑打闹、攀爬高处等。

5. 家长问题

家长问题表现为少数家长安全意识欠缺，让幼儿携带危险物品入园。还有些家长未能积极配合幼儿园的安全管理工作，如不按时接送幼儿，增加了幼儿在园外的安全风险。

案例

某幼儿园，考虑到家长工作忙，没有时间接送孩子，便实行了教师代为接送孩子的制度。有一位李姓家长认为幼儿园想以此收取费用，而且自家离幼儿园很近，只隔一条小路，他认为不会有危险，便让孩子自己回家。幼儿园教师警示家长，孩子年龄小，不知道什么是危险，万一在路上出了事，事就大了。李某对幼儿园教师的话不以为然，未加理会。一天，李某的孩子在放学回家的路上，因和另一幼儿打闹，孩子的眼睛被戳成重伤。于是李某把幼儿园告上了法庭。在法庭上，李某指责幼儿园没有履行接送孩子的约定，并否认幼儿园曾对他有所警示。幼儿园虽据理力争，但因为拿不出证据，最终败诉，不得不承担孩子的医疗费用。

思考：如何有效地防止此类事件的发生？

三 幼儿园班级安全管理的基本要求

为彻底消除安全隐患，防患于未然，营造班级安全和谐的环境，在班级安全管理工作中要遵循以下基本要求。

（一）预防为主

预防为主是幼儿园班级安全管理的首要原则。这意味着要将安全隐患扼杀在萌芽状态。在日常管理中，要对园内设施设备进行定期检查和维护，提前发现并修复可能存在的问题。例如，在开学前对教室的电器、桌椅、门窗等进行全面排查，确保其安全性。同时，要对幼儿进行安全教育，培养他们的安全意识和自我保护能力，通过生动有趣的活动让幼儿了解基本的安全知识，如不跟陌生人走、不玩火等。

《中小学幼儿园安全管理办法》确定了"积极预防、依法管理、社会参与、各负其责"的安全管理方针。积极预防，就是要求通过调研易发生事故的环节、地点和时段，积极预防、科学预防，同时，有针对性地健全安全制度，消除安全隐患，确保幼儿生命安全。

贯彻预防为主，要求教师、保育员、家长都要端正态度，克服麻痹思想和松懈情绪，及时发现不安全因素，坚决予以消除。如进一步完善幼儿接送制度、物品检查制度等，实行安全管理责任制，明确职责，分工合作，消除隐患。

（二）动态管理

安全管理涉及一日活动的方方面面，涉及一切变化着的因素。因此，必须坚持全员、全过程、全方位、全天候的动态安全管理，避免只针对一时一事、"一阵风"式的安全检查。

动态管理要求安全管理工作不能一成不变，要根据实际情况不断调整和完善。随着幼儿年龄增长、环境变化等因素，安全管理的重点和方式也需相应改变。比如，随着季节变化，要加强对传染病防控的管理；随着幼儿活动能力增强，要调整户外活动场地的安全管理措施。此外，要建立健全安全管理档案，记录安全检查、事故处理等情况，以便及时总结经验、吸取教训，改进管理工作。因此，常规化、制度化的检查与维护十分必要。运动场地、建筑设施、火源、电源及一些器材的安全检查也是必不可少的，发现隐患应立即整改。

（三）全员参与

全员参与，强调幼儿园的每一个人都对安全管理负有责任。从园长到教师，从后勤人员到保健医生，都要积极参与到安全管理工作中。园长要制定科学合理的安全管理制度和目标，并监督落实；教师要在日常教学和生活中对幼儿进行安全教育和监管；后勤人员要保障设施设备的正常运行和食品的安全供应；保健医生要做好幼儿的健康检查和疾病防控工作。只有全体人员齐心协力，才能为幼儿创造一个安全的成长环境。

安全管理不是少数人的事，也不仅仅是教师的工作，而是一切与安全有关的人共同的事。缺乏全员的参与，安全管理难以奏效。参与班级管理也不仅仅是班级内部人员的事，不仅教师要参与，保育员也要参与，其他人员也要参与，甚至幼儿也要参与。比如在幼儿园之外，还需要家长参与和支持幼儿园安全工作，家园合作共同加强幼儿的安全教育。一方面，家长自身要注重学习相关安全知识；另一方面，家长要在日常生活中运用多种形式，对幼儿进行行为规范教育、安全教育，增强幼儿的安全意识，提高幼儿的安全防护能力。

知 识 链 接

幼儿园安全工作组织结构及负责人主要职责

组长：幼儿园园长（联系电话：×××××××××××）

副组长：幼儿园副园长（联系电话：×××××××××××）

安全工作分管负责人：×××（联系电话：×××××××××××）

消防安全负责人：×××（联系电话：×××××××××××）

门卫安全负责人：×××（联系电话：×××××××××××）

×××（联系电话：×××××××××××）

校车安全负责人：校车师傅（联系电话：×××××××××××）

食堂安全负责人：食堂班长（联系电话：×××××××××××）

```
                        ┌──────────────────────────┐
                        │          园长            │
                        │ 职责：总领全园安全工作    │
                        └──────────────────────────┘
                                     │
      ┌──────────────────┐  ┌──────────────────┐  ┌──────────────────┐
      │     后勤主任      │  │     副园长        │  │     保教主任      │
      │ 职责：负责后勤保障 │←│ 职责：主抓安全工作、│→│ 职责：负责教育教学活│
      │ 工作、后勤安全教育、│  │ 安全知识教育，领导 │  │ 动的安全进行，让安全│
      │ 库房安全检查、幼儿 │  │ 开展大型安全演练， │  │ 知识走进课堂，指导教│
      │ 园设施维护，负责食堂│  │ 监督园内各种设施检查│  │ 师进行班级安全教育并│
      │ 、校车安全        │  │                  │  │ 监督落实情况      │
      └──────────────────┘  └──────────────────┘  └──────────────────┘
               │                                            │
      ┌──────────────────┐  ┌──────────────────┐  ┌──────────────────┐
      │     食堂班长      │  │     保健医生      │  │     班主任        │
      │ 职责：负责食堂卫生 │  │ 职责：负责全园教师、│←│ 职责：负责向家长及幼│
      │ 安全             │  │ 幼儿的卫生保健，进行│  │ 儿进行安全知识的宣传│
      │     门卫         │←│ 安全知识教育      │  │ 和教育，包括安全自救│
      │ 职责：负责户外体育 │  │                  │  │ 、自护，组织开展各项│
      │ 器材检查维修、园门 │  │                  │  │ 安全活动          │
      │ 口安全、幼儿接送安全│  │                  │  │                  │
      └──────────────────┘  └──────────────────┘  └──────────────────┘
```

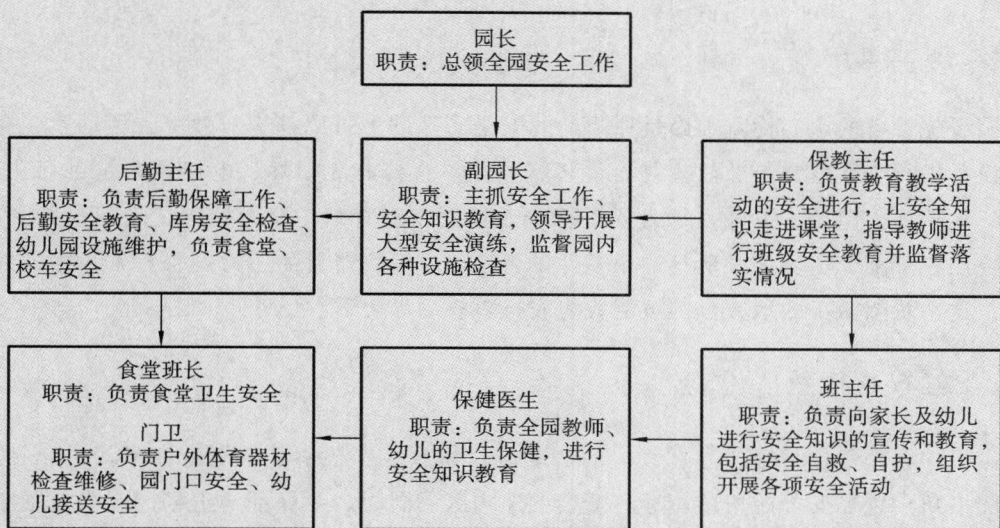

任务二　实施幼儿园班级安全管理

◇情境导入

中午12点的时候，该吃午饭了。小朋友们都安静地坐在座位上，等着老师发放食物。今天中午吃的主食是米饭，菜品是土豆片炒肉、蚝油生菜、紫菜蛋花汤。吃完饭后，老师带领小朋友们在外面散步，大概15分钟之后便回去午休。安排好孩子们上床，老师准备去吃饭，这时，一个小朋友大叫起来："老师，阳阳吐了。"老师赶紧过去查看，发现阳阳在床边呕吐，赶紧拍着他的背，给他水喝。不一会儿，班上也有其他小朋友开始呕吐，老师吓坏了，赶紧报告给园长，并将生病的小朋友们送到医院。经诊断，被判定为食物中毒。后来，经过调查，原来厨房阿姨买的土豆太多了，在厨房放了好几天之后，土豆长出了小芽。由于不明显，做菜师傅也没有注意，孩子们吃了发芽的土豆，便导致了食物中毒。

思考：食品安全对幼儿来说重要吗？这件事和幼儿园管理有关系吗？

一 幼儿园物质环境中的安全管理

环境方面的安全管理主要针对设施设备、物品、场地、空间等方面，涉及桌椅、柜子、生活用品、药品、教具、玩具、美工用品、图书、电器、电线、插座开关等。

（一）定期检查维修

幼儿园设施设备的定期检查维修是保障幼儿安全的基础。每周都应对教室、活动室、操场等区域的设施设备进行全面检查，像门窗是否能正常开关、桌椅有无损坏、电器线路是否存在老化等。对于滑梯、秋千等大型游乐设施，每月要进行专业检测，查看结构是否稳固、表面是否光滑无刺。隐患排查要点在于细节，比如，玩具的小零件是否松动，消防器材的压力是否正常，楼梯的防滑垫是否完好。这些看似微小的地方，都可能成为安全事故的导火索。

（二）合理布局摆放

区域布局的合理性也不容忽视。教室的活动区、休息区、教学区应划分清晰，避免相互干扰。比如，将图书角设置在安静的角落，远离嘈杂的建构区。同时，要保证通道畅通无阻，紧急情况下幼儿能迅速疏散。此外还要考虑：活动区要避免拥挤狭小，不能有铁钉、碎片、玻璃等危险物品；地面平整，不可凹凸不平；容易倒塌、掉落的材料不宜堆放过高；药品妥善保管，避免幼儿接触；热水瓶、工具刀、剪刀、大头针、消毒液、洁厕液要摆放在幼儿接触不到的地方；闲杂物品、教师的个人物品不要堆放在活动室，以免幼儿误拿误用，等等。

（三）严格消毒

依据幼儿园的消毒制度对各类材料、物品实行严格消毒，特别容易忽视的区域游戏的材料也要定期消毒、清理，教具、玩具消毒流程需严格执行。每天放学后，对幼儿使用过的玩具进行分类消毒，塑料玩具可采用浸泡消毒，毛绒玩具则选择紫外线照射消毒。消毒后要放置在通风良好的地方晾干。幼儿使用的碗筷、杯子、毛巾每日要洗净消毒；活动室、寝室及不能洗晒的玩具、用品每半月用紫外线照射消毒一次；卫生间每天消毒一次；若发现幼儿及工作人员患传染病，立即报告、隔离、消毒。

（四）突出警示标识

警示标识的规范设置能起到提醒和引导作用。例如，在楼梯口张贴"小心台阶"的标识，在水池边标注"注意防滑"。对于危险区域，如配电室、锅炉房等，要设置明显的禁止标识，防止幼儿误闯。通过这些措施，从物质环境上为幼儿打造一个安全的空间，减少潜在的风险，让幼儿在一个安全的环境中学习和玩耍。

知 识 链 接

托儿所幼儿园卫生保健工作规范（节选）

五、卫生与消毒

（一）环境卫生

1. 托幼机构应当建立室内外环境卫生清扫和检查制度，每周全面检查 1 次并记录，为儿童提供整洁、安全、舒适的环境

2. 室内应当有防蚊、蝇、鼠、虫及防暑和防寒设备，并放置在儿童接触不到的地方。集中消毒应在儿童离园（所）后进行。

3. 保持室内空气清新、阳光充足。采取湿式清扫方式清洁地面。厕所做到清洁通风、无异味，每日定时打扫，保持地面干燥。便器每次使用后及时清洗干净

4. 卫生洁具各班专用专放并有标记。抹布用后及时清洗干净，晾晒、干燥后存放；拖布清洗后应当晾晒或控干后存放。

5. 枕席、凉席每日用温水擦拭，被褥每月曝晒 1～2 次，床上用品每月清洗 1～2 次。

6. 保持玩具、图书表面的清洁卫生，每周至少进行 1 次玩具清洗，每 2 周图书翻晒 1 次。

（二）个人卫生

1. 儿童日常生活用品专人专用，保持清洁。要求每人每日 1 巾 1 杯专用，每人 1 床位 1 被。

2. 培养儿童良好卫生习惯。饭前便后应当用肥皂、流动水洗手，早晚洗脸、刷牙，饭后漱口，做到勤洗头洗澡换衣、勤剪指（趾）甲，保持服装整洁。

3. 工作人员应当保持仪表整洁，注意个人卫生。饭前便后和护理儿童前应用肥皂、流动水洗手；上班时不戴戒指，不留长指甲；不在园（所）内吸烟，

（三）预防性消毒

1. 儿童活动室、卧室应当经常开窗通风，保持室内空气清新。每日至少开窗通风 2 次，每次至少 10～15 分钟。在不适宜开窗通风时，每日应当采取其他方法对室内空气消毒 2 次

2. 餐桌每餐使用前消毒。水杯每日清洗消毒，用水杯喝豆浆、牛奶等易附着于杯壁的饮品后，应当及时清洗消毒。反复使用的餐巾每次使用后消毒。擦手毛巾每日消毒 1 次。

3. 门把手、水龙头、床围栏等儿童易触摸的物体表面每日消毒 1 次。坐便器每次使用后及时冲洗，接触皮肤部位及时消毒。

4. 使用符合国家标准或规定的消毒器械和消毒剂。环境和物品的预防性消毒方法应当符合要求。

二　幼儿园日常活动中的安全管理

（一）一日生活的安全

调查研究发现，幼儿一日在园期间，在入园、离园、用餐、午睡、饮水、如厕等环节发生安全事故的概率较高。

入园环节，教师应提前到岗，在园门口迎接幼儿。一位教师负责检查幼儿的身体状况，查看是否有异常；另一位教师引导幼儿签到，并将幼儿带入班级。离园时，教师要确认家长身份，确保幼儿被正确的家长接走。在这个过程中，教师的视线要时刻覆盖到每一个幼儿，防止出现幼儿走失或被陌生人接走的情况。

用餐前，教师要反复提醒幼儿，要先检查餐具是否安全，避免有突出的角；用餐时，教师要分布在各个区域，关注幼儿的用餐情况，提醒幼儿细嚼慢咽，防止呛噎。午睡时，教师要定时巡视，观察幼儿的睡眠状态，为幼儿盖好被子，确保幼儿的睡眠安全。

饮水时，一些幼儿会追逐打闹，在桌角、柜角碰伤或磕伤的情况时有发生，为此，教师要反复对幼儿进行安全教育，使幼儿认真领会要求，知道行为的后果。

如厕时，卫生间湿滑，人多拥挤，容易造成滑倒伤，教师和保育员要加强指导，维持秩序，及时清理水台和地面，张贴警示提醒标识。

（二）其他活动的安全

日常活动安全管理是与幼儿园的保教工作管理融为一体的，教师要围绕教育教学活动、游戏活动、生活活动开展安全管理，保证班级工作有序开展。

在其他活动的各个环节中，教师和保育员要时刻关注幼儿的安全，避免意外事故的发生。如在教学活动、游戏活动、晨间活动、户外活动等环节要照看好幼儿，以防撞伤、碰伤、摔伤、划伤、烫伤等。

在教学活动中，教师要提前规划好路线和活动流程，确保幼儿的行动有序；细心观察幼儿的表现，尽早发现隐患。例如：检查幼儿是否带了火柴、小刀或其他比较锋利、有危险的物品。

在体育活动和户外游戏中教师要做好保护工作：①要充分考虑活动材料的安全性、活动空间的安全性和活动组织的科学性；②要做好活动前的准备，检查衣服鞋子是否穿好，以防运动受伤；③注意动静交替，避免运动过量；④幼儿自由活动的时间，教师要时刻关注幼儿，提醒幼儿注意安全，做好安全保护工作，发现危险行为及时干预或制止；⑤活动结束后做好放松整理工作，提高幼儿的自我保护意识。

区域活动、大型集体活动、娱乐节日活动等均要组织好，明确活动规则和注意事项。游戏材料要充足，避免幼儿发生争抢，并且多关注性格活泼好动的幼儿，用眼神或手势暗示他们遵守游戏规则。发现打闹要及时提醒，不要高声训斥，耐心告诉幼儿正确的做法，避免其他幼儿模仿。

三　幼儿园安全制度中的安全管理

幼儿园首先要建立完善的安全责任制度，明确从园长到每一位教职工的安全职责，做到责任到人。比如，园长要全面负责幼儿园的安全管理工作，教师要负责班级幼儿的日常安全监管。安全检查制度也至关重要，规定定期检查和不定期抽查的时间、内容和标准。通过严格的检查，及时发现并消除安全隐患。安全教育培训制度不可忽视，定期组织教职工参加安全知识培训，提升他们的安全意识和应急处理能力。同时，也要为幼儿开展丰富多样的安全教育活动，培养幼儿的安全意识和自我保护能力。此外，还需建立安全事故应急预案制度，针对可能出现的各类安全事故，制定详细的应对预案，包括事故发生时的应急处理流程、人员分工等。要不断健全这些安全制度，为幼儿园的安全管理提供坚实的制度保障，让安全管理工作有章可循，确保幼儿在安全的环境中茁壮成长。

各项规章制度的建立和执行是安全的保障，根据《中小学幼儿园安全管理办法》的规定，应建立健全各项安全管理制度和安全应急机制。幼儿园应在园长的领导下根据本园的实际情况，建立各项具体的安全管理制度，具体包括如下方面：

（1）建立人员管理、考核、激励制度，明确安全职责，将安全管理纳入考核指标，调动各方面人员的积极性和责任心。

（2）建立园所、班级安全定期检查制度和报告制度，以保证工作人员能够及时排除安全隐患或者采取必要的防护措施。

（3）建立日常教育教学活动及生活各环节的安全常规制度、常规健康检查制度、预防接种制度、清洁与消毒制度等。

（4）建立门卫制度、幼儿接送制度。要求家长入园应在规定时间，或者取得带班教师同意后方可入园。接送幼儿的家庭成员每学期基本固定，要提前进行登记、身份查验，遇特殊情况要提前履行手续。防止幼儿丢失，确保幼儿安全。

（5）建立物品、器材、药品安全管理制度，按照国家规定配备合格的医务（保健）人员。

（6）制定园所的配套安全制度，例如，食品安全制度、消防安全制度等，严格执行国家关于饮食卫生的规定，确保食堂饮食卫生安全，预防食品中毒；制定水、电、气等相关设施设备的安全管理制度，保证设施和器材数量充足，质量合格，定期检查，保证能够有效使用。

幼儿园要建立安全管理工作小组，由园长牵头，由责任心强的教职工专门负责安全管理，同时加强各项安全管理制度执行情况的检查，可采取定期检查和不定期检查相结合、专项检查和一般检查相结合的方法。各项规章制度一旦制定，应严格遵守，同时也要在执行的过程中不断完善制度。

四 幼儿园安全教育中的安全管理

《中小学幼儿园安全管理办法》第五章对安全教育做出了详细规定，首先要求"学校应当按照国家课程标准和地方课程设置要求，将安全教育纳入教学内容"。其次对各有关方面和环节的安全教育工作做出有针对性的规定，要求开学初、放假前集中开展安全教育；要求开展实验课的安全防护教育，开展交通、消防和戏水游泳的安全卫生教育，开展避险、逃生、自救演练等；规定了教育部门和学校组织安全教育培训的义务，等等。

《幼儿园教育指导纲要（试行）》指出："密切结合幼儿的生活进行安全、营养和保健教育，提高幼儿的自我保护意识和能力"。

因此，幼儿园在日常的保教活动中应当根据小班、中班、大班幼儿的年龄特点，制定安全教育的目标、内容和方法，以保护好幼儿的人身安全，尽量减少事故的发生。

幼儿园安全教育的内容主要包括以下六个方面：

（一）交通安全教育

交通安全教育主要包括：

(1) 认识常见的交通工具，了解乘车安全知识。

(2) 了解基本的交通规则，如"红灯停、绿灯行"，过马路走人行横道，等等。

(3) 认识常见的交通标志。

(4) 要有交通安全意识，养成文明乘车和遵守交通规则的良好习惯。

(5) 学习并掌握迷路或走失后的自救方法。

在对幼儿进行交通安全教育时，还要强调以下细节：乘坐汽车时要坐在后座，不坐副驾驶座；在大人开车时，不能将手和头伸出窗外，不在车内打闹；坐在大人的电瓶车上时，要抓紧扶手或抓住大人的衣服，不东张西望，不乱动；步行入园、离园的幼儿要遵守交通规则，要拉好大人的手靠边走，不独自乱跑，穿越道路时注意来往车辆，要走斑马线，并谨记"红灯停、绿灯行"，紧跟家长不随意奔跑。

（二）消防安全教育

消防安全教育主要包括：

(1) 让幼儿懂得火的危险性。

(2) 让幼儿掌握简单的自救技能，会打急救电话。

(3) 进行火灾疏散演练，能在教师的指挥下统一行动，安全疏散，迅速离开火灾现场。

（三）防触电、防溺水教育

触电是日常生活中比较常见的意外伤害。对幼儿进行防触电教育，要教育幼儿做到：

(1) 不玩电器，不拉电线，不用剪刀剪电线，不用小刀划电线，不将铁丝等金属物品插入电源插座。

（2）一旦发生触电事故，不能用手去拉触电的幼儿，而应立即寻求周围成人的帮助。

对幼儿进行防溺水教育，要教育幼儿做到：

（1）不私自到河边玩耍。

（2）不将脸闷入水中。

（3）不私自到河里游泳。

（4）当同伴失足落水时，要及时就近叫成人来抢救。

（四）玩具安全教育

玩具是幼儿游戏的基本材料，一方面幼儿园应为幼儿提供安全的玩具；另一方面在幼儿使用玩具的过程中，应适时进行安全教育，防止出现安全事故。例如：玩大型玩具时，要教育幼儿不要拥挤、碰撞、打闹，钻爬时注意保护头部和膝盖，从高处滑下时，前面的幼儿还没滑到底离开时，后面的幼儿不能往下滑；玩秋千时要注意坐稳，不要荡得太高，双手抓紧扶手或绳子等。玩小型玩具时，要教育幼儿不要将玩具放入口中，不要争抢。细小玩具则不能提供给幼儿玩耍。

（五）生活安全教育

生活安全教育需要家园配合同步进行。为了幼儿的安全，成人要教育幼儿不随身携带锐利的器具。在运动和游戏时要有秩序，不拥挤、推搡。在没有成人看护时，不能从高处往下跳或从低处往上蹦。上下楼梯要靠右边走，不推挤。

还要教育幼儿，不与陌生人交谈，不轻信陌生人的话，不告知他人家庭信息，不拿陌生人的东西，不吃陌生人给的食物，不跟陌生人走。如果上网，不跟陌生人视频、交流，不透露个人信息。在家中，要告诉幼儿，有陌生人叫门时，不随便开门；不随意开启家用电器，如电饭锅、电取暖器等。

（六）食品卫生安全教育食品

食品卫生安全教育包括：教育幼儿认识各种食物，了解不同食物的吃法，区分食物剥皮吃、生吃、熟吃等；教育幼儿不吃腐烂变味的食物及区分腐烂变味的方法；注意公共卫生，培养良好的卫生和饮食习惯；初步识别食品容器、包装，认识有关食品安全的标志，具有初步的安全意识和自我保护能力；爱惜食物，体验并了解健康绿色食品对人类的益处。

幼儿园安全教育的形式多种多样，教师除了设计专门的教育活动，还应注意日常生活中的渗透教育和随机教育，定期举行疏散演练、应急演练，并且要与家庭教育紧密结合，让幼儿树立起安全意识，培养安全行为习惯，提高自我保护的能力。

知 识 链 接

幼儿安全教育目标

安全教育目标是对幼儿安全教育目的和要求的总体归纳。在《3—6岁儿童学习与发展指南》中，健康领域的子目标明确规定幼儿要"具备基本的安全知识和自我保护能力"。各年龄段幼儿的安全教育目标如下：

3～4岁	4～5岁	5～6岁
1. 不吃陌生人给的东西，不跟陌生人走。 2. 在提醒下能注意安全，不做危险的事。 3. 在公共场所走失时，能向警察或有关人员说出自己和家长的名字、电话号码等简单信息	1. 知道在公共场所不远离成人的视线单独活动。 2. 认识常见的安全标志，能遵守安全规则。 3. 运动时能主动躲避危险。 4. 知道简单的求助方式	1. 未经大人允许不给陌生人开门。 2. 能自觉遵守基本的安全规则和交通规则。 3. 运动时能注意安全，不给他人造成危险。 4. 知道一些基本的防灾知识

五　幼儿园集体外出中的安全管理

根据各地教育行政部门的有关文件规定，凡组织师生集体外出活动时，各幼儿园要制定周密的安全防范措施，做到层层落实，责任到人。

准备工作是集体外出活动安全的前提。要提前了解活动地点的环境和安全状况，与活动场所的负责人沟通，明确安全注意事项。根据活动内容和幼儿人数，合理安排教师和工作人员，明确各人的职责。对幼儿进行安全教育，告知幼儿活动的流程和安全要求，如紧跟队伍、不随意离开集体等。

行走安全方面，出发前要检查幼儿的着装是否合适，鞋子是否舒适、防滑。在行走过程中，安排教师在队伍的前后和中间，确保幼儿在教师的视线范围内。引导幼儿遵守交通规则，过马路时要走人行横道，注意观察交通信号灯。

乘车安全至关重要。《校车安全管理条例》第六章第三十九条规定："随车照管人员应当履行下列职责：（一）学生上下车时，在车下引导、指挥，维护上下车秩序；（二）发现驾驶人无校车驾驶资格，饮酒、醉酒后驾驶，或者身体严重不适以及校车超员等明显妨碍行车安全情形的，制止校车开行；（三）清点乘车学生人数，帮助、指导学生安全落座、系好安全带，确认车门关闭后示意驾驶人启动校车；（四）制止学生在校车行驶过程中离开座位等危险行为；（五）核实学生下车人数，确认乘车学生已经全部离车后本人方可离车。"幼儿园要注意选择具有资质的正规客运车辆，检查车辆的安全性能，如刹车、安全带等是否正常。上车前，教师要组织幼儿有序排队。落座后，帮助幼儿系好安全带。乘车过程中，教师要时刻关注幼儿的情况，提醒幼儿不要在车内打闹、不能将头手伸出窗外。到达目的地后，教师要组织幼儿有序下车，确保无幼儿遗漏在车内。

在集体外出活动中，教师要时刻保持警惕，关注每一个幼儿的情况，确保活动安全顺利进行。同时，要提前制定应急预案，应对可能出现的突发情况，保障幼儿的生命安全。校车一旦发生交通事故，驾驶人、随车照管人员应当立即报警，设置警示标志。乘车幼儿继续留在校车内有危险的，随车照管人员应当将幼儿撤离到安全区域，并及时与学校、校车服务提供者、幼儿的监护人联系处理后续事宜。

外出活动结束后，要进行活动的总结，对幼儿良好的表现予以鼓励和表扬，对活动中出现的安全问题要进行警示教育，强化幼儿的安全意识。

任务三　处理幼儿园班级突发事件

◇情境导入

2008 年 5 月 12 日汶川地震，安县桑枣中学 2300 多名师生无一伤亡。这得益于这所学校整整 3 年每周、每月、每学期的安全教育，得益于每学期都进行的灾难紧急情况演练。从模拟停电、火灾、垮塌到暴雨、地震，每个班、每个学生都有对应的疏散路线和安全疏散点，数年坚持，终有结果：地震来临之际，全校仅用 1 分 36 秒就成功疏散。

思考：日常的演练对幼儿园来说有意义吗？

一　幼儿园班级突发事件概述

(一)幼儿园班级突发事件的定义

幼儿园班级突发事件是指在幼儿园内突然发生的，直接或间接对幼儿园内各类人员造成安全威胁，甚至对社会安定产生负面影响的事件。幼儿园内人员构成多样化，并且受社会关注度较高，因此对幼儿园突发事件的应对处理就显得极为重要。

(二)幼儿园班级突发事件的类型

1. 自然灾害类突发事件

幼儿园内的自然灾害类突发事件大致可分为由地震、洪水、台风等灾害引发的次生及衍生灾害。我国幅员辽阔，不同地区地形、气候也各不相同，因此自然灾害成因复杂、种类较多，并且伴随着季节性、地域性等特点。

2．社会安全类突发事件

《国家突发事件总体应急预案》中概括性地指出：社会安全类突发事件主要包括刑事案件和恐怖、群体性、民族宗教事件，金融、涉外和其他影响市场、社会稳定的突发事件。

幼儿园内的社会安全类突发事件应该包括：①犯罪分子实施暴力侵害或其他伤害的突发事件；②园内发现不明身份可疑人士或发现可疑物品等的突发事件；③园内收到恐吓电话、短信或其他信息等的突发事件。

3．公共卫生类突发事件

公共卫生类突发事件是指幼儿园内或幼儿园所在地区内，突然发生的并可能造成或已经造成损害园内师生健康的突发类卫生事件，如食品中毒事件、手足口病传染事件等。

二　幼儿园班级突发事件的预警及处理

（一）幼儿园班级突发事件的预警

1．安全演练

幼儿园教育中，要加强学习安全知识、进行安全演练，让幼儿了解并掌握自救、逃生的技巧，进行自我防护。虽然地震、洪水等突发事件发生的概率较小，但不能轻视，一旦发生，就会造成不可挽回的后果。因此，在进行安全演练时，首先确保演练的真实性，不能搞形式、走过场；其次要态度认真，不能敷衍，要珍惜每一次安全演练；最后确保幼儿在每次演练中都有所收获、印象深刻，可通过观看视频、情境练习，使安全演练取得实质性的效果。幼儿园应建立"三维联动"演练机制：

（1）时间维度，包含每月常规演练、季度专项演练、学期综合演练。

（2）空间维度，覆盖教室、走廊、户外活动区等关键区域。

（3）人员维度，要求教职工、幼儿、家长三方协同。

例如，防震演练需包含"黄金12秒"应对训练，防火灾演练应着重掌握"弯腰捂鼻"三步骤逃生法。

演练实效性提升需把握三个关键：首先采用沉浸式情境教学法，通过烟雾模拟器、震动平台等设备营造逼真环境；其次建立"演练—评估—改进"闭环，每次演练后由安全专员填写评估报告；最后实施分层培训，教师需掌握急救技能，保育员应熟练操作应急照明系统，厨房人员则侧重燃气泄漏应急处置。

2．人为事故预防机制

需建立"三查三改"制度：晨检时查设施设备完好率，午检时查活动组织合规性，离园时查接送流程安全性。对于高频风险点如尖锐物品管理，应执行"五步管控法"——标识警示、定位摆放、数量登记、使用监管、定期维护。同时构建家园安全联盟，通过明确监护职责，定期开展"安全开放日"活动。

（二）幼儿园班级突发事件的处理

为了科学、高效地应对和处理突发事件，幼儿园应当为突发事件规划相应的处理流程。幼儿园突发事件处理流程一般包括预警响应、危险评估、启动应急方案、现场处置四个环节。

1. 预警响应

突发事件的预警响应是处理流程的第一阶段，幼儿园在接到突发事件的预警警报时，相关负责人应该第一时间辨别警报信号，了解警报内容，记录警报中的详细信息，如事件、地点、类型、涉及人员与损害程度等。随后，通知突发事件应急小组相关负责人赶往现场调度安排，及时对预警做出响应。预警的响应是否及时对随后的指挥调度工作至关重要。幼儿园应每日安排专门人员进行值班记录，记录日志装订成册留档保存，可以作为幼儿园突发事件的档案资料，并为以后的突发事件处理提供依据。

2. 危险评估

接到预警后的第二阶段就是根据突发事件的事发特征在最短时间内对其做出危险评估，判定危险等级，随后根据结果迅速选择最优应急方案采取行动措施。突发事件的发生是不可预估的，其爆发的不确定性及发展的不稳定性也是在进行危险评估时需要考虑的重要因素。因此，在进行危险评估时要遵循"就高不就低"原则，不可轻忽怠慢，不可思前想后，要争时间、拼效率、保效果，为后续的处理工作争取时间。

当危险评估超出幼儿园处理范畴时，应尽快向上级相关组织汇报情况，并尽可能地在能力范围内对突发事件做出先期处理，避免事态扩大化。

3. 启动应急方案

对幼儿园突发事件进行危险评估后，幼儿园应急小组负责人及相关人员应该立即启动已有应急方案，调动应急准备材料，组织应急救援人员赶到突发事件现场采取行动。需要强调的是，幼儿园突发事件的类型较多，特征各不相同，并且根据危险等级不同，应急方案也应有不同表述。因此，在突发事件的应急方案选择方面，就需要应急小组结合预警提示及危险评估做出正确决断，选择和启动最适合的应急方案。

4. 现场处置

幼儿园突发事件的现场处置是突发事件处理流程的核心环节。现场处置应由幼儿园应急小组负责人及相关救灾部门负责人组成临时的指挥小组负责，在行动时需坚持"统一领导、分工合作、权责明晰"的指导思想，避免权责交叉、任务混乱，延误救援时机。例如：当幼儿园发生火灾突发事件时，幼儿带班教师要迅速清点人员组织幼儿有序离开教室，提醒幼儿选择有安全标志的出口，用毛巾捂住口弯腰离开事发地，同时配合消防工作人员的指挥进行人员疏散，控制突发事件的发展速度和影响范围。

在幼儿园突发事件应急救援的过程中，救援人员应该坚持"以人为本"的原则，重救人、轻救物，生命的价值是任何物品都无法取代的，保障人的生命安全才是救援工作的首要任务。还需要强调的是，抢险救援必须对现场的危险源进行监测，保护受困人员和救援人员的安全，防止次生、衍生灾害的发生，幼儿园应经常开展突发事件的演练。

知 识 链 接

应急处理流程

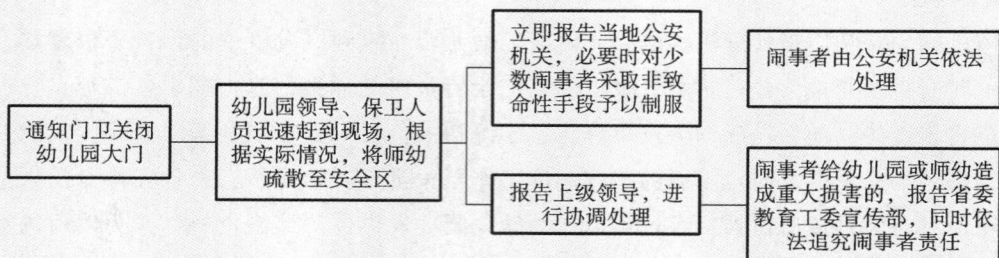

```
┌──────────┐   ┌──────────┐        ┌──────────────┐      ┌──────────────┐
│通知门卫关闭│→│幼儿园领导、保卫人│→┬→│立即报告当地公安│  →  │闹事者由公安机关依法│
│幼儿园大门  │   │员迅速赶到现场，根│  │机关，必要时对少│      │处理          │
└──────────┘   │据实际情况，将师幼│  │数闹事者采取非致│      └──────────────┘
               │疏散至安全区    │  │命性手段予以制服│
               └──────────┘    │  └──────────────┘      ┌──────────────┐
                                │  ┌──────────────┐      │闹事者给幼儿园或师幼造│
                                └→│报告上级领导，进│  →  │成重大损害的，报告省委│
                                   │行协调处理    │      │教育工委宣传部，同时依│
                                   └──────────────┘      │法追究闹事者责任│
                                                         └──────────────┘
```

××幼儿园滋扰幼儿园治安应急处理流程

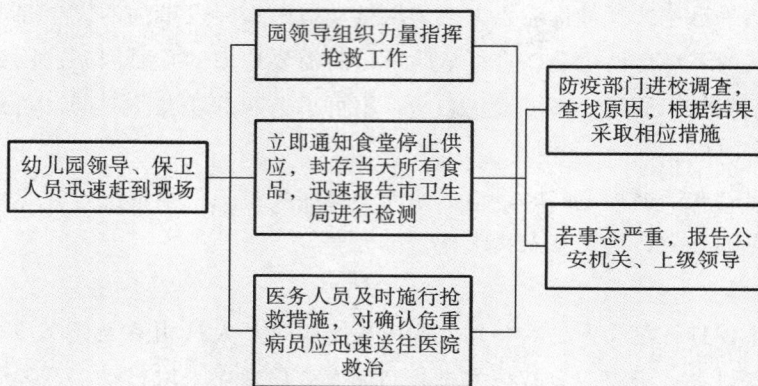

```
                        ┌──────────────┐
                     ┌→│园领导组织力量指挥│
                     │  │抢救工作      │
                     │  └──────────────┘
┌──────────────┐     │  ┌──────────────┐        ┌──────────────┐
│幼儿园领导、保卫│→┤  │立即通知食堂停止供│  ┌→│防疫部门进校调查，│
│人员迅速赶到现场│     ├→│应，封存当天所有食│→┤  │查找原因，根据结果│
└──────────────┘     │  │品，迅速报告市卫生│  │  │采取相应措施    │
                     │  │局进行检测    │  │  └──────────────┘
                     │  └──────────────┘  │  ┌──────────────┐
                     │  ┌──────────────┐  └→│若事态严重，报告公│
                     │  │医务人员及时施行抢│      │安机关、上级领导│
                     └→│救措施，对确认危重│      └──────────────┘
                        │病员应迅速送往医院│
                        │救治          │
                        └──────────────┘
```

××幼儿园食物中毒应急处理流程

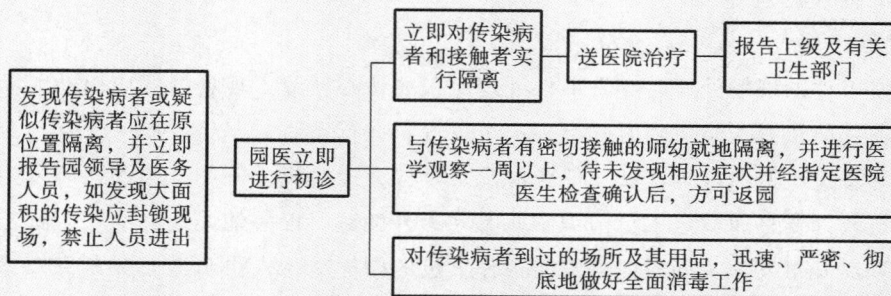

```
                              ┌──────────────┐   ┌────────┐   ┌──────────┐
                           ┌→│立即对传染病者和接│→│送医院治疗│→│报告上级及有关│
                           │  │触者实行隔离    │   └────────┘   │卫生部门  │
┌──────────────┐           │  └──────────────┘               └──────────┘
│发现传染病者或疑│           │  ┌──────────────────────────┐
│似传染病者应在原│ ┌──────┐│  │与传染病者有密切接触的师幼就地隔离，并进行医│
│位置隔离，并立即│→│园医立即│├→│学观察一周以上，待未发现相应症状并经指定医院│
│报告园领导及医务│ │进行初诊│   │医生检查确认后，方可返园          │
│人员，如发现大面│ └──────┘│  └──────────────────────────┘
│积的传染应封锁现│           │  ┌──────────────────────────┐
│场，禁止人员进出│           └→│对传染病者到过的场所及其用品，迅速、严密、彻│
└──────────────┘              │底地做好全面消毒工作              │
                              └──────────────────────────┘
```

××幼儿园传染病应急处理流程

任务四　综合实训

实训一　设计组织小班玩具安全教育活动

一　实训描述

小班幼儿初入幼儿园，尚未掌握玩具的正确使用方法，常出现乱扔玩具或向同伴抛掷玩具的现象。为改善此情况，现需为幼儿园小班设计玩具安全教育活动。活动旨在帮助幼儿识别常见玩具的安全风险，学习规范操作玩具的方法，同时提升其安全意识和自我保护能力。

二　实训目标

（1）掌握小班幼儿安全教育活动设计的基本方法，包括目标设定、内容选择、互动环节设计。

（2）提升环境创设与活动组织能力，学会结合幼儿兴趣与教育目标设计安全、互动性强的活动场景。

（3）增强团队协作与反思改进能力，通过小组合作、实践反馈，优化活动方案。

三　实训要求

（1）独立完成一份结构完整、内容翔实的小班玩具安全教育活动方案，方案需包含清晰的活动目标、适龄的内容、具体实施步骤及评估方法。

（2）以小组为单位，在模拟教学环境中开展一次玩具安全教育活动，要求过程完整、角色分工明确。

四　实训过程

（一）集体学习与案例分析

广泛收集并深入解析优质幼儿园安全主题活动设计案例，重点总结其在目标定位、内容选择、环境创设、互动形式及组织策略等不同主题下的设计亮点与有效方法，为后续的分组方案设计提供理论支撑与实践参考。

（二）分组设计方案

参与者按小组划分，基于研习所得及实训要求，共同协作，完成一份聚焦于玩具安全教育的主题活动环境创设与实施方案设计。

（三）实训实施步骤

1. 需求调研与主题确定

小组首先围绕小班幼儿常见的玩具安全问题（如尖锐部件、吞咽风险、争抢行为等）进行讨论，确定具体的活动主题。随后，通过设计并发放问卷、进行简短访谈等方式，收集幼儿、家长及指导教师对玩具安全教育的实际需求与关注点，最终整理形成一份需求分析报告。

2. 方案设计与论证

小组成员合作，依据需求分析报告，设计详细的活动主题方案。方案需确保教育目标清晰、安全知识传递准确，同时通过巧妙的环节设计（如故事、游戏、儿歌等）融入趣味性元素，激发幼儿兴趣。

3. 互动环节开发

设计并细化至少一种核心互动游戏或环节（如"玩具医生"角色扮演游戏、"安全玩具标识"手工制作活动、"玩具受伤了"情景故事演绎等），旨在通过亲身体验和操作，显著增强幼儿的参与度与对安全规则的理解记忆。

4. 效果评估与优化

小组模拟活动结束后，组织全体参与者、观摩教师进行多维度效果评估（如目标达成度、幼儿参与度、环节流畅性等），广泛收集改进建议，汇总分析后对原方案进行实质性优化修订。

补充说明

幼儿行为特征模拟：小组在进行模拟活动时，必须高度还原小班幼儿的典型行为特征（如注意力集中时间短、易分散；模仿能力强；理解指令需简洁具体）。因此，活动设计应包含：简短明确的口头指令；大量使用可视化、动作化示范；关键安全规则需设计重复练习环节以加深印象。

环境创设示例：为营造沉浸式安全环境，可在模拟活动区设立专门的"安全玩具角"。在该区域，使用清晰、直观的图示（如照片、简单符号）标明"轻拿轻放""禁止抛掷""轮流玩"等基本规则；同时，搭配富有童趣且易于理解的标语进行提示（如"玩具怕疼，请送它回家"——引导幼儿收纳；"小手轻轻摸"——提醒温柔对待玩具）。

互动环节建议：可开展"玩具医院/玩具医生"角色游戏，设置"玩具医院"场景，提供听诊器、绷带等道具，引导"小医生"检查"受伤"玩具（如掉轮子的汽车、破裂的玩偶），并学习正确的处理方法（如报告老师、不强行修理、放入回收处等），在实践中理解爱护玩具与安全使用的重要性。

五 实训评价标准

评分项目	评 分 要 求	分 数 占 比
方案完整性	活动目标明确、流程清晰，符合小班幼儿认知特点与安全需求	30%
环境创设合理性	材料安全环保，区域划分明确，能激发幼儿探索兴趣	25%
实施规范性	操作过程符合卫生要求，教师指导语言清晰，幼儿参与度高	30%
反馈与改进有效性	总结报告包含具体改进建议，能结合幼儿反馈优化活动设计	15%

实训二 设计幼儿园防拥挤踩踏预案与处置教育活动

一 实训描述

幼儿园中班幼儿在集体活动、上下楼梯或紧急疏散时，易因秩序混乱引发拥挤或踩踏风险。为提升教师应对能力及幼儿自我保护意识，需设计一次防拥挤踩踏安全教育活动，通过模拟演练与互动教学，帮助幼儿掌握安全行为规范，并培养教师应急处置能力。

二 实训目标

（1）掌握防踩踏教育活动设计方法：包括风险评估、疏散路线规划、互动环节设计等。

（2）提升应急组织与协调能力：学会在模拟场景中引导幼儿有序疏散，处理突发状况。

（3）强化安全环境创设意识：通过标识设计、区域划分优化幼儿园安全空间。

（4）增强团队协作与反思能力：通过小组合作完善方案，结合反馈优化演练流程。

三 实训要求

（1）设计一份完整的防拥挤踩踏教育活动方案，涵盖预防教育、应急演练、总结反馈三阶段。

（2）小组模拟演练，重点呈现疏散路线执行、教师分工、幼儿行为引导等环节。

（3）结合中班幼儿特点（注意力持续时间短、模仿性强），设计简短指令，直观示范（如卡通标识、儿歌等）。

四 实训过程

（一）集体学习与案例分析

（1）分析优秀防拥挤踩踏演练案例（如疏散路线设计、医疗救护流程），总结疏散要点与常见问题。

（2）学习《幼儿园防拥挤踩踏应急预案》核心内容（如领导小组职责、急救步骤）。

（二）分组讨论与活动设计

1. 需求分析

通过模拟问卷或访谈收集教师对踩踏风险的关注点（如楼梯转角、集合点拥挤）。

2. 活动设计

预防教育环节：设计儿歌《小手扶墙慢慢走》，情景剧《安全小卫士》。

疏散演练环节：规划班级专属路线，设计"跌倒自救"模拟场景。

环境创设：在楼梯处粘贴"靠右行走"卡通标识，设置"安全集合点"地面标记。

角色分工：明确指挥组、疏散组、救护组职责。

（三）模拟演练与实施

1. 模拟演练流程

阶段一：教师通过PPT讲解安全知识。

阶段二：模拟"紧急疏散警报"，引导幼儿按路线撤离至操场，重点演练"跌倒保护姿势"（蜷缩护头）。

阶段三：救护组模拟"救助伤员"，使用担架转移并安抚情绪。

2. 实施要点

（1）教师使用口哨、手势等简短指令控制节奏。

（2）在楼梯转角安排观察员，记录幼儿行为问题（如推挤、逆行）。

（四）总结评估与改进

幼儿反馈：通过绘画或谈话了解幼儿对演练的理解（如"摔倒时应该怎么做"）。

教师互评：分析方案完整性、实施规范性。

优化建议：针对演练中的拥堵点调整路线，增加"安全标兵"奖励机制。

补充说明

环境创设方案示例：在楼梯两侧粘贴"小脚丫"贴纸引导靠右行走，利用操场跑道线划分班级集合区。

互动环节建议：设计"安全小迷宫"游戏，幼儿需在模拟拥挤场景中寻找正确出口。

五　实训评价标准

评 分 项 目	评 分 要 求	分 数 占 比
方案完整性	涵盖预防教育、疏散演练、急救处理全流程，符合中班认知特点	30%

续表

评 分 项 目	评 分 要 求	分 数 占 比
疏散路线合理性	路线设计无交叉、瓶颈，标识清晰	25%
实施规范性	教师指令明确，幼儿参与度高，救护流程符合安全标准	30%
反馈与改进有效性	总结报告包含幼儿行为分析及可操作的优化建议	15%

考点聚焦

单项选择题

1. 幼儿园维护幼儿安全的首要原则是（　　）。［2025 年上半年幼儿园教师资格证考试真题］

A. 预防为主　　　　B. 组织有序　　　　C. 充分的时空　　　　D. "管""教"并行

2. 在幼儿园管理中，安全管理应放在（　　）。［2024 年下半年幼儿园教师资格证考试真题］

A. 首要位置　　　　　　　　　　　　B. 次要位置

C. 和教育教学同等重要位置　　　　　D. 根据幼儿园情况而定的位置

3. 教师根据幼儿现实的身体素质水平组织活动，这体现了（　　）。［2024 年下半年幼儿园教师资格证考试真题］

A. 量力性原则　　　B. 循序渐进原则　　　C. 多样化原则　　　D. 身体全面发展原则

4. 对呼吸停止的幼儿实施心肺复苏时，按压频率应为每分钟多少次？（　　）［2025 年上半年幼儿园教师资格证考试真题］

A. 60 次　　　　　B. 100 次　　　　　C. 120 次　　　　　D. 80 次

5. 幼儿被热油烫伤后，以下哪种做法错误？（　　）［2023 年下半年幼儿园教师资格证考试真题］

A. 立即用冷水冲洗　　B. 涂抹酱油或牙膏　　C. 覆盖无菌纱布　　D. 严重时送医

课后实践

1. 实践一

（1）思考：作为学前教育专业师范生，如何通过安全教育与环境创设提升班级突发事件预防能力？

（2）思考：在数字化教育背景下，如何利用融媒体工具（如安全教育动画、AR 情景模拟）创新安全教育形式，增强幼儿的参与度与风险识别能力？

2. **实践二**

（1）以小组为单位设计并组织一次"班级突发事件模拟演练"。

内容要求：选择一种常见突发事件（如食物中毒、火灾逃生），设计包含预警响应、应急处理、事后总结的完整流程，模拟教师分工、幼儿行为引导及与家长沟通环节。

成果提交：提交演练方案（含流程图、角色分工表）及现场演练视频（10 分钟内）。

（2）调研并撰写《幼儿园安全管理制度优化建议报告》。

调研方法：采访 3 名幼儿园管理者，收集现行安全管理制度的执行难点（如晨检疏漏、家长接送流程不规范）。

报告要求：结合《中小学幼儿园安全管理办法》及实际案例，提出 3 条具体改进建议（如引入智能晨检系统、建立家长安全责任书制度，等等）。

项目五 幼儿园班级环境创设

◇ 项目学习目标

[知识目标]

(1) 了解幼儿园班级环境创设的内涵。

(2) 领会幼儿园班级管理环境创设的原则。

(3) 了解幼儿园精神环境和物质环境的内涵。

(4) 领会幼儿园精神环境和物质环境营造的要点。

[能力目标]

(1) 能够精准表达幼儿园班级环境创设的原则。

(2) 能够科学地梳理制定出幼儿园班级环境创设方案。

(3) 能够精准表达幼儿园精神环境和物质环境营造的要点。

(4) 能够根据幼儿的年龄特点和心理需求营造精神环境和物质环境。

[素质目标]

(1) 树立正确的幼儿园班级环境创设的理念。

(2) 树立关爱幼儿的教育理念。

(3) 具备正确的幼儿园精神环境和物质环境营造的理念。

◇ 项目学习导航

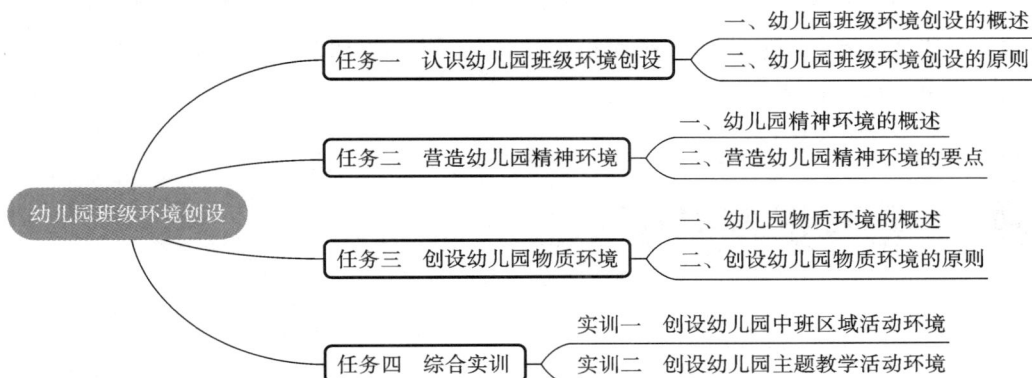

幼儿园班级环境创设

- 任务一 认识幼儿园班级环境创设
  - 一、幼儿园班级环境创设的概述
  - 二、幼儿园班级环境创设的原则
- 任务二 营造幼儿园精神环境
  - 一、幼儿园精神环境的概述
  - 二、营造幼儿园精神环境的要点
- 任务三 创设幼儿园物质环境
  - 一、幼儿园物质环境的概述
  - 二、创设幼儿园物质环境的原则
- 任务四 综合实训
  - 实训一 创设幼儿园中班区域活动环境
  - 实训二 创设幼儿园主题教学活动环境

Note

任务一　认识幼儿园班级环境创设

◇情境导入

　　在一个阳光明媚的早晨，李老师走进了她负责的幼儿园中班教室。她环顾四周，发现教室的布局还是上学期的样子，一成不变的桌椅摆放、单调的墙面装饰，以及缺乏互动性的玩具和材料。李老师意识到，这样的环境可能无法充分激发孩子们的好奇心和探索欲，也无法满足他们日益增长的学习和发展需求。

　　李老师决定进行一次班级环境的全面创设。她首先与孩子们进行了深入的交流，了解他们的兴趣爱好和愿望。有的孩子喜欢画画，有的孩子对科学小实验充满好奇，还有的孩子则热衷于角色扮演游戏。基于孩子们的需求，李老师开始规划新的班级环境。

　　在物质环境创设方面，李老师将教室划分为不同的功能区域，如阅读区、艺术区、科学探索区和角色扮演区。她精心挑选了丰富多样的玩具和材料，如彩色画笔、手工纸、科学实验套装、角色扮演服装等，以满足孩子们的不同需求。同时，她还对教室的墙面进行了装饰，用孩子们的作品和照片点缀，营造出温馨而富有教育意义的学习氛围。

　　在精神环境创设方面，李老师注重培养孩子们的自主性和合作能力。她鼓励孩子们参与到班级环境的布置和维护中来，让他们成为环境创设的主人。同时，她还通过组织各种集体活动，如故事分享会、角色扮演游戏等，增进孩子们之间的友谊和信任，营造出积极向上、和谐融洽的班级氛围。

　　经过几天的努力，教室焕然一新。孩子们对新环境充满了好奇，他们迫不及待地投入到各个功能区域的游戏和学习中。李老师看到孩子们的变化和成长，深感欣慰。她明白，良好的班级环境不仅能为孩子们提供安全、舒适的学习和生活空间，还能激发他们的学习兴趣和创造力，促进他们的全面发展。

　　思考：李老师在发现班级环境存在问题后，采取了哪些具体措施进行改进？这些改进措施如何体现幼儿园班级环境创设的原则？你认为幼儿园班级环境创设中最大的难点是什么？如何克服这些难点？班级环境创设是否应该随着幼儿的发展阶段进行调整？如果需要，应该如何调整？在未来的教育实践中，你将如何运用所学知识和经验，为幼儿创造一个更好的班级环境？

一　幼儿园班级环境创设的概述

（一）班级

　　幼儿园主要以3～6岁的幼儿为教育对象，幼儿园班级是幼儿园实施保教工作、实现教育目标的基本单位，是幼儿生活和学习的主要场所。在班级中，幼儿之间、师幼之间形成了复杂而丰富的社会关系，这些关系对幼儿的成长产生着深远的影响。

（二）环境

环境是指生物体周围一切影响生存和发展的条件和因素的总和，既包括自然环境，如大气、水、土壤、动植物等，也包括社会环境，如文化、教育、家庭、社区等。环境对人的影响是全方位的，它不仅影响我们的生理健康，还深刻影响着我们的心理发展和社会行为。在教育领域，环境作为一种"隐性课程"，被视为重要的教育资源，是教育活动不可或缺的一部分。《幼儿园教育指导纲要（试行）》中明确指出，环境是重要的教育资源，应通过环境的创设和利用，有效地促进幼儿的发展。蒙台梭利提出："在教育上，环境所扮演的角色相当重要，因为孩子从环境中吸取所有的东西，并融入自己的生命之中。"中国教育家陈鹤琴认为，幼儿园环境是幼儿所接触的，能给他以刺激的一切环境。

（三）幼儿园班级环境创设的含义

幼儿园班级环境创设是指教育工作者根据幼儿的年龄特点、认知水平和兴趣爱好，以及教育目标和教育任务，精心设计和布置的班级内部的环境，包括物质环境和精神环境。物质环境主要涉及教室的布局、设施、装饰和材料等，旨在为幼儿提供一个安全、舒适、富有教育意义的学习和生活空间。精神环境则关注班级氛围、师生关系、同伴关系等心理和社会因素，旨在营造积极向上、和谐融洽的班级文化。创设良好的班级环境，可以激发幼儿的学习兴趣，促进其全面发展，同时也有助于提高教育活动的质量和效果。

幼儿园班级环境创设是幼儿教育中至关重要的环节，它不仅关乎幼儿的安全与健康，还直接影响幼儿的学习兴趣、情感发展和社会行为的培养。有效的班级环境创设能够激发幼儿的好奇心，促进其主动探索与学习；同时，良好的环境还能为幼儿提供一个温馨、和谐、充满爱与尊重的成长空间，有助于幼儿形成积极的自我认同并不断提高社会交往能力。

扫一扫：班级环境创设教案《嘿！这方童趣天地，藏着成长密码》

扫一扫：班级环境创设视频《嘿！这方童趣天地，藏着成长密码》

在幼儿园中，幼儿园班级环境创设具体包括哪些环境的创设？

二 幼儿园班级环境创设的原则

幼儿园班级环境创设的原则至关重要，它能确保环境安全无害、适宜幼儿发展、激发幼儿参与、富有教育意义、提高幼儿的审美能力，并能随着幼儿成长而动态调整。这些原则不仅能为幼儿提供一个健康、舒适的学习空间，更在潜移默化中促进其身心全面发展，培养其自主性、创造力和社会交往能力，为幼儿未来的成长奠定坚实的基础。

（一）安全性原则

幼儿园班级环境创设的首要原则是安全性原则，这一原则不仅关乎幼儿的基本权益，更是确保教育活动顺利进行的基石。《幼儿园工作规程》中指出："幼儿园的设备设施、装修装饰材料、用品用具和玩教具材料等，应当符合国家相关的安全质量标准和环保要求。"安全性原则要求所有用于班级环境创设的设施、材料、装饰以及布局，都必须严格遵循国家安全质量标准和儿童保护法规，确保无毒无害、无尖锐边角、无安全隐患，全方位保障幼儿的人身安全。

安全性原则不仅体现在物质环境的构建上，还渗透于日常管理和维护的每一个细节中。首先，物质环境的安全性是基础，包括选择符合国家标准的环保材料和家具、玩具，如无毒的墙面涂料、无甲醛的家具、安全无毒的玩具等。家具的设计需注重边角处理，避免尖锐边缘，同时高度和尺寸应适合幼儿的身高，以防跌倒和碰撞。此外，电源插座应安装防护盖，电线应隐蔽布置，避免幼儿的触电风险。教室内的光线应柔和且均匀，避免强光直射幼儿眼睛，同时确保夜间或昏暗环境下的照明充足，预防意外发生。

除了物质环境的安全，日常管理和维护同样重要。教师应定期检查班级内的所有设施，包括门窗、家具、电器等，确保其稳固无损坏。同时，要教育幼儿遵守安全规则，如不乱跑乱跳、不攀爬高处、不触摸电源等，通过故事讲述、角色扮演等寓教于乐的方式，让幼儿在潜移默化中树立安全意识。

举例来说，在布置班级图书角时，除了选择色彩多样、内容丰富的图书外，还需注意书架的高度和稳定性，确保幼儿能够轻松取阅书籍而不会发生倾倒事故。此外，图书的摆放应整齐有序，避免堆积过高造成安全隐患。在区域活动中，如美工区、建构区等，教师应提供充足的材料和工具，但同时也要确保这些物品的安全使用，如提供圆头的剪刀、无毒的颜料等，让幼儿在安全的环境中自由创作和探索。

总之，安全性原则是幼儿园班级环境创设不可动摇的底线，它要求教育者从细微处着手，用心营造一个既充满乐趣又安全无忧的学习环境，为幼儿的健康成长保驾护航。

知 识 链 接

　　《幼儿园教育指导纲要（试行）》明确指出："环境是重要的教育资源，应通过环境的创设和利用，有效地促进幼儿的发展。"为了确保幼儿的身心安全，安全性原则被视为幼儿园环境创设的首要原则。它要求所有设施、材料必须安全无毒，避免尖锐边角，消除一切可能的安全隐患，全方位保障幼儿的人身安全。这一原则体现了对幼儿身心健康的重视和保护，是确保教育活动顺利进行的基础。《幼儿园教育指导纲要（试行）》还提到，"幼儿园必须把保护幼儿的生命和促进幼儿的健康放在工作的首位"，这进一步强调了安全性原则在幼儿教育中的重要性。

（二）适宜性原则

　　幼儿园班级环境创设的适宜性原则，是指在设计、布置和维护班级环境时，必须充分考虑幼儿的年龄特点、身心发展规律、认知发展水平以及兴趣爱好，确保环境既符合幼儿的实际需求，又能有效促进其全面发展。这一原则强调环境的教育性和适应性，旨在为幼儿提供一个既安全又富有挑战性的成长空间。

　　适宜性原则要求环境创设不仅要关注物质层面的适宜性，如物品的高度、尺寸是否符合幼儿的身高，色彩搭配是否吸引幼儿的注意力，空间布局是否便于幼儿活动，还要注重精神层面的适宜性，即环境氛围是否温馨、和谐，能否激发幼儿的学习兴趣和探索欲望。

　　具体来说，物质层面的适宜性体现在多个方面。例如，家具的设计应考虑到幼儿的身高特点，确保他们能够轻松使用；墙面装饰应采用鲜艳的色彩和生动的图案，以吸引幼儿的注意力，激发他们的好奇心；区域划分应合理，既要有相对独立的学习区、游戏区，也要有便于幼儿交流和合作的共享空间。

　　精神层面的适宜性则更加关注环境氛围的营造。一个温馨、和谐、充满爱的班级环境，能够让幼儿感受到被尊重、被接纳，从而增强他们的安全感和归属感。此外，环境创设还应注重激发幼儿的学习兴趣和探索欲望，通过提供丰富多样的学习材料和工具，鼓励幼儿主动探索、自主学习。例如：在创设班级图书角时，除了选择适合幼儿年龄特点的图书外，还可以根据幼儿的兴趣爱好进行分类摆放，如设置科普知识区、童话故事区等，以便幼儿根据自己的兴趣选择阅读材料。同时，图书角的设计也应注重舒适性和趣味性，如提供柔软的坐垫、有趣的阅读灯等，让幼儿在轻松愉悦的氛围中享受阅读的乐趣。

（三）参与性原则

　　幼儿园班级环境创设的参与性原则，是指在环境创设的过程中，积极鼓励并引导幼儿参与到环境的布置、维护和管理中，使他们在亲身实践中增强对班级的归属感、责任感以及自我表达能力。这一原则强调幼儿的主体地位，认为他们不仅是环境的受益者，更是环境的创造者和维护者。

参与性原则不仅要求幼儿在环境创设过程中有直接的动手操作机会，还要求教育者通过引导、支持和鼓励，激发幼儿对环境的关注和热爱，培养他们的责任感和创造力。这包括让幼儿参与选择班级装饰的主题、色彩、材料等，让他们有机会表达自己的审美观点和创意想法；也包括让幼儿参与班级规则的制定和执行，让他们学会自我管理，培养自律意识。参与性原则还强调教育者应尊重幼儿的个体差异，为他们提供多样化的参与机会和方式。例如，对于动手能力较强的幼儿，可以让他们参与制作班级装饰品；对于语言表达能力较强的幼儿，可以让他们参与班级故事的创作和讲述；对于喜欢观察的幼儿，可以引导他们发现并记录班级环境的变化。这样一来，幼儿不仅能在实践中学习到各种知识，还能在参与中感受到自己的价值和重要性，从而增强对班级的归属感。总之，这一原则不仅能够提升幼儿的参与度和创造力，还能增强他们的责任感和归属感，为他们的全面发展奠定坚实的基础。

（四）启发性原则

幼儿园班级环境创设的启发性原则，是指在设计和布置班级环境时，要充分考虑到环境的教育功能和启迪作用，通过精心挑选的内容、巧妙的设计布局以及富有创意的元素，激发幼儿的好奇心、探索欲和创造力，促进他们的智力、情感及社会性等多方面能力的全面发展。这一原则强调，环境作为"第三位教师"，通过潜移默化的方式，启迪幼儿的智慧，培养他们的学习兴趣和自主学习能力。

启发性原则要求班级环境不仅要美观、和谐，更要富有教育意义，能够引发幼儿的思考、讨论和实践活动。例如，可以设置主题墙，围绕幼儿感兴趣的话题或节日，展示相关的图片、文字、手工作品等，激发幼儿的好奇心和探索欲；也可以创设科学探索区，提供简单有趣的实验材料和工具，鼓励幼儿动手操作，体验科学探究的乐趣。此外，还强调环境创设应具有开放性和灵活性，能够随着幼儿的兴趣和发展需求而动态调整。教育者应密切关注幼儿的行为表现和学习兴趣，及时调整环境创设的内容和形式，以满足幼儿不断变化的学习需求。例如，当发现幼儿对动物世界表现出浓厚兴趣时，可以增设动物角，展示各种动物的图片、模型、书籍等，进一步激发幼儿对自然界的探索欲。又如：在创设班级图书角时，教育者可以精心挑选一系列富有启发性的图书，如科普读物、童话故事、名人传记等，以满足不同幼儿的兴趣需求。同时，图书角的设计也应注重启发幼儿的思维，如设置"小小阅读家"展示区，展示幼儿的阅读心得、手工作品等，鼓励幼儿分享自己的阅读体验和创意想法。此外，教育者还可以定期举办图书分享会、故事创作比赛等活动，进一步激发幼儿的阅读兴趣和创造力。

（五）审美性原则

幼儿园班级环境创设的审美性原则，是指在设计和布置班级环境时，注重环境的美观性、和谐性以及艺术性，通过色彩搭配、空间布局、材质选择等手段，营造出一个既符合幼儿审美特点，又能激发幼儿审美情趣和创造力的美好空间。这一原则强调环境的美学价值，认为一个富有美感的环境不仅能够提升幼儿的生活质量，还能在无形中培养他们的审美情趣和审美能力，促进其全面发展。

审美性原则要求班级环境的创设应注重色彩搭配，以明亮、温馨、和谐的色调为主，营造出一个积极向上的氛围。同时，空间布局应合理，既要保证幼儿有足够的活动空间，又要注重空间的层次感和立体感，使环境看起来更加生动有趣。此外，材质的选择也至关重要，应选用环保、安全、易于清洁的材料，确保幼儿在安全的环境中享受美的熏陶。除了物质层面的审美要求，审美性原则还强调环境创设应具有文化内涵和艺术气息，能够反映出教育者对美的理解和追求。例如，可以布置一些富有民族特色的装饰品，让幼儿在欣赏美的同时，也能感受到中华文化的博大精深；也可以设置一些艺术展示区，展示幼儿的绘画、手工等作品，激发他们的创作热情和自信心。

审美性原则在幼儿园班级环境创设中扮演着至关重要的角色，它要求教育者以美的眼光审视环境，通过精心设计和布置，营造一个既符合幼儿审美特点，又能激发他们审美情趣和创造力的美好空间，为幼儿的全面发展提供有力的支持。

扫一扫：物质环境的创设案例《玩美尽致，探趣自然》

（六）动态生成性原则

幼儿园班级环境创设的动态生成性原则，是指在环境创设过程中，教育者应充分考虑幼儿的兴趣、需求以及发展变化，灵活调整和优化环境创设的方案和内容，使之成为一个动态、开放、持续发展的系统。这一原则强调环境创设的灵活性和适应性，认为环境不应是一成不变的，而应随着幼儿的学习进程、兴趣变化以及教育目标的调整而不断生成和发展。

动态生成性原则要求教育者密切关注幼儿的行为表现和学习兴趣，及时捕捉他们在与环境互动中产生的疑问、困惑和创意，将这些宝贵的"生成性资源"融入环境创设中，使之成为推动幼儿学习和发展的重要动力。例如，当教育者发现幼儿对某一科学现象表现出浓厚兴趣时，可以迅速调整环境创设的内容，增设相关的科学探索区，提供丰富的实验材料和工具，鼓励幼儿进行深入的探究和学习。

此外，动态生成性原则还强调环境创设应具有一定的开放性和包容性，能够容纳和展示幼儿多样化的学习成果和创意表达。教育者可以设置"幼儿作品展示墙"，定期更换展示内容，让幼儿有机会展示自己的绘画、手工、摄影等作品，激发他们的创作热情和自信心。同时，教育者还可以鼓励幼儿参与环境创设的决策过程，让他们有机会提出自己的意见和建议，使环境创设更加符合他们的需求和期望。

任务二 营造幼儿园精神环境

◇情境导入

在一个开学的早晨，小明带着对幼儿园的期待和一丝紧张踏入了幼儿园的大门。这是他第一次离开父母，独自在一个陌生的环境中度过一天。幼儿园的老师和小朋友们热情地迎接了他，但小明还是有些不适应，显得有些拘谨和不安。

老师注意到了小明的情绪变化，她轻轻地走到小明身边，用温柔的声音和他交谈。老师告诉小明，这里是一个充满爱和快乐的地方，每个小朋友都可以找到自己的朋友，一起玩游戏、学习新知识。为了缓解小明的紧张情绪，老师还特意安排了几个活泼可爱的小朋友和他一起玩玩具、搭积木。

随着时间的推移，小明逐渐融入了这个新的集体。他开始主动和小朋友们交流，分享自己的玩具和故事。老师的关爱和同伴的友谊让小明感受到了前所未有的温暖和快乐。他不再害怕上幼儿园，反而每天都期待着和大家一起度过美好的时光。

思考：在这个情境中，老师是如何帮助小明适应幼儿园生活的？你认为良好的幼儿园精神环境对幼儿的成长有哪些积极影响？作为幼儿园老师，你应该如何营造积极健康的幼儿园精神环境？

一 幼儿园精神环境的概述

幼儿园精神环境，作为幼儿早期教育生态系统中一个不可或缺的组成部分，其重要性不容小觑。它超越了物质空间的局限，深入幼儿的心灵深处，以一种无形却强大的力量，塑造着幼儿的性格、价值观和社会行为模式。在这个微观社会里，每一个细节、每一次互动、每一种氛围都蕴含着教育的意义，共同编织成一张复杂而精细的教育网络。幼儿园精神环境是一个多维度、多层次的概念，它指的是幼儿园内部为幼儿营造的积极、健康、快乐且富有教育意义的情感与心理氛围。这种氛围通过无形的环境要素对幼儿的心理发展、社会性成长及价值观的初步形成产生重要影响。

幼儿园精神环境是幼儿园教育环境的重要组成部分，与物质环境相对，它更侧重于心理和情感层面。它涵盖了幼儿园内所有对幼儿身心发展产生影响的精神因素的总和，包括教师的教育观念与行为，幼儿园的人际关系（如师幼关系、同伴关系等），幼儿园文化氛围、管理制度，以及一定时期内形成的大众心理（如幼儿园风气、大众情绪、潮流与时尚），等等。

（一）师幼关系

幼儿园精神环境的构建，首先聚焦于师生关系的深度培养。教师，作为幼儿成长道路上的引路人，其言行举止无时无刻不在对幼儿产生着潜移默化的影响。一个充满爱心、耐心和智慧的教师，能够以平等、尊重的态度对待每一个幼儿，用鼓励的话语激发他们探索未知的热情，用温暖的拥抱给予他们安全感。这种基于信任和理解的师生关系，不仅让幼儿在情感上得到滋养，更激发了他们内在的学习动力，使他们敢于表达、勇于尝试，为终身学习奠定坚实的基础。

（二）同伴关系

同伴关系作为幼儿园精神环境中的另一大支柱，其重要性同样不容忽视。在幼儿的世界里，同伴是他们最初的社会伙伴，通过与同伴的互动，幼儿学会了如何与他人合作、分享、竞争和解决冲突。幼儿园应创造一个鼓励正向互动的环境，比如通过设置合作游戏、角色扮演等活动，让幼儿在实践中学习社会规则，培养同理心和团队合作精神。这样的环境有助于幼儿建立积极的自我认同，增强社交技能，从而为未来的社会生活打下良好的基础。

（三）园所文化

园所文化作为幼儿园精神环境的灵魂，其塑造需从物质与精神两个层面入手。物质层面，包括幼儿园的建筑设计、色彩搭配、空间布局以及教育资源的配置，这些都应体现出对幼儿的关怀和对教育的尊重。精神层面，则涉及幼儿园的教育理念、价值取向和行为规范，它们共同构成了园所文化的核心。富有特色的园所文化，能够激发幼儿的好奇心，培养他们的审美情趣和创新能力，同时，也能增强教师的职业荣誉感和归属感，促进教师队伍的专业成长。

（四）教育理念

教育理念作为幼儿园精神环境的指南针，其导向作用至关重要。在幼儿教育中，应坚持"以幼儿为本"的原则，尊重每个幼儿的个体差异，倡导全面发展的教育理念。这意味着，教育不仅关注幼儿的认知发展，更应重视其情感、社会性、身体和运动等多方面的发展。游戏，作为幼儿的主要学习方式，应被充分融入日常教学中，让幼儿在游戏中探索、学习、成长。这样的教育理念，旨在培养幼儿的自主学习能力、批判性思维和解决问题的能力，为他们成为合格的未来公民打下坚实的基础。

（五）情感态度

情感态度作为幼儿园精神环境的情感基石，其影响力深远而持久。一个充满爱、尊重、理解和接纳的环境，能够让幼儿在爱与被爱中学会关爱他人，在尊重与被尊重中学会自尊自爱，在理解与被理解中学会宽容与包容。这种积极的情感态度，不仅促进了幼儿的社会性发展，更为他们未来的情感生活奠定了坚实的基础。幼儿园应通过多种方式，如故事讲述、角色扮演、情感表达练习等，培养幼儿的情感智慧，帮助他们建立健康、积极的人际关系。

总之，幼儿园精神环境的营造是一个系统工程，需要教育者、幼儿、家长以及社会各界的共同努力。优化师幼关系、同伴关系、园所文化、教育理念以及情感态度等多个维度，可以为幼儿创造一个既安全又富有挑战性的成长环境，让他们在爱与自由中茁壮成长，成为具有独立思考能力、良好社会适应性和积极生活态度的未来公民。

议一议

在幼儿园中，幼儿园精神环境创设要注意哪些事项？

二 营造幼儿园精神环境的要点

（一）构建和谐的师幼关系

1. 积极互动

教师应积极与幼儿进行互动，关注他们的内心世界，形成和谐的精神环境。日常对话是良好的教育手段，教师应经常与幼儿展开积极、友好的对话，尊重、支持、接受幼儿的情感态度和行为，使幼儿对教师形成积极的情感依恋。

2. 平等对待

教师应以平等、尊重的态度对待每一个幼儿，避免任何形式的歧视或偏见。通过与幼儿建立平等的对话关系，教师可以更好地了解他们的需求和兴趣，从而提供更加个性化的教育支持。平等尊重的对话关系主要包括以下几点。

（1）物理姿态平等化：教师采用蹲姿/坐姿与幼儿平视交流，避免居高临下的压迫感。例如：在晨间谈话时使用圆形地垫围坐，消除空间等级差异。

（2）语言互动民主化：用"你觉得可以怎么做"替代指令性语言，培养幼儿的决策能力；设置"童言议会"机制，每周选取幼儿的提案并讨论实施（如调整午睡音乐）。

（3）权利保障可视化：创设"我的选择我做主"墙，用照片展示幼儿可自主决定的事项。

3. 赞美鼓励

教师应善于发现幼儿的闪光点，给予及时、具体的表扬和鼓励。这不仅可以增强幼儿的自信心和成就感，还可以为他们树立良好的榜样，激发其他幼儿的学习热情。

（二）引导幼儿建立互助友爱的同伴关系

1. 提供交往机会：营造多元互动空间

幼儿园应为幼儿提供多样化的交往机会，让他们在互动中增进了解，培养友谊。除了日常的教学和游戏时间，幼儿园可以通过变换座位安排来打破固定的社交圈，让幼儿有机会与不同的伙伴接触。例如，定期轮换座位，或者设置小组活动，让每个孩子都有机会成为小组的一员，从而增加他们与不同性格、背景的幼儿交往的机会。

此外，组织混龄活动也是促进幼儿社交的重要方式。在混龄活动中，年龄较大的幼儿可以扮演领导角色，帮助年龄较小的幼儿，而年龄较小的幼儿则可以从模仿和学习中受益。这种跨年龄的互动不仅有助于幼儿的社会化发展，还能增强他们的责任感和同情心。

2. 培养社交技能：在实践中学习与成长

社交技能是幼儿建立良好同伴关系的关键。教师应通过具体的指导和实践活动，帮助幼儿学会分享、合作、等待和轮流等基本技能。例如，在角色扮演游戏中，幼儿可以扮演不同的角色，体验不同的情感和需求，学会站在他人的角度思考问题。情境模拟也是培养社交技能的有效方法，教师可以设计一些简单的情境，如玩具争夺战、合作搭建积木等，让幼儿在实践中学习如何与他人协商、互助和合作。

同时，教师应及时给予幼儿正面的反馈和鼓励，增强他们的自信心和社交动力。当幼儿表现出良好的社交行为时，教师应及时表扬，让他们明白这些行为是受到欢迎和赞赏的。

3. 培养亲社会行为：产生情感共鸣与提高道德认知

亲社会行为是幼儿建立良好同伴关系的基础，它包括同情、关心、帮助等积极行为。教师应抓住生活中的教育契机，启发幼儿换位思考，培养他们的亲社会行为。例如，当某个幼儿遇到困难或受伤时，教师可以引导幼儿表达关心，提供帮助，或者组织集体讨论，让幼儿思考如何避免类似事件的发生。

此外，教师还可以通过故事讲述、角色扮演等方式，让幼儿了解亲社会行为的重要性和价值。例如，讲述一个关于友谊和互助的故事，让幼儿在故事中感受友谊的温暖和力量，从而激发他们模仿故事中的积极行为。

（三）建立团结协作的教师团队

1. 真诚相待：构建和谐的团队氛围

教师之间的真诚相待是建立团结协作教师团队的基础。在幼儿教育中，教师们面临着各种挑战和压力，只有相互信任、友好合作，才能共同应对这些挑战，为幼儿的成长创造有利条件。

首先，教师应积极分享自己的教学经验和心得，通过集体备课、教学研讨等方式，互相学习，共同进步。这种开放、包容的交流氛围，不仅能够提升教师的教学水平，还能增强团队的凝聚力和向心力。

其次，教师应尊重彼此的教学风格和个性特点，避免在教学理念和方法上产生不必要的争执。在团队中，每个教师都有自己的长处和短处，只有相互包容、取长补短，才能形成优势互补，提高团队的整体实力。

此外，教师之间还应建立有效的沟通机制，及时分享幼儿在园的表现和进步，共同讨论和解决教学中遇到的问题。这种良好的沟通氛围，有助于教师之间形成共识，共同为幼儿的成长贡献力量。

2. 树立榜样：以身作则引领幼儿成长

教师自身的言行举止对幼儿具有重要影响。在幼儿眼中，教师是他们的榜样和偶像，教师的行为往往会被幼儿模仿和学习。因此，教师应以身作则，树立良好的榜样，引导幼儿形成积极的行为习惯和价值观。

首先，教师应注重自己的仪表和言行，保持整洁、得体的着装和礼貌、友善的待人态度。这种良好的形象，不仅有助于提升教师的职业形象，还能让幼儿感受到教师的尊重和关爱。

其次，教师应遵守职业道德规范，保持公正、公平的教育态度。在对待幼儿时，教师应一视同仁，不偏袒、不歧视，让每个幼儿都能感受到教师的关注和关爱。

此外，教师还应注重自己的专业素养提升，不断学习新知识、新技能，提高自己的教学水平。这种积极向上的学习态度，不仅能够提升教师的专业素养，还能激发幼儿的学习兴趣和探索欲望。

在团队中，教师们应相互学习、相互激励，共同提升专业素养和教育教学能力。通过团队协作和共同努力，教师们可以共同为幼儿的成长创造更加优质的教育环境。

（四）构建互信的家园关系

1. 加强沟通：建立有效的沟通渠道

沟通是构建互信家园关系的基础。教师应与家长保持密切沟通，及时分享幼儿在园的表现和进步，了解家长的需求和期望。这种良好的沟通氛围，有助于增进家长对幼儿园的信任和支持。

首先，教师应定期向家长反馈幼儿在园的学习和生活情况。这可以通过家长会、家访、电话沟通等方式实现。在反馈时，教师应注重客观、全面地描述幼儿的表现，既要肯定幼儿的进步和优点，也要指出存在的问题和不足，并提出改进建议。

其次，教师应积极倾听家长的声音，了解他们的需求和期望。在沟通中，教师应保持开放、包容的态度，尊重家长的意见和建议，共同探讨适合幼儿的教育方式和方法。

此外，教师还可以利用网络平台，如微信群、QQ群等，与家长进行实时互动和交流。这种便捷的沟通方式，有助于家长随时了解幼儿在园的情况，增强家园之间的互信和合作。

2. 组织活动：增进家园之间的了解和信任

组织亲子活动、家长会，可以增进家长与幼儿、家长与教师之间的了解和信任。这些活动不仅有助于家长更好地了解幼儿园的教育理念和教育方式，还能让家长亲身体验到幼儿园的教育氛围和教师的专业素养。

首先，幼儿园可以定期组织亲子活动，如亲子运动会、亲子游园会等。这些活动不仅有助于增进家长与幼儿之间的亲子关系，还能让家长了解幼儿在园的生活和学习情况。在活动中，教师应积极引导家长参与，让他们感受到幼儿园的教育氛围和教师的专业素养。

其次，幼儿园可以定期召开家长会，向家长介绍幼儿园的教育理念、课程设置、教学计划等。在家长会上，教师应积极与家长互动，解答他们的疑问和困惑，共同探讨适合幼儿的教育方式和方法。这种面对面的交流方式，有助于增强家园之间的互信和合作。

此外，幼儿园还可以邀请家长参与幼儿园的志愿服务、教学观摩等活动。这些活动不仅有助于家长更好地了解幼儿园的教育工作，还能让他们感受到自己在幼儿园教育中的价值和作用。通过共同参与活动，家长可以更加深入地了解幼儿园的教育理念和教育方式，从而更好地支持幼儿园的教育工作。

（五）重视幼儿园文化建设

1. 营造氛围：打造温馨、富有教育意义的环境

幼儿园的环境氛围是文化建设的基石。精心设计的墙面装饰、色彩搭配以及空间布局，可以营造出既温馨、舒适又富有教育意义的环境，使幼儿在潜移默化中受到熏陶和启发。

墙面不应仅仅是单调的涂料或冰冷的瓷砖，而应成为幼儿探索世界的窗口。可以选用色彩鲜艳、图案生动的壁画或贴纸，展示自然界的奥秘、童话故事、科学小知识等，激发幼儿的好奇心和求知欲。同时，墙面装饰应定期更换，保持新鲜感，让幼儿进入教室能发现新的惊喜。

色彩对于幼儿的心理发展有着重要影响。温暖的色调如橙色、黄色能够营造温馨、欢快的氛围，有助于调节幼儿的情绪；而冷色调如白色、灰色则能带来宁静、平和的感觉，有助于幼儿集中注意力。因此，在色彩搭配上，应根据不同区域的功能和需求进行合理规划，如活动区采用鲜艳色彩激发活力，阅读区则使用柔和色调营造安静氛围。温馨、舒适、富有教育意义的环境氛围，有助于激发幼儿的学习兴趣和探索欲望。

2. 开展活动：丰富精神世界

活动是幼儿园文化建设的重要组成部分。组织丰富多彩的活动，不仅可以充实幼儿的精神世界，还能培养他们的审美情趣和创新能力，促进其全面发展。幼儿园可以组织多种多样的活动，如节日庆典、主题展览等。节日庆典是传承文化、增进情感的重要契机。幼儿园可以围绕传统节日，组织庆祝活动，如春节包饺子、中秋节赏月等。主题展览是展示幼儿学习成果和创造力的平台。幼儿园可以定期举办不同主题的展览，如"小小画家"画展、"小小科学家"实验展示等。主题展览不仅能让幼儿展示自己的才华和成果，还能激发其他幼儿的兴趣和灵感，形成积极向上的学习氛围。

又如：设置"世界之窗"角，展示不同国家的节日习俗照片；设置"方言日"，每周一天用方言交流，录制《家人的故事》音频。这些活动不仅能让幼儿了解不同文化的习俗和传统，还能增进他们与同伴、教师之间的情感交流，培养团队精神和社交能力。

综上所述，幼儿园精神环境的营造需要教育者、幼儿、家长以及社会各界的共同努力。构建和谐的师幼关系、引导幼儿建立互助友爱的同伴关系、建立团结协作的教师团队、构建互信的家园关系以及重视幼儿园文化建设等，可以为幼儿创造一个健康、积极、富有教育意义的精神环境。

扫一扫：大班环境创设《境教无声　童创丝路》

案例

幼儿园精神环境创设案例：《梦幻森林》

以"梦幻森林"为主题的班级环境，不仅为孩子们营造了一个充满童趣与想象的学习空间，还巧妙地融入了教育意义，激发了孩子们的好奇心和探索欲。

一进入这个班级，首先映入眼帘的是一扇巨大的"树洞门"，由彩绘的木板和仿真藤蔓构成，仿佛引领孩子们进入一个神秘的森林世界。门后，是一面用彩纸和布料拼接而成的"森林壁画"，上面描绘了各种生动活泼的森林动物，如小鹿、松鼠、兔子等，它们或嬉戏或觅食，栩栩如生，仿佛能听到它们的欢声笑语。

班级的每一个角落都被精心设计过。在"智慧树"区域，老师们利用高大的书架和绿色的幕布，搭建了一个模拟树屋，里面摆满了各类绘本和科普书籍，鼓励孩子们探索自然奥秘的同时，培养他们良好的阅读习惯。而"小溪边"则是孩子们的游戏区，这里铺设了柔软的蓝色垫子，旁边摆放着用塑料制成的"石头"和"小桥"，孩子们可以在这里尽情地进行角色扮演，享受游戏的乐趣。

尤为值得一提的是，这个班级还设立了一个"小小植物园"，孩子们种植了各种易于养护的植物，如多肉、绿萝等。通过观察植物的生长变化，孩子们不仅学会了照顾植物，还体会到了大自然的神奇与美好。

分析：

以"梦幻森林"为主题的班级环境创设，在尊重孩子们个性的基础上，打造富有启发性的学习环境，不仅为孩子们提供了一个温馨、有趣的学习空间，更重要的是，它激发了孩子们对大自然的热爱和对知识的渴望，为他们的全面发展奠定了坚实的基础。

任务三　创设幼儿园物质环境

◇ 情境导入

在某幼儿园的小班里，孩子们刚刚结束了户外活动，兴高采烈地跑回教室。教室里，老师们刚刚完成了一次精心设计的物质环境创设。墙上挂着孩子们和家长一起制作的亲子手工作品，五彩斑斓，充满了家的温馨。在教室的一角，有一个特别设置的"小小图书馆"，里面摆满了各种绘本和故事书，旁边还配有一张舒适的小沙发，方便孩子们坐下来享受阅读的乐趣。此外，教室里还设置了一个"小小建筑师"区域，里面有各种积木和建筑模型，孩子们可以在这里尽情发挥想象力，搭建自己的"梦想城堡"。

当孩子们走进教室，看到这些新变化，都露出了惊喜的表情。他们纷纷跑到自己的作品前，自豪地向小伙伴们介绍。在"小小图书馆"里，几个孩子已经迫不及待地坐下来，开始翻阅绘本。而在"小小建筑师"区域，几个小男孩已经开始热火朝天地搭建起来。

思考：在这个情境中，幼儿园班级进行物质环境创设的主要目的是什么？这样的环境创设是如何支持幼儿全面发展的？案例中提到的"小小图书馆"和"小小建筑师"区域分别有哪些教育价值？如何评估这样的物质环境创设对幼儿的教育效果？有没有具体的观察指标或评估方法来衡量环境创设的成功与否？

一　幼儿园物质环境的概述

幼儿园物质环境是一个复杂而多样的系统，它既包括幼儿园所处的外部自然环境和社会环境，也包括幼儿园内部的各种物质要素。这些物质要素共同构成了幼儿在幼儿园中的生活环境和学习环境，对幼儿的成长和发展有着深远的影响。

（一）广义的幼儿园物质环境

广义的幼儿园物质环境是指对幼儿园教育产生影响的一切天然环境与人工环境中物质要素的总和。这涵盖了幼儿园所处的自然环境，如自然风光、地理位置、气候条件等，以及社会环境中的物质条件，比如城市建筑、社区绿化、家庭物质条件、居室空间安排和室内装潢设计等。这些外部因素虽然不直接由幼儿园控制，但它们确实对幼儿园的教育质量和幼儿的成长环境有着不可忽视的影响。例如，幼儿园周边的自然环境可以为幼儿提供亲近自然、探索自然的机会，而社区的文化氛围和绿化情况也会影响幼儿对美的感知和环保意识的培养。

（二）狭义的幼儿园物质环境

狭义的幼儿园物质环境则是指幼儿园内对幼儿发展有影响作用的各种物质要素的总和。这主要包括幼儿园的园舍建筑、园内装饰、场所布置、设备条件、物理空间的设计与利用以及材料的选择与搭配等。这些物质要素构成了幼儿在幼儿园中的直接生活环境，对幼儿的身心健康、认知发展、社会性发展等方面都有着重要的影响。

1. 园舍建筑

园舍建筑是幼儿园物质环境的基础，其设计应考虑到幼儿的身心特点，如建筑的采光、通风、隔音等性能，以及建筑的安全性和便利性。

2. 园内装饰

园内装饰是幼儿园物质环境的重要组成部分，它可以营造温馨、舒适、富有启发性的学习氛围。装饰的内容可以包括色彩搭配、图案设计、标语设置等，这些都可以对幼儿产生潜移默化的影响。

3. 场所布置

场所布置是指对幼儿园内各个功能区的合理规划和布置。这包括教室、活动区、休息区、卫生间等各个区域的设置和布局，以及这些区域之间的连接和过渡。合理的场所布置可以方便幼儿活动和学习，提高他们的生活质量。

4. 设备条件

设备条件是指幼儿园内各种教学设备和游戏器材的配备情况。这些设备包括教学用具、图书资料、音乐器材、体育器材等，它们的数量和质量直接影响到幼儿园的教学质量和幼儿的学习体验。

5. 物理空间的设计与利用

物理空间的设计与利用是指对幼儿园内空间进行合理规划和有效利用。这包括空间的大小、形状、高度等因素的设计，以及空间的功能分区和流线设计。合理的物理空间设计可以提高空间的使用效率，为幼儿提供更多的活动和学习空间。

6. 材料的选择与搭配

材料的选择与搭配是指对幼儿园内各种材料的选择和使用。这些材料包括建筑材料、装饰材料、游戏材料等。在选择材料时，应考虑到材料的安全性、耐用性、环保性以及美观性等因素。同时，不同材料之间的搭配也可以产生不同的视觉效果和触感体验，对幼儿产生不同的影响。

议一议

在幼儿园中，从物质环境的创设中如何鼓励幼儿之间进行互动和合作？

二 创设幼儿园物质环境的原则

创设幼儿园物质环境是一个综合性的过程，它涉及多个层面的考量，旨在为幼儿提供一个既安全又富有启发性的成长空间。

（一）安全性原则

安全性是创设幼儿园物质环境的首要原则。幼儿的自我保护能力较弱，因此，环境的安全性至关重要。这包括使用无毒、无害的材料，确保所有家具、设备无尖锐边角，地面铺设防滑材料，以及设置必要的安全防护措施，如防护栏、安全门等。此外，应定期进行安全检查，及时消除潜在的安全隐患，如电线裸露、易燃物品不当存放等。同时，要加强幼儿的安全教育，提高他们的自我保护意识和能力。

（二）功能性原则

功能性原则要求幼儿园物质环境能满足幼儿的基本生活需求。这包括提供适宜的休息空间，确保幼儿能够得到充分的休息和睡眠；设置卫生设施，如洗手间和盥洗池，其高度和尺寸应适合幼儿使用，且应保持清洁和卫生；提供充足的储物空间，让幼儿能够有序地存放个人物品，培养他们的整理能力和责任感。此外，环境设计还应考虑幼儿的饮食需求，如设置餐厅或用餐区，提供健康、营养的饮食。

功能性原则的核心在于促进幼儿的学习与发展。这要求环境设计融入教育元素，以激发幼儿的学习兴趣和创造力。例如，教室可以划分为不同的学习区域，如阅读区、科学探索区、艺术创作区等，每个区域都应配备相应的材料和工具，以满足幼儿多样化的学习需求。同时，环境布置应富有启发性，如利用墙面展示幼儿的作品，激发他们的自信心和成就感。此外，环境设计还应注重培养幼儿的自主学习能力，如设置图书角、学习资源库等，鼓励幼儿自主探索和学习。

功能性原则强调环境要支持幼儿的社交与情感发展。这要求环境设计注重开放性和互动性，为幼儿提供多种社交的机会和方式。例如，可以设置角色扮演区、合作游戏区等，让幼儿在模拟的社会环境中学习社交规则和情感表达。同时，环境设计还应注重培养幼儿的团队精神和合作意识，如设置团队任务挑战区，鼓励幼儿通过团队协作完成任务。此外，环境布置也可以融入温馨、和谐的元素，如利用柔和的灯光、舒适的座椅等，营造温馨、包容的氛围，促进幼儿之间的情感交流和相互理解。

案例

　　幼儿园小班，教师为支持幼儿社交与情感发展，精心布置了"温馨小屋"。小屋内设有软垫、小桌椅和玩具，营造温馨舒适的氛围。教师鼓励幼儿在此自由交流、分享玩具，引导他们学习轮流、等待和分享。通过角色扮演游戏，如"小小家庭"，幼儿扮演不同角色，增进彼此了解，学会合作与协商。教师定期观察，适时介入，引导幼儿解决冲突，培养幼儿的情感表达和社交技能。"温馨小屋"成为幼儿社交与情感发展的乐园。

　　功能性原则还要求环境设计适应不同年龄段幼儿的特点。这包括考虑幼儿的身高、体重、动作协调性等方面的差异，为他们提供适宜的学习和生活空间。例如，对于小班幼儿，环境设计应更注重安全性和趣味性，如设置低矮的家具、丰富的玩具和游戏器材等；而对于大班幼儿，则可以适当增加挑战性和创造性元素，如设置科学实验区、艺术创作区等，以满足他们日益增长的好奇心和探索欲望。

（三）教育性原则

　　教育性原则是创设幼儿园物质环境的核心。教育性原则强调环境应成为幼儿学习的"第三位教师"，通过精心设计的物质环境，激发幼儿的好奇心、探索欲和创造力，促进他们全面发展。《幼儿园教育指导纲要（试行）》指出："幼儿园的空间、设施、活动材料和常规要求等应有利于引发、支持幼儿的游戏和各种探索活动，有利于引发、支持幼儿与周围环境之间积极的相互作用。"物质环境不仅是幼儿生活的场所，更是他们学习和成长的课堂。因此，环境设计应融入教育元素，以激发幼儿的学习兴趣和创造力。

　　1. 教育性原则首先要求物质环境本身具有教育价值

　　这意味着环境设计应融入教育元素，使幼儿在日常生活和游戏中潜移默化地接受教育。例如，环境布置可以包含丰富的视觉刺激，如色彩鲜艳的壁画、富有创意的装饰物，这些都能激发幼儿的好奇心和探索欲。同时，环境设计也可以体现教育目标，如设置"好习惯养成墙"，通过展示幼儿良好的行为习惯，引导其他幼儿模仿和学习。

　　2. 教育性原则强调物质环境能够激发幼儿的学习兴趣

　　环境设计应注重趣味性和互动性，为幼儿提供多种学习方式和途径。例如，可以设置"探索发现区"，提供多种实验材料和工具，让幼儿在动手操作中发现问题、解决问题，培养他们的科学探究精神。同时，环境设计也可以融入游戏化元素，如设置"角色扮演区"，让幼儿在模拟的社会环境中学习社交规则，增强他们的社会适应能力。

3. 教育性原则还强调物质环境能够促进幼儿的认知发展

环境设计应注重认知刺激，为幼儿提供丰富的感官体验和认知机会。例如，可以设置"认知发展区"，提供不同形状、颜色、大小的物品，让幼儿在观察和比较中发展他们的感知觉和认知能力。同时，环境设计也可以融入数学教育元素，如设置"数学游戏墙"，通过有趣的数学游戏，引导幼儿学习数字、形状、排序等。

4. 教育性原则要求物质环境能够培养幼儿良好的行为习惯

通过环境布置和规则制定，引导幼儿形成良好的生活习惯和学习习惯。例如，可以设置"行为规范墙"，展示幼儿应遵守的行为规范，如礼貌用语、排队等候等，引导幼儿在日常生活中自觉遵守。同时，环境设计也可以融入自我管理能力培养的元素，如设置"时间管理表"，引导幼儿合理安排自己的学习和游戏时间，培养他们的自律性和责任感。

教育性原则在创设幼儿园物质环境中占据着至关重要的地位。通过遵循这一原则，我们可以为幼儿提供一个既富有教育价值又充满趣味性的成长空间，促进他们的全面发展。同时，这也要求我们在环境设计过程中注重细节、关注幼儿需求、不断创新和完善，以打造一个更加符合幼儿成长规律的物质环境。

案例

内向的小明

在一个充满欢声笑语的幼儿园里，小明，一个内向而敏感的 5 岁小男孩，成为教师们关注的焦点。小明平时总是静静地坐在角落，独自玩弄着手中的画笔，虽然他的画作充满了丰富的色彩和想象力，但他却很少主动与同伴交流，更不愿参与集体活动。这一现象引起了教师们的深思，她们决定运用教育性原则，为小明创造一个更加包容、互动的学习环境。

首先，教师们通过观察小明的日常行为，发现他对绘画有着浓厚的兴趣。于是，她们设计了一系列以绘画为主题的集体活动，如"我的家庭"绘画比赛和"我心中的世界"创意画展。在这些活动中，教师们不仅鼓励小明展示自己的作品，还引导其他幼儿欣赏和评价他的画作，从而使他感受到集体的温暖和接纳，帮助他建立自信心。

同时，教师们也注意到了小明在语言表达上的困难。她们在日常教学和互动中，特别注重引导小明用语言表达自己的想法和感受。例如，在故事课上，教师们会邀请小明分享他对故事的理解，即使他的表达不够流畅，教师们也会给予积极的反馈和鼓励，帮助他逐渐克服语言表达的障碍。

此外，教师们还组织了户外活动和角色扮演游戏，如"小小消防员"和"快乐农场"。这些活动不仅提高了小明的社交能力，还让他在愉快的氛围中获得了更多的情感体验。小明在游戏中学会了合作和分享，逐渐融入了集体生活。

思考：

随着活动的深入，教师们也遇到了一些挑战。例如，如何进一步激发小明参与集体活动的积极性？如何在日常教学中更好地平衡小明的个体差异与集体需求？如何确保教育活动的持续性和有效性，以巩固和拓展小明的进步？

（四）互动性原则

互动性原则强调物质环境应促进幼儿之间的互动与合作。这要求环境设计注重开放性和灵活性，为幼儿提供多种互动的机会和方式。例如，可以设置角色扮演区，让幼儿在模拟的社会环境中学习社交规则和情感表达；也可以设置合作游戏区，鼓励幼儿通过团队协作完成任务和挑战。此外，环境设计还可以利用自然元素和自然景观，如设置户外探险区、种植园等，引导幼儿与自然进行互动，培养他们的环保意识和探索精神。

（五）可持续性原则

可持续性原则要求创设幼儿园物质环境时注重环境保护和资源节约。这包括使用环保材料、节能技术和可再生能源，减少对环境的影响；实施垃圾分类和废物回收制度，提高资源的利用率；以及加强幼儿的环保教育，培养他们的环保意识和责任感。可持续性原则的实施，可以为幼儿树立榜样，引导他们从小养成良好的环保习惯。

案例

绿色小卫士行动

在当今社会，可持续发展已成为全球共识，而幼儿园作为孩子们接触得最早的社会，也积极参与可持续发展的教育实践。

1. 案例背景

某幼儿园位于城市中心，周围高楼林立，绿地稀缺。为了让孩子们从小培养环保意识，幼儿园启动了"绿色小卫士行动"，旨在通过一系列实践活动，让孩子们了解环保知识，学会珍惜资源，并积极参与环保行动。

2. 行动内容

环保课堂：幼儿园开设了环保课程，通过故事讲述、互动游戏等形式，向孩子们传授环保知识，如垃圾分类、节能减排、水资源保护等。教师们利用生动的案例和有趣的实验，激发孩子们对环保的兴趣和热情。

　　绿色种植：幼儿园在校园内开辟了"绿色种植区"，鼓励孩子们亲手种植蔬菜、花草等。通过参与种植、浇水、施肥等活动，孩子们不仅了解了植物的生长过程，还滋生了爱护自然的情感。

　　垃圾分类挑战：幼儿园设置了垃圾分类回收站，并定期组织垃圾分类挑战活动。孩子们在教师的指导下，学会识别不同类型的垃圾，并将其正确分类投放。通过比赛和奖励机制，孩子们逐渐养成了垃圾分类的好习惯。

　　亲子环保活动：幼儿园还定期举办亲子环保活动，如家庭垃圾分类竞赛、亲子环保手工制作等。这些活动不仅增进了亲子关系，还让家长和孩子们共同参与到环保行动中，共同为保护环境贡献力量。

　　3. 行动成果

　　经过一段时间的"绿色小卫士行动"，孩子们对环保有了更深入的认识和理解。他们不仅学会了垃圾分类、节能减排等环保知识，还积极参与各种环保实践活动，成为校园内的小小环保使者。同时，这一行动也带动了家长们对环保的关注，形成了家园共育的良好氛围。

任务四　综合实训

实训一　创设幼儿园中班区域活动环境

一　实训描述

　　中班幼儿对区域活动特别感兴趣，刚毕业的小美老师在班上设计了一个创想区，等到玩区域游戏的时间段，幼儿都根据自己的兴趣选择了不同区域开始游戏。但是没有人选择创想区，这时小美老师大声地问："创想区，这里有纸箱，谁愿意去玩？"于是有几个幼儿陆陆续续地过去，在玩的过程中，幼儿玩起了开飞机的游戏，看到老师过来了又玩起了纸箱，却说着"一点都不好玩"。为改变这个现象，请为幼儿园中班设计一次班级区域活动环境创设。

二　实训目标

　　（1）通过小组合作，提高团队合作精神，提升专业知识和能力。

　　（2）具备活动设计综合能力，积累区域活动的案例资源。

　　（3）深化专业认知，理解班级环境创设的特点，以及环境创设需要注意的事项。

三 实训要求

（1）设计一份完整的中班区域活动环境创设方案。

（2）小组合作，完成一次区域活动环境创设。

四 实训过程

（一）集体观摩学习

收集并分析优秀幼儿园区域活动环境创设的案例，了解不同区域活动环境创设的特色与亮点，为实训提供灵感与参考。

（二）分组讨论

将参与者分为若干小组，每组分配一名指导老师，准备必要的环境创设材料，设计区域活动环境创设方案。

（三）具体过程

（1）各小组根据实际情况与幼儿的兴趣，共同完成一次区域活动环境创设，并通过问卷调查、访谈等方式，收集幼儿、家长及教师的意见与建议，形成需求分析报告。

（2）小组共同设计一个区域活动环境创设方案，包括环境布局、色彩搭配、墙面装饰、区域材料选择等，确保方案既符合教育目标，又能激发幼儿学习兴趣。

（3）在指导老师的监督下，按照设计方案进行环境创设的实施，包括区域材料的选择、区域装饰、区域布置等，注意过程中的安全与卫生。

（4）结合区域活动，设计一系列互动环节与游戏，如角色扮演、手工制作、故事讲述等，增强幼儿的参与感与体验感。

（5）实训结束后，组织全体参与者、指导老师及部分幼儿进行区域活动环境创设效果的评估，收集反馈意见，总结经验，吸取教训，提出改进建议。

五 注意事项

（1）秉承客观、公正的态度对幼儿园中班区域活动环境创设进行评析。

（2）设计方案合理，符合幼儿的年龄特点，各要素齐全。

（3）区域活动环境创设规划合理，理由充分。

实训二　创设幼儿园主题教学活动环境

一　实训描述

为了主题教学活动的效果，请为幼儿园进行一次主题教学活动的环境创设。

二　实训目标

（1）能根据所学理论知识，依据不同的主题创设教学活动环境。

（2）根据幼儿园主题教学活动网络图进行主题环境创设。

（3）提高主题教学活动环境创设的技能，提高动手能力和团队合作精神。

三　实训要求

（1）设计一份幼儿园主题教学活动网络图。

（2）小组和幼儿园共同合作完成主题教学活动环境创设。

三　实训过程

（一）集体观摩学习

收集并分析优秀幼儿园主题教学活动环境创设的案例，了解不同主题教学活动的环境创设特色与亮点，为实训提供灵感与参考。

（二）分组讨论

将参与者分为若干小组，每组分配一名指导老师，准备必要的环境创设材料，设计主题教学活动环境创设方案。

（三）具体过程

（1）各小组根据实际情况与幼儿的兴趣，共同确定一个主题，并通过问卷调查、访谈等方式，收集幼儿、家长及教师的意见与建议，形成需求分析报告。

（2）小组共同设计主题教学活动环境创设方案，包括环境布局、色彩搭配、墙面装饰、区域划分、材料选择等，确保方案既符合教育目标，又能激发幼儿学习兴趣。

（3）在指导老师的监督下，按照设计方案进行环境创设的实施，包括墙面装饰、区域布置、材料准备与摆放等，注意过程中的安全与卫生。

（4）结合主题教学活动，设计一系列互动环节与游戏，如角色扮演、手工制作、故事讲述等，增强幼儿的参与感与体验感。

（5）实训结束后，组织全体参与者、指导老师及部分幼儿进行主题教学活动环境创设效果的评估，收集反馈意见，总结经验，吸取教训，提出改进建议。

五　注意事项

（1）秉承客观、公正的态度对幼儿园主题教学活动环境创设进行评析。

（2）设计方案合理，符合幼儿的年龄特点，各要素齐全。

（3）主题教学活动规划合理，理由充分。

拓展阅读

《幼儿学习环境评量表》

一、概述

《幼儿学习环境评量表》是一个被广泛认可的幼儿园物质环境评估工具，由西尔玛·哈姆斯、理查德·M·克利福德和戴比·克莱尔共同制定。该量表专为幼儿园、学前班和儿童日托中心设计，旨在通过评估物质环境的质量，为教学和研究单位提供改善幼儿园教学环境与课程品质的依据。

二、子量表及项目

该量表共包含7个子量表，每个子量表下设多个具体项目，用于全面评估幼儿园的物质环境质量。以下是各子量表及项目的简要介绍：

1. 空间与设施

室内空间是否足够，是否满足儿童和成人的活动需求。

日常照料和游戏的设施是否齐全、安全、适用。

休闲和舒适设施的设置情况，如休息区、阅读区等。

房间规划是否合理，是否有利于儿童的活动和发展。

2. 个人日常照料

入园/离园的程序是否规范、便捷。

正餐/点心的提供是否营养均衡，是否符合儿童的年龄需求。

午睡/休息的安排是否适宜，是否有利于儿童的身心健康。

换尿片/如厕的卫生措施是否到位，是否保障儿童的隐私和安全。

3. 语言—推理

是否提供丰富的语言材料和学习机会，以促进儿童的语言发展。

教师是否经常与儿童交流，是否鼓励儿童用语言表达自己的想法和感受。

是否设计有专门的语言活动，如故事讲述、角色扮演等。

4. 活动

是否提供多样的小肌肉活动材料，如积木、拼图等，以促进儿童的精细动作发展。

是否安排有充足的体能游戏和户外活动，以锻炼儿童的大肌肉群和协调性。

是否提供美术、音乐等创造性活动，以激发儿童的想象力和创造力。

5. 互动

游戏和学习的管理是否得当，是否有利于儿童的自主学习和探究。

同伴互动的情况如何，是否鼓励儿童之间的合作和分享。

师生互动的质量如何，教师是否经常给予儿童正面的反馈和鼓励。

6. 课程结构

日常程序的安排是否规律、合理，是否有利于儿童形成良好的生活习惯。

自由游戏和集体游戏活动的安排是否平衡，是否满足儿童的不同需求。

是否为残障儿童提供特殊支援和照顾，以确保他们也能享受到平等的教育机会。

7. 家长与教师

家长支援的情况如何，是否经常与教师沟通、合作，共同关注儿童的发展。

教师个人和专业需要支援的情况是否得到满足，是否经常参加培训和进修活动。

教师之间的互动与合作是否良好，是否共同为儿童的发展贡献力量。

三、评分与解释

该量表采用 7 级评分制，从 1（不足）到 7（优良）进行评分。评估人员根据观察结果对每个项目进行评分，并最终计算出总分或平均分。通过评分结果，可以直观地了解幼儿园物质环境的整体质量，并据此提出改进建议。

总之，《幼儿学习环境评量表》是一个全面、客观的评估工具，可以帮助幼儿园管理者和教师了解物质环境的优劣，为改善和提升幼儿园教育质量提供有力支持。

考点聚焦

一、单项选择题

1. 幼儿园环境创设中，使用易于识别的生活行为规则标识图，其最主要的目的是（   ）。[2017 年上半年幼儿园教师资格证考试真题]

   A. 美化环境　　　　　　　　　　　B. 便于幼儿看图说话

   C. 便于幼儿认识各种符号　　　　　D. 便于幼儿习得生活技能和行为准则

2. 幼儿园创设物质环境时，首先应考虑的是（   ）。[2022 年上半年幼儿园教师资格证考试真题]

   A. 经济性　　　　B. 安全卫生性　　　　C. 功能性　　　　D. 美观性

二、简答题

教师如何创设幼儿园的区域活动环境？ ［2025 年上半年幼儿园教师资格证考试真题］

课后实践

1．实践一

（1）思考：作为一名学前教育专业师范生，如何在实践中创设良好的幼儿园物质环境？

（2）思考：幼儿园物质环境创设的原则包括哪些？

2．实践二

（1）以小组为单位，到幼儿园观察幼儿园的物质环境，收集案例。

（2）以小组为单位，运用科学的评估方法，对幼儿园的物质环境进行评估。

项目六　幼儿园班级专项事务管理

◇ 项目学习目标

[知识目标]

（1）理解幼儿园班级专项事务管理的核心概念、原则及重要性。

（2）掌握幼儿园班级专项事务的分类与内容。

（3）熟悉不同年龄段幼儿的班级管理特点与差异化策略。

[能力目标]

（1）能组织幼儿有序参与生活活动和集体活动。

（2）能根据幼儿发展需求设计安全、开放、富有教育意义的大型活动。

（3）能通过观察评估班级专项事务管理效果并提出改进策略。

[素质目标]

（1）树立"以幼儿为本"的教育理念，尊重幼儿权益与发展需求。

（2）培养细致严谨的工作态度，确保班级专项事务管理的规范性与安全性。

◇ 项目学习导航

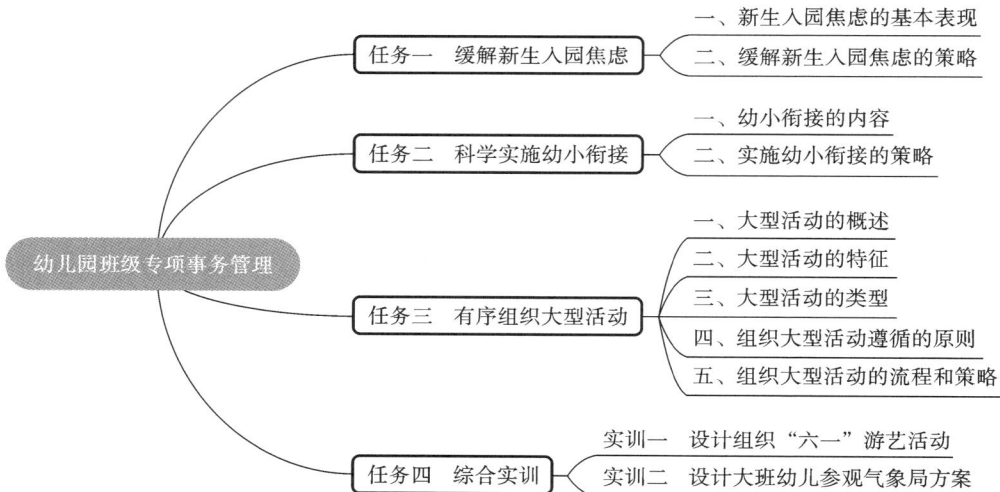

幼儿园班级专项事务管理

- 任务一　缓解新生入园焦虑
  - 一、新生入园焦虑的基本表现
  - 二、缓解新生入园焦虑的策略
- 任务二　科学实施幼小衔接
  - 一、幼小衔接的内容
  - 二、实施幼小衔接的策略
- 任务三　有序组织大型活动
  - 一、大型活动的概述
  - 二、大型活动的特征
  - 三、大型活动的类型
  - 四、组织大型活动遵循的原则
  - 五、组织大型活动的流程和策略
- 任务四　综合实训
  - 实训一　设计组织"六一"游艺活动
  - 实训二　设计大班幼儿参观气象局方案

Note

任务一　缓解新生入园焦虑

◇ 情境导入

　　菲菲刚刚进入幼儿园，老师将菲菲从妈妈的怀中强行抱下来，她哭闹着喊："我要妈妈！我要回家……"老师把她领到美工区，问她是否愿意画画，她点点头，老师坐到她的身边与她一起画画，她拿着油画棒边哭边画，问她为什么哭，她说想妈妈了，老师说"那我们画一画妈妈吧"，她在纸上画了一个"妈妈"后，老师问"你想对妈妈说什么"，她说"妈妈我想你了"。老师在她画的画旁边写好这句话之后，与她一起将这幅画叠好装到她的口袋里，她的情绪有了明显的好转。老师说："你要是想妈妈了就拿出来看看，好吗？"这回她快速地点头了。

　　思考：人生的第二次重要的分离，对于孩子来说就是入园，孩子是第一次真正意义上长时间离开家庭，离开父母这个心理依托的港湾，与众多其他客体交往，所以会出现哭闹焦虑，老师做些什么才能帮助幼儿更快地融入幼儿园这个集体中呢？

　　2001 年 7 月，教育部制定、发布的《幼儿园教育指导纲要（试行）》中的健康教育目标指出，幼儿在幼儿园中所需要达到，在集体生活中情绪安定、愉快。该纲要还提出，幼儿的心理健康需要高度重视，需要建立良好的师生、同伴关系，让幼儿在集体生活中感觉到温暖，心情愉悦，形成安全、信赖感。

一　新生入园焦虑的基本表现

　　入园焦虑通常指的是幼儿刚进入幼儿园时，由于环境变化、与父母分离等产生的焦虑情绪。焦虑情绪会对幼儿的成长与发展进程产生阻碍，对幼儿的日常家庭和学习生活产生消极影响。入园焦虑具体表现在以下几个方面。

（一）情绪表现

1. 哭闹

部分幼儿在初次入园或者与家长分离的时刻，会大声哭喊，大哭大闹是幼儿选择的最直接也是最简单的表达情绪的行为方式，幼儿希望通过哭闹向家长表达自己的焦虑情绪。

扫一扫：《幼儿园小班新生入园焦虑案例表现》

扫一扫：新生入园焦虑表现视频

案例

分析：我们可以在乐乐这个案例中看到，乐乐在刚开始进入幼儿园时，抵触情绪是比较明显的。"大声哭闹""眼泪和鼻涕混在一起"，这些都是典型的入园焦虑的行为，当幼儿离开熟悉的家人面对陌生环境和不熟悉的教师、同学，他就会用这种最直接的方式表达自己心中的焦虑。当妈妈走后，乐乐也一直保持着警惕和不安的状态，他拒绝参与老师组织的任何活动，只是一个人坐在角落里，默默地流泪。午睡时，他怎么也睡不着。

英国学者约翰·洛克把幼儿的哭声分成两种：一种是专横的、固执的，另一种是抱怨的。幼儿哭泣往往是因为他们想要为自己争取利益，表现出他们的倔强和自我。为了满足自己的某种愿望，他们会利用大喊大叫或者是吵闹哭泣来表达自己的诉求。幼儿喜欢上了某件东西，却得不到，他们就会用哭泣来反抗，他们的哭泣有时是出于他们真实的悲伤。

2. 焦虑不安

幼儿在面对新环境或者不熟悉的情境时，常常会感到情绪紧张，容易变得烦躁或者表现出不安的状态，这是因为他们的适应能力和心理承受力尚未完全成熟，对于未知的事物和环境变化会有一种天然的敏感和警觉。

3. 依恋家长

对于家长的过度依恋是幼儿常见的行为，他们常拽着父母的手不愿放开，当父母不在身边时表现出强烈的不安。如：会经常想念家长，不断地询问老师家长什么时候来接他们，或者在睡觉时会想念家长的怀抱。

4. 适应困难

面对新的环境和人群，幼儿可能会表现出适应上的困难，如：不懂得怎么男女分开如厕等。他们可能需要更多的时间和耐心来逐渐习惯和接受新环境。

(二)行为表现

1. 抗拒入园

幼儿与父母之间建立了深厚的依恋关系，这种关系是他们情感和安全感的重要来源。当幼儿入园后，突然面临与依恋对象的分离，他们会感到极大的不安和恐惧。这种情感上的剧烈冲突使幼儿对入园产生排斥心理，表现为哭闹、拒绝上学等焦虑症状。

2. 退缩行为

不愿参与集体活动，独自待在角落。如：已经学会自己吃饭、穿衣服的幼儿，入园后可能会拒绝自己做这些事情，要求老师或者家长帮忙，好像又回到了之前需要别人照顾的状态。

3. 攻击性行为

幼儿情绪控制能力较弱，面对新环境、新规则以及与家人分离等情况时，容易产生焦虑、紧张、不安等负面情绪。当这些情绪积累到一定程度时，他们可能会通过攻击性行为来宣泄。

（三）生理表现

1. 食欲变化

不正常进餐或者说进餐困难是幼儿入园焦虑的主要表现之一，幼儿通常以不吃不喝幼儿园准备的食物等行为来表达自己对上幼儿园的抗拒和抵触。但幼儿并不是不需要进食，拒绝进餐只是幼儿反抗的一种手段，幼儿依然存在生存需要，于是就会出现在园不进餐，回家后吃得多、吃得快等现象。如果养成了不良的饮食习惯，这对幼儿的生长发育会造成严重的影响，不利于幼儿身心和谐全面健康发展。

案例

　　乔乔小朋友在入园初期和大多数小朋友的焦虑表现有所不同，在其他幼儿大声哭或哭闹的时候，乔乔总是独自坐在位置上，也不与其他幼儿产生互动，老师向家长了解情况以后知道乔乔是一个内向的幼儿。在入园的第一周，她表现得很冷静，有时有点固执，每天早上来到教室，家长送她到教室门口后离开，她安安静静走到自己的位置上，在老师组织的游戏中参与兴趣也不高，但并没有发生其他的不良反应。但是到了每天的进餐环节，乔乔都显得很不情愿的样子。第一天的午餐环节，老师帮助幼儿将午餐放到面前，开始吃饭后，大多数幼儿能自己进餐，一部分幼儿在老师的引导下也能开始主动进餐，可是乔乔坐在自己的位置上一动不动，老师发现后，走上前提醒她，她依然不做出反应，于是老师将勺子递到乔乔手中，并劝导她进餐，这时，乔乔眼眶中开始噙满泪水，逐渐小声哭泣，经过第一天的在园生活，老师对乔乔的入园焦虑有了初步的了解。第二天乔乔入园，还是没有主动进餐。

　　分析：从乔乔的案例中，我们明显地观察到了她的进餐困难表现。当老师发现后，对她及时采取了引导，但乔乔在老师劝导时出现了哭泣的现象，老师没有强制性地要求乔乔进餐，而是借离园时的机会与家长沟通交流，反映乔乔在幼儿园的情况。同时向家长了解乔乔在家的实际情况，针对她的情况与家长商量应对的策略，主要采用鼓励、正向引导示范以及肯定赞同的方法。在老师与家长积极沟通和合作后，乔乔的焦虑情绪得到了有针对性的缓解，避免了不良后果的发生。

---

2. 睡眠问题

午睡时间，部分幼儿不愿意睡觉，不愿进卧室，拒绝到自己的床边，或者坐在床边不肯躺下，躺下后在床上哭，这都是不正常午睡的表现。

3. 身体不适

幼儿园是集体生活场所，入园后，幼儿需要面对新的学习和生活要求，可能会感到一定的心理压力。这种压力如果得不到及时缓解，可能导致出现头痛、腹痛等不适；有的幼儿体质较弱，和同伴之间接触频繁，容易交叉感染疾病。

（四）社交表现

1. 不愿交流

当幼儿进入幼儿园这个新的环境时，他们可能会表现出一定程度的焦虑和恐惧情绪。这种情绪的产生，往往会对他们与老师以及同伴之间的互动产生不利影响。具体来说，幼儿可能会因为内心的不安和紧张，而选择采取沉默的态度，避免与老师或同伴进行交流和互动。

2. 缺乏安全感

幼儿园的环境与家庭环境存在显著差异，这使得幼儿在进入幼儿园后需要一段时间来适应这些新的变化。在这个适应的过程中，他们会体验到一种不适应感，甚至可能会感到不安全。

二　缓解新生入园焦虑的策略

（一）家庭方面的策略

1. 提前准备，建立期待

1）心理准备

在幼儿入园前几周，家长可以开始与幼儿进行积极的沟通和交流，说说幼儿园的趣事。例如：幼儿园里有好多小朋友一起玩耍，能交到新朋友；可以和好朋友一起玩各种好玩的游戏，如角色扮演游戏、搭建积木等；幼儿园还有温柔的老师，会教唱好听的歌曲、讲有趣的故事。通过这些谈话，幼儿会认为幼儿园是一个快乐的乐园，从而对幼儿园产生向往和期待。

2）生活准备

提前调整幼儿在家的作息时间是帮助其适应幼儿园生活的重要一环。家长可以了解幼儿园的作息安排，然后逐步将幼儿的起床、吃饭、午睡等时间调整到与幼儿园相近。如：幼儿园早上 8 点入园，家长可以提前让幼儿在 7 点 20 左右起床，中午 12 点到 14 点安排午睡。这样经过一段时间的调整，幼儿在入园后就能更好地适应幼儿园的节奏，减少因生活规律改变带来的不适应感。

2. 熟悉环境

1）参观幼儿园

在入园前，家长可以带着幼儿到幼儿园进行实地参观，让幼儿亲眼看看教室里的环境、色彩鲜艳的玩具；可以带幼儿到操场上走走，看看户外游戏区域。在参观过程中，家长可以给幼儿介绍各个区域的名称和用途，如"这是你们的教室，你每天在这里学习和玩耍""那是户外操场，你可以和小朋友们一起玩游戏"。通过这种方式，幼儿对幼儿园的陌生感会逐渐减少，因为提前熟悉了环境，入园后会感到更加安心。

2）模拟幼儿园生活

在家模拟幼儿园的活动可以帮助幼儿提前适应幼儿园的一日生活。家长可以和幼儿一起玩角色扮演游戏，模拟幼儿园的场景。如：家长扮演老师，幼儿扮演学生，进行排队、洗手、吃饭等环节的模拟。在模拟过程中，可以按照幼儿园的规则和流程进行，如排队时要一个跟着一个走，洗手要按照正确的步骤搓洗手心、手背等。通过这种模拟活动，幼儿对幼儿园的生活有了更直观的认识和体验，入园后就能更快地适应。

3．建立安全感

1）告别仪式

建立一个简短而温馨的告别仪式对于缓解幼儿的分离焦虑非常重要。家长可以和幼儿约定一个固定的告别动作，比如拥抱、击掌或者亲吻脸颊。在送幼儿入园时，按照约定的仪式进行告别，并且用坚定而温柔的语气明确告诉幼儿接他的时间，如："宝贝，妈妈会在下午 4 点来接你哦。"这样幼儿知道家长一定会来接他，心中有了明确的期待，安全感会增强。

2）带上安慰物

允许幼儿带上一件熟悉的物品，如心爱的玩具、小毯子等，可以让幼儿在陌生的环境中找到一丝熟悉的安慰。这个物品对幼儿来说有着特殊的情感意义，它是家的象征，能陪伴着幼儿。当幼儿感到不安时，可以通过抚摸、抱着这个物品来获得心理上的安慰，从而缓解分离焦虑。

4．积极沟通

1）耐心倾听

每天接幼儿回家后，家长要抽出专门的时间与他们交流幼儿园的生活。可以用温和的语气询问："今天在幼儿园发生了什么有趣的事情呀？""你和小朋友们一起玩了什么游戏呢？"在幼儿讲述的过程中，家长要认真倾听，用眼神和表情给予幼儿关注和回应。如果幼儿提到在幼儿园遇到了一些小困难或者不开心的事情，家长要及时给予安慰和鼓励，如"没关系，每个人都会有不开心的时候，明天我们一起去想想办法解决它"。每天与幼儿交流幼儿园的生活，倾听他们的感受，及时给予鼓励和安慰。

2）避免负面语言

家长在与幼儿交流时，要避免使用一些可能会让幼儿对幼儿园产生恐惧的负面语言。如：不要说"你再不听话，就把你送到幼儿园去"这样的话，这会让幼儿把幼儿园当作一个惩罚的地方。也不要经常问"在幼儿园有没有谁欺负你"之类的问题，这样会让他们对幼儿园的人际关系产生紧张情绪。相反，家长应该用积极的语言引导幼儿，如："幼儿园的老师和小朋友们都很喜欢你呢。"

（二）幼儿园方面的策略

1．创设温馨环境

1）布置熟悉的环境

在教室的布置上，可以融入一些幼儿熟悉的元素，如：在墙面张贴幼儿的家庭照片，让他们在幼儿园也能看到家人的影像，感受到家的温暖。还可以在教室的装饰中加入一些幼儿喜欢的卡通形象，如小猪佩奇、汪汪队等，这些熟悉的卡通形象能够吸引幼儿的注意力，让他们感到亲切和放松。此外，可以设置一个"温馨角"，摆放一些柔软的地毯、靠垫，让幼儿在这个角落里能够感受到舒适和安全。

2）分区明确

将教室进行合理分区，如设置游戏区、休息区、阅读区等。在游戏区，按标识分类摆放各种玩具和游戏材料，让幼儿可以自由选择进行游戏；休息区则配备舒适的床铺和被褥，为他们提供一个安静的午睡环境；阅读区放置丰富的绘本和图书，吸引幼儿进行阅读活动。通过明确的分区，幼儿能够清楚地知道每个区域的功能，从而在幼儿园的生活中感到有序和安全。

2．渐进式入园

1）缩短入园时间

在幼儿入园的初期，可以采用缩短入园时间的方式，让幼儿逐渐适应幼儿园的生活。如：第一天可以让幼儿在幼儿园待两到三个小时，主要是让幼儿熟悉环境和老师，参与一些简单的活动。第二天可以适当延长半小时到一小时，逐渐增加幼儿在园的时间，让他们在适应的过程中不会感到太大的压力。随着幼儿对幼儿园环境和生活的逐渐适应，再逐步延长到正常的入园时间。

知 识 链 接

渐进式入园方案

2024 年××幼儿园小班渐进式入园时间安排表

日　期	入园方式	时　间	具体安排
9 月 2 日（星期一）	家长陪同入园	按班级学号分批入园	1. 分批次，错峰来园，名单由班级老师统一安排； 2. 家长陪同幼儿参观幼儿园，认识班级老师，认识幼儿个人用品（床铺、杯子等）； 3. 离园时领取便当一份
9 月 3 日（星期二）	请家长先到一楼大厅接受晨检，然后送幼儿至班级门口	入园 8：30—9：00 离园 11：00—11：10	1. 幼儿入园，接受晨检； 2. 幼儿在园参加区域活动、游戏等，吃上午点心 3. 幼儿不吃中餐，离园时领取便当一份； 4. 家长 11：00 到班级接幼儿
9 月 4 日（星期三）		入园 8：30—9：00 离园 12：00—12：10	1. 幼儿入园，接受晨检； 2. 幼儿在园完成上午游戏、户外活动、中餐等环节的活动； 3. 中餐后幼儿离园，家长 12：00 到班级接幼儿； 4. 幼儿离园时，领取午点一份

续表

日　期	入园方式	时　间	具体安排
9月5日 （星期四）	请家长先到一楼大厅接受晨检，然后送幼儿至班级门口	入园 8：30—9：00 离园 15：00—15：10	1. 幼儿在园完成上午游戏、户外活动、进餐、午睡等环节的活动； 2. 午睡后家长来园接回，15：00到班级接幼儿； 3. 幼儿离园时，领取午点一份
9月6日 （星期五）		入园 8：30—9：00 离园 16：00—16：10	1. 幼儿在园完成上午游戏、户外活动、进餐、午睡、下午游戏等环节的活动； 2. 游戏后家长来园接回，16：00到班级接幼儿

注意事项：

1. 第一周均不在园吃早餐，家长接送幼儿均到班级门口。

2. 从第二周开始，也就是从9月9日开始，幼儿入园、离园时间恢复正常，即，入园7：50—8：30；离园17：10—17：20（在园吃早餐、上午点心、中餐、下午点心）。

3. 根据幼儿的适应情况，再确定家长不送入班级的时间，届时请留意通知。

2）家长陪伴过度

允许家长在幼儿入园初期陪伴一段时间，帮助幼儿缓解分离焦虑。如：在入园的第一天，家长可以陪伴幼儿在幼儿园待上一个小时左右，和他们一起参与一些活动，如一起玩玩具、读绘本等。在这段时间里，家长可以逐渐减少对幼儿的直接关注，让他们逐渐适应与家长的分离。之后几天，家长的陪伴时间可以逐渐缩短，直到幼儿能够独立在幼儿园生活。

3. 丰富的活动安排

1）趣味活动

教师可以设计各种趣味活动来吸引幼儿的注意力，转移他们的焦虑情绪。如：组织音乐游戏，播放欢快的儿歌，让幼儿跟着音乐节奏跳舞、唱歌；开展手工制作活动，教他们制作简单的手工，如折纸、粘贴画等；还可以进行角色扮演游戏，预设医院、超市等场景，引导幼儿扮演不同的角色进行游戏。这些趣味活动不仅能够让幼儿在玩乐中忘记焦虑，还能培养他们的兴趣爱好和创造力。

2）集体互动

组织集体活动，促进幼儿之间的交流和互动，帮助他们快速融入集体，建立友谊。比如，开展合作游戏，如搭积木比赛，让幼儿分组合作搭建积木作品；进行分享活动，让幼儿带来自己喜欢的玩具或小零食，与小组内的小伙伴进行分享；还可以组织故事会，让幼儿轮流讲述自己知道的故事。通过这些集体互动活动，幼儿能够感受到集体的温暖和乐趣，从而更快地适应幼儿园的生活。

4. 个性化关怀

1）关注特殊需求

对于那些入园焦虑较为严重的幼儿，教师要给予更多的关注和关爱。如：对于特别黏着家长的幼儿，教师可以多花一些时间陪伴他们，和他们一起玩游戏、聊天，让他们感受到老师的关心和温暖；对于那些在幼儿园里不愿意说话的幼儿，教师可以主动与他们交流，用温柔的语气询问他们的需求和感受，鼓励他们表达自己。教师可以通过这些个性化的关怀，帮助幼儿逐渐克服焦虑情绪。

2）记录观察

教师要对每个幼儿的表现进行细致的观察和记录，了解幼儿的性格特点、兴趣爱好以及入园焦虑的表现形式等。例如，记录幼儿在幼儿园的日常活动情况，包括他们的游戏行为、与同伴的互动情况、情绪变化等。通过这些记录，教师可以及时发现幼儿的问题和需求，从而调整应对策略，为幼儿提供更加个性化的支持和帮助。

> **案例**
>
> 　　户外活动时间，俊俊与赫赫发生了争执。因俊俊抢赫赫的玩具，两人争执不下，最后动了手。赫赫说："你再抢我的玩具，你的爸爸妈妈就不来接你了，晚上你就留在幼儿园睡觉。"俊俊听了愤怒地跺了跺脚："叫你爸爸不来接你，我要走，你留下来。""你留下来""你留下来"……最后俊俊说不过赫赫了，一拳打在了赫赫的胸口上。
>
> 　　分析：3～4岁的幼儿以直观行动思维为主，口语表达能力大大落后于行为能力，遇到问题只能站在自己的角度去思考，遇到不如意的事情，出现攻击性行为是在所难免的。观察中发现，俊俊与赫赫两人因争抢玩具互不相让，俊俊也并没有意识到自身的错误。这时教师发现了问题，若不及时处理，幼儿的错误行为就会逐步升级。教师适时地介入，因人而异、因时而异地化解冲突是十分有必要的。

（三）教师方面的策略

1. 建立信任关系

1）亲切接待

早上接园，教师热情、温和地在教室门口迎接每一个幼儿，用亲切的语言和他们打招呼，如："宝贝，早上好呀！今天看起来真精神呢！"同时，配以温暖的笑容和鼓励的眼神，让幼儿一进教室就感受到接纳和关爱。对于那些入园时情绪不稳定的幼儿，教师可以蹲下来，与他们保持平视，轻声细语地安慰他们，如："别害怕，老师在这里陪着你呢！"

2）肢体接触

教师可以通过适当的肢体接触来给予幼儿安全感。如：当幼儿感到不安时，教师可以轻轻地拥抱他们，让幼儿感受到温暖和力量；或者在与他们交流时，握住他们的手，传递关心和鼓励。但需要注意的是，教师在进行肢体接触时要把握好分寸，尊重幼儿的感受，避免过度接触让幼儿产生不适。

2. 情绪安抚

1）接纳情绪

当幼儿出现焦虑情绪，如哭泣、不愿意说话等，教师要允许幼儿表达自己的情绪，而不是强行制止。教师可以坐在幼儿身边，用温柔的语气说："老师知道你现在有点难过，想哭就哭一会儿吧，老师在这里陪着你呢。"这种方式能让幼儿感受到自己的情绪被理解和接纳，从而使幼儿逐渐平静下来。

2）转移注意力

为了缓解幼儿的焦虑情绪，教师可以利用有趣的玩具或活动来吸引他们的注意力。如：拿出一些色彩鲜艳的积木，邀请幼儿一起搭建城堡；或者播放一段欢快的儿歌，带着幼儿一起跟着节奏摇摆身体。当他们的注意力被转移后，情绪也会逐渐稳定下来。

3．家园合作

1）与家长沟通

教师可以利用离园时间，或者通过电话、微信、家长会及时与家长沟通幼儿在园的表现，包括幼儿的优点、进步以及存在的问题等。同时，教师要倾听家长的反馈，了解幼儿在家中的表现和家庭教养方式等，共同探讨缓解幼儿入园焦虑的策略。

2）提供建议

可以向家长提供一些在家帮助幼儿适应幼儿园的建议。例如，建议家长在家中与幼儿一起进行角色扮演游戏，模拟幼儿园的场景，如集体活动、做游戏等，让幼儿在游戏中熟悉幼儿园的生活；或者建议家长在日常生活中培养幼儿的独立能力和动手能力，如自己穿衣、洗手、吃饭等，为幼儿适应幼儿园生活打下基础。

4．正面引导

1）表扬和鼓励

要善于发现幼儿的闪光点，并及时给予表扬和鼓励。如：当幼儿能够主动与同伴分享玩具时，表扬道："你真是个大方的好孩子，懂得和小伙伴分享玩具，大家一定都很喜欢和你做朋友呢！"表扬和鼓励可以增强幼儿的自信心和积极情感，让他们更加愿意参与到幼儿园的生活中。

2）游戏、故事引导

可以通过绘本或故事来帮助幼儿理解幼儿园生活的意义。可以选择一些关于幼儿园生活的绘本，如《我爱幼儿园》《幼儿园的一天》（见图 6-1）等，和幼儿一起阅读，然后引导他们讨论故事中的情节和感受；或者编一些有趣的故事，如《小兔子上幼儿园》，通过故事中角色的经历，让幼儿明白上幼儿园是一件快乐的事情，从而更加积极地面对幼儿园生活。

图 6-1　通过绘本或故事来引导幼儿

任务二　科学实施幼小衔接

◇ 情境导入

　　阳光幼儿园大班的朵朵最近总是问妈妈："小学的教室有没有玩具？老师会凶吗？"朵朵妈妈发现孩子对小学生活既好奇又焦虑。恰逢幼儿园开展"幼小衔接"专题活动，朵朵妈妈找到主班教师林老师问："孩子马上就要上小学了，这个学期幼儿园会教拼音和写字吗？如果孩子不学这方面的知识，进入小学能跟得上吗？"林老师结合《幼儿园保育教育质量评估指南》的要求，从心理适应、行为习惯、学习能力等多方面设计了一系列衔接活动，如：开展小学探秘的主题活动，组织幼儿参观附近小学，观察教室、操场、图书馆等设施，观看小学生上课、课间活动及升旗仪式。帮助朵朵了解小学真实环境，减少对"老师是否严厉"的担忧。同时邀请已毕业的小学生录制短视频，用童趣语言回答"课间能上厕所吗？""午睡怎么趴着睡？"等问题。通过同龄人视角传递真实信息，能缓解幼儿对规则约束的焦虑。这一系列活动的开展，可以帮助朵朵和班级其他幼儿顺利过渡到小学。

　　思考：当家长集体陷入"抢跑焦虑"时，教师如何坚守科学衔接原则？作为学前教育工作者，如何科学实施幼小衔接，既尊重幼儿发展规律，又满足小学入学需求？

　　教育部为科学推进幼儿园与小学衔接工作，于 2021 年 3 月 30 日正式发布《幼儿园入学准备教育指导要点》，以促进幼儿身心全面准备为目标，围绕幼儿入学所需的关键素质，提出身心准备、生活准备、社会准备和学习准备四个方面的内容。同时教育部颁布的《关于大力推进幼儿园与小学科学衔接的指导意见》强调："幼儿园不得提前教授小学课程内容，不得布置读写算家庭作业，不得设学前班"，防止将小学教育方式简单照搬到幼儿园；小学严格执行零起点教学，将一年级上学期设为入学适应期，调整课程进度以适应幼儿过渡需求。

一　幼小衔接的内容

　　3～6 岁是为幼儿后继学习和终身发展奠基的重要阶段，也是为幼儿做好入学准备的关键阶段。帮助幼儿科学做好入学准备教育，是幼儿园教育的重要内容。幼儿园应深入贯彻落实《3—6 岁儿童学习与发展指南》和《幼儿园教育指导纲要（试行）》，充分尊重幼儿身心发展规律和特点，实施科学的保育教育，同时将入学准备教育有机渗透于幼儿园三年保育教育工作的全过程，帮助幼儿做好身心各方面准备，实现从幼儿园到小学的顺利过渡。

（一）身心准备

1．培养积极心态

幼小衔接是幼儿成长过程中的一个关键阶段，也是他们人生观、价值观形成的重要期，在这个阶段，培养幼儿良好的心态尤为重要，积极向上的心态将有助于他们积极面对学习和生活中的各种挑战。如：通过讲故事、参观小学等方式，让幼儿了解小学生活，表达对小学的想法和感受，及时解答他们的疑问。

2．增强自信心

自信心是幼儿建立积极心态的重要基石。家长和教师应该通过肯定幼儿的努力，来提高他们的自信心，同时帮助他们认识自己的优点和长处，以及对自己的能力和潜力充满信心。在幼小衔接的过程中，教师和家长可以鼓励幼儿主动参与各种活动，培养他们的自我表达能力。通过表扬和鼓励，帮助他们建立自信心，相信自己能够适应小学生活。在幼儿遇到困难时，应引导他们正确面对挑战和困难，培养他们的抗挫折能力。

3．缓解焦虑

进入小学，来到一个新的学习环境，有些幼儿可能会对小学感到紧张和焦虑，教师和家长要及时发现并给予安抚。可以和幼儿一起讨论他们的担忧，帮助他们找到解决问题的方法。例如：如果幼儿担心交不到新朋友，可以鼓励他们主动和同学打招呼，参加班级活动。对上小学感到紧张的幼儿，家长和教师可以通过游戏、谈话等方式帮助他们放松心情。

知 识 链 接

身心准备

- -

《幼儿园入学准备教育指导要点》幼儿身心准备的发展目标、具体表现、教育建议		
发 展 目 标	具 体 表 现	教 育 建 议
1．向往入学	1．初步了解小学，对小学生活充满期待。 2．希望成为一名小学生，愿意为入学做准备	对小学生活充满向往，有上小学的愿望，是幼儿开启小学学习生活的情感动力，也是重要的入学心理准备。 1．建立积极的入学期待。发现每个幼儿对小学学习生活的兴趣点，多从正面引导，减少幼儿对小学学习生活的压力和负面感受。如：组织幼儿讨论、分享对小学的认识、期待和担心，通过同伴的交流和老师的针对性引导，强化入学期待，缓解入学焦虑。 2．帮助幼儿初步了解小学生活。大班下学期，通过参观小学、与小学生面对面交流、体验小学课堂等方式，帮助幼儿初步了解小学的学习生活

续表

发 展 目 标	具 体 表 现	教 育 建 议
2. 情绪良好	1. 能经常保持积极、稳定的情绪。 2. 遇到困难和不开心的事情，不乱发脾气，不迁怒于他人	保持良好的情绪状态，具备一定的情绪调控能力，有助于幼儿积极适应小学新的环境和人际关系。 1. 帮助幼儿获得积极的情绪体验。成人经常保持良好的情绪状态，感染和影响幼儿。以欣赏、接纳的态度对待幼儿，对幼儿的合理需求给予及时、有效的回应。避免因成人的不当做法给幼儿带来负面情绪，如：在集体面前比较幼儿之间的长处和不足、大声呵斥幼儿、总是表扬别的孩子已经学会了什么，等等。 2. 帮助幼儿学会恰当表达和调控情绪。成人用适宜的方式表达情绪，以平和的心态处理不愉快的事情，为幼儿作出榜样。选择能给幼儿带来情绪情感体验的故事、角色扮演活动等，引导幼儿恰当表达消极情绪，学习积极应对和化解的方法。如：发现幼儿不高兴时，接纳他的消极情绪，在他平静后主动、耐心地听他讲述不开心的事情和原因
3. 喜欢运动	1. 积极参加多种形式的户外活动。 2. 能连续参加体育活动半小时以上	喜欢运动，初步养成良好的运动习惯有利于幼儿增强体质，保持充沛精力和良好情绪，少生病、少缺勤。 1. 鼓励幼儿积极参加户外活动。充分保证幼儿每天的户外游戏和体育活动时间。提供方便、灵活多样的体育活动材料，开展多种形式的游戏和体育活动。鼓励、支持幼儿选择自己喜欢的活动。 2. 发展大肌肉动作。根据大班幼儿运动能力发展特点和个体差异，适当增加运动量和运动强度，提高动作的协调性和灵活性，增强力量和提高耐力。鼓励幼儿坚持锻炼，不叫苦、不怕累。
4. 动作协调	1. 手部动作协调，能使用简单的工具和材料	3. 锻炼精细动作。在日常生活和游戏中鼓励幼儿学会正确、熟练地扣扣子、系鞋带、使用筷子；提供画笔、剪刀、小型积塑等工具和材料，支持幼儿进行画、剪、折、撕、粘、拼等各种活动，锻炼手部小肌肉动作

4. 喜欢运动，增强体质

运动能促进大脑发育及身体发展，初步养成良好的运动习惯，有利于幼儿增强体质，并保持充沛精力和良好情绪。同时也可以增强幼儿身体的力量，培养幼儿坚持不懈的品质。根据幼儿个体情况，可以选择多种形式的工具和材料，如跳绳、篮球、跳圈、大型器械游戏等。要鼓励、支持幼儿选择自己喜欢的活动。同时要注重幼儿运动能力发展特点和个体差异，适当增加运动量和运动强度，提高动作的协调性和灵活性，增强幼儿力量，提高幼儿耐力。

说一说

《3—6岁儿童学习与发展指南》指出："幼儿的社会性主要是在日常生活和游戏中通过观察和模仿潜移默化地发展起来的。"为什么心理准备应注重情感体验而非说教呢？

（二）生活准备

从小养成良好的生活习惯，增强生活自理能力和安全防护意识，具备良好的劳动习惯，对幼儿进入小学后尽快适应新环境，管理好自己的学习和生活，增强独立性和自信心非常重要。

1. 生活习惯

良好的生活习惯是幼儿身心健康发展的基石，特别是良好的作息习惯和个人卫生习惯对于幼儿入学适应更为重要。

教师和家长应注重培养幼儿按时作息的好习惯，强化幼儿规律作息。对坚持早睡早起和按时入园的幼儿适当表扬和奖励，并讨论早睡早起、保证睡眠的重要性。在与幼儿相处时也要做到讲卫生、勤洗手，减少看电视、玩手机等行为。幼儿良好习惯的养成不能靠说教，更重要的是潜移默化的影响。

2. 生活自理

生活自理能力的培养不仅可以让幼儿自我服务的需求得到满足，还可以促进他们精细动作发展和大脑发育。较强的生活自理能力有助于幼儿做好学习和生活的自我管理和服务，增强独立性和自信心，学会承担责任、服务社会，这也是学习与创造的基础。如：学会自己穿衣、系鞋带、整理书包等基本生活技能，培养独立上厕所、洗手、吃饭等能力。

3. 安全防护

较强的自我保护意识和能力有助于幼儿适应新环境，避免发生危险和伤害。教师和家长要关注幼儿自我保护意识和能力发展的个体差异，引导幼儿了解校园、社区、交通等环境中的安全要求，学会保护自己。如：在陌生环境中，学会注意设施设备、人群聚集等情况带来的不安全因素。指导幼儿在遇到危险时，能提供必要的信息，选择有效的求助方法，如：知道向成人求助或拨打求救电话。

4. 参与劳动

参与劳动有助于培养幼儿良好的劳动习惯，提高幼儿的自理能力和动手能力，增强自信心，培养初步的责任感。教师和家长要在幼儿生活准备中扮演支持者和引导者，应提供更多机会，引导但不强迫幼儿完成；要及时肯定正确行为，满足其成就感；要注意不以结果评价，而重在肯定幼儿为完成任务所做出的努力，避免幼儿因能力不足而感到沮丧。

知 识 链 接

生活准备

《幼儿园入学准备教育指导要点》幼儿生活准备的发展目标、具体表现、教育建议		
发 展 目 标	具 体 表 现	教 育 建 议
1. 生活习惯	1. 保持规律作息，坚持早睡早起、睡眠充足。 2. 保持良好的个人卫生，有自觉洗手的习惯，有保护视力的意识	良好的生活和卫生习惯有利于幼儿较快适应小学的作息和生活。 1. 逐步调整一日作息。在充分保证幼儿自主游戏时间的前提下，大班下学期适当延长单次集体活动的时间，适当减少午睡时间。家长应配合幼儿园调整作息安排，提醒幼儿早睡早起、按时入园；同时以身作则，以规律作息的习惯影响幼儿。 2. 帮助幼儿养成良好的卫生习惯。成人在日常生活中注重引导幼儿养成自觉洗手的习惯。不在光线过强或过暗的环境中读写画。连续使用电脑、手机等电子产品的时间不超过15分钟
2. 生活自理	1. 能按需喝水、如厕、增减衣服。 2. 坚持自己的事情自己做，能分类整理和保管好自己的物品。 3. 有初步的时间观念，做事不拖沓	较强的生活自理能力有助于幼儿做好入学后学习和生活的自我管理和服务，增强独立性和自信心。 1. 指导幼儿做好个人生活管理。大班下学期，适当减少一日生活中的统一安排，帮助幼儿逐步学会根据自己的需要喝水、如厕，根据天气变化和活动需要增减衣物。 2. 引导幼儿学会分类整理和存放个人物品。幼儿园和家庭都应提供存放幼儿个人物品的设施设备，指导幼儿逐步学会分类整理和收纳衣物、图书、玩具、学习用品等。 3. 引导幼儿逐步树立时间观念。通过多种方式，引导幼儿在日常生活和游戏中感受时间，学会按时作息，养成守时、不拖沓的好习惯
3. 安全防护	1. 能自觉遵守基本的安全规则和交通规则，有自我保护的意识。 2. 知道基本的安全知识，遇到危险会求助	较强的自我保护意识和能力有助于幼儿适应新环境，避免发生危险和伤害。 1. 增强幼儿自我保护的意识和能力。关注幼儿自我保护意识和能力发展的个体差异，引导幼儿了解校园、社区、交通等环境中的安全要求，学会保护自己。如：在陌生环境中，学会注意设备设施、人群聚集等情况带来的不安全因素。 2. 指导幼儿学会求救的方法。指导幼儿在遇到危险时，能提供必要的信息，选择有效的求助方法，如：知道向成人求助或拨打求救电话

续表

发展目标	具体表现	教育建议
4.　参与劳动	1. 能主动承担并完成分餐、清洁、整理等班级劳动。 2. 能做一些力所能及的家务劳动	参与劳动有助于培养幼儿良好的劳动习惯，提高幼儿的自理能力和动手能力，增强自信心，培养初步的责任感。 　1. 引导幼儿承担适当的劳动任务。和幼儿一起制定班级劳动计划，鼓励幼儿自主确定任务分工并有计划地完成。老师要关注他们完成任务的情况，及时予以鼓励和指导。 　2. 鼓励幼儿参与力所能及的家务劳动。如：摆放碗筷、餐后整理餐桌、洗碗、扫地、扔垃圾等，并指导他们学习正确的方法。家长以身作则，分工做好家务劳动。 　3. 引导幼儿尊重身边的劳动者，珍惜劳动成果。帮助幼儿了解父母及老师、食堂厨师、幼儿园保安等的工作特点，讨论他们付出的劳动给自己带来的服务和便利，学会尊重和珍惜他人的劳动成果

说一说

如何在尊重幼儿发展规律的前提下，提高幼儿的自我服务技能？

（三）社会准备

社会准备是指幼儿需要为适应小学的团体生活做好相应的准备，主要包括交往合作、诚实守信（规）、任务意识、热爱集体等。如：学习正确的交往方式，并尝试自己解决矛盾和冲突；学习理解时间的长短、合理规划；通过游戏活动，树立规则意识等。

1. 交往合作

幼儿园作为幼儿的集体学习和社交场所，要为幼儿提供一定的社会交往机会，满足幼儿不同层次的社交需求。例如，可以组织跨年龄段的小组活动，让幼儿与不同年龄段的伙伴进行交往和合作。可以与社区合作，开展与社会不同岗位人员的交流活动，让幼儿了解不同职业和人群，培养对多样性的认知；也可通过角色扮演游戏让幼儿在情境中学习社交技能，提高他们在实际交往中的应用能力。

2. 诚实守信

诚实守信是社会生活的基本准则，诚实守信主题活动可以帮助幼儿了解诚实守信的含义，培养幼儿的道德观念，增强幼儿的品德素养。诚实守信主题活动不仅需要幼儿园的支持和配合，也需要家长的积极参与和支持。教师和家长可以通过讲故事、听故事的方式，向幼儿传递诚实守信的道德教育。故事具有生动、形象的特点，可以深入幼儿内心，激发幼儿的道德情感。通过角色扮演，幼儿可以亲身体验诚实守信的重要性，增强对诚实守信的认识和理解，提高逻辑思维和情感认知能力。幼儿园应该与家长建立有效的交流渠道，通过家园合作的方式，共同关注和重视幼儿的品德教育，形成齐抓共管的良好格局。

3. 任务意识

任务意识是指个体对自身完成的任务及其要求的察觉和认识。幼儿的任务意识是指幼儿在教师和家长的引导下，有目的地完成某项任务的愿望。任务意识的培养，可以加强幼儿的责任感，引导幼儿做事有时间观念，培养幼儿做事的坚持性。

幼儿进入小学，首先要具备的就是个人自我服务能力，要学会整理个人物品，清洁桌椅，养成良好的卫生习惯。在生活情境中，要引导幼儿学会记住任务的方法；在合理的检查与反馈中，强化幼儿完成任务的责任感；在理解与鼓励中，增强幼儿完成任务的能力与信心。任务意识和完成任务的能力都需要经历一个从无到有的过程。培养幼儿的任务意识要潜移默化，长期坚持。

知 识 链 接

社会准备

《幼儿园入学准备教育指导要点》幼儿社会准备的发展目标、具体表现、教育建议		
发展目标	具体表现	教育建议
1. 交往合作	1. 能和同伴友好相处，乐于结交新朋友。 2. 能与同伴分工合作共同完成任务，遇到困难互帮互助，发生冲突时尝试协商解决。 3. 能主动向老师表达自己的想法和需求	良好的交往和合作能力有利于幼儿入学后结交新朋友、认识新老师，逐步适应小学新的人际关系。 1. 扩展幼儿的交往范围。鼓励幼儿和不同年龄的伙伴、成人交往，认识新伙伴。如：组织跨班级、跨年龄的游戏活动，创设自由交往的机会，丰富交往经验。 2. 丰富幼儿分工合作的经验。提供材料、创设条件，引导和支持幼儿合作开展活动，体验合作的重要性。鼓励幼儿认真倾听同伴的想法和建议，当意见不一致时说明理由，学习协商解决问题，达成一致。同伴遇到困难时，鼓励幼儿提供力所能及的帮助。遇到冲突时，指导幼儿尝试用协商、交换、轮流、合作等方法解决，不争抢，不欺负同伴。 3. 营造宽容接纳的师幼交往氛围。用尊重、接纳的态度与幼儿交流，鼓励他们表达自己的想法和需求，不用对错简单评价，肯定积极想法，满足合理需求

发展目标	具体表现	教育建议
2. 诚实守规	1. 能遵守游戏和日常生活中的规则。 2. 知道要做诚实的人，说话算数	具有一定的规则意识、自觉遵守各项活动规则，有利于幼儿入学后积极遵守小学的班规、校规，赢得同伴、老师的接纳和认可，较快融入新集体。 1. 增强规则意识，提高自觉守规的能力。在日常生活和游戏中培养规则意识，引导幼儿与同伴讨论制定游戏、班级活动规则并自觉遵守。大班下学期，指导幼儿遵守集体活动的基本规则，做到举手提问、轮流发言、别人讲话时认真倾听、不随意打断，等等。 2. 培养诚实守信的品质。对幼儿诚实守信的行为及时予以肯定。发现幼儿说谎、说话不算数时不要简单批评和惩罚，要耐心了解原因，积极引导，帮助幼儿做到知错就改
3. 任务意识	1. 理解老师的任务要求，能向家长清晰地转述并主动去做。 2. 能自觉、独立完成老师安排的任务	具备任务意识和执行任务的能力，有助于幼儿适应小学学习生活的要求，逐步做到独立完成各项学习任务。 1. 强化任务意识。大班下学期，有意识地布置一些与入学准备相关的任务，如：准备明天要带的玩具材料和学习用品、每天自己整理小书包等，为适应小学生活做准备。 2. 培养独立完成任务的能力。成人要创造条件，通过持续性的任务安排，鼓励、支持幼儿独立完成任务。老师不宜将任务直接布置给家长
4. 热爱集体	1. 喜爱自己的班级和幼儿园。 2. 愿意为集体出主意、想办法、做事情。 3. 初步形成爱家乡、爱祖国的情感	对集体的热爱有助于幼儿适应班级和学校的环境，初步建立对集体、家乡和祖国的归属感和认同感。 1. 培养集体荣誉感。营造温暖的集体氛围，创造条件和机会，鼓励、支持幼儿为班级和幼儿园的集体活动定计划、做准备并积极参与。如：和幼儿共同策划，开展节庆、参观、运动会、主题游戏等多种活动，帮助他们在参与活动的同时体验成就感、荣誉感。 2. 激发爱家乡、爱祖国的情感。以生动有趣的形式开展爱家乡、爱祖国的教育，如：参观博物馆、科技馆等当地文化场馆，帮助幼儿感受与体验家乡和祖国的发展变化；鼓励幼儿结合节假日外出旅行等经历，分享自己家乡的风景名胜、风物人情、特色美食等；结合升旗活动，向幼儿介绍国旗、国歌

4. 热爱集体

集体，顾名思义，就是有组织的人群集体。一个幼儿离开家庭进入幼儿园，就是由个体存在走向集体生活的过程。在幼儿园中，教师与幼儿之间的关系是培养集体意识的基础。教师应该以身作则，树立良好的榜样，关心、爱护每一个幼儿，尊重他们的个性和兴趣。在幼儿园中，教师可以组织各种形式的集体活动，如运动会、文艺演出、社会实践等，让幼儿在活动中感受到集体的力量和荣誉感。鼓励幼儿积极参与各种集体事务，如班级管理、环境布置、活动策划等。通过参与集体事务，幼儿能够更加深入地了解集体的运作方式和规则，从而增强集体意识。要引导幼儿学会关心他人、尊重他人、帮助他人，让他们明白自己在集体中的角色和责任。

说一说

如何在幼儿的一日生活中培养幼儿与同伴的交往能力？

（四）学习准备

学习准备是幼小衔接中的重要板块。科学的学习准备不仅包括知识技能，还包括好奇好问、学习习惯、学习兴趣和学习能力等的培养。只有全方位做好学习准备，幼儿才能更平稳、顺利地过渡到小学阶段，为后续的学习和未来发展奠定良好的基础。

1. 好奇好问

幼儿的好奇心指的是遇到新奇事物或处在新的外界环境中所产生的注意、操作、提问的心理倾向。好奇心是个体学习的内在动机之一，它可以使幼儿对某种事物或某项活动产生兴趣，主动去思考、去探究、去学习、去发现，从而开阔视野，提高认知能力。好奇心是幼儿主动探索的内在动力，也是影响学习积极性的一个重要因素。好问是幼儿好奇心的外在表现，教师通过评估幼儿提出的问题，判断他们对问题的好奇程度。

2. 学习习惯

学习习惯是指个体在学习过程中形成的一种稳定的、自动化的学习行为方式。学习习惯分为学习活动习惯和特定科目或领域的学习习惯，这里的学习习惯通常指的是学习活动习惯，也就是学习的计划性、坚持性和专注性。幼儿的学习习惯主要表现为：能够专注地做一件事情，分心时能够在成人的提醒下调整注意力；能够坚持做完一件事情，遇到困难也不放弃；喜欢独立思考且勇于表达；做事情有一定的计划性。学前教育阶段是幼儿养成良好学习习惯的关键时期，教师要注意培养幼儿良好的学习习惯。

3. 学习兴趣

学习兴趣是一个人倾向于认识、研究而获得某种知识的心理特征，是一种可以推动人们主动求知的内在力量。学习兴趣是一种积极的情感，常常与好奇好问联系在一起。幼儿对事物的探索都是以兴趣和好奇心为前提的。与好奇心一样，学习兴趣也是非常重要的学习品质，是促进幼儿学习与发展的关键动力，更多的是指向参加具体活动的喜欢程度。

4．学习能力

人们通常把获得知识的多少作为判断学习能力高低的依据。在学前教育阶段，幼儿的学习能力指的是他们认识社会、适应社会环境所需要的各种知识和技能，以及对事物的理解能力。具备良好的学习能力，可以为小学学习奠定基础。

知　识　链　接

学习准备

《幼儿园入学准备教育指导要点》幼儿学习准备的发展目标、具体表现、教育建议		
发 展 目 标	具 体 表 现	教 育 建 议
1．好奇好问	1．对身边的新事物感兴趣，有好奇心和探究欲。 2．喜欢刨根问底，乐于动手动脑	好奇心是终身学习的原动力。呵护幼儿的好奇心，尊重幼儿好问的天性，有助于幼儿对周围世界保持持续的探究欲望，不怕困难，积极主动学习。 1．保护幼儿的好奇心和主动性。接纳、鼓励幼儿对新事物的观察、提问等探究行为，避免简单打断或否定幼儿的奇思妙想。如：把幼儿有浓厚兴趣的问题作为集体讨论的话题，鼓励幼儿分享自己的发现和观点，支持他们进一步的探究想法和行动。 2．支持幼儿持续的探究行为。分析幼儿在探究活动中可能获得的发展，提供充足的时间、丰富的材料支持幼儿持续、深入进行探究，寻找问题的答案
2．学习习惯	1．能专注地做事，分心时能在成人提醒下调整注意力。 2．能坚持做完一件事，遇到困难不放弃。 3．乐于独立思考并敢于表达。 4．做事有一定的计划性	专注力、坚持性、计划性等学习习惯的养成，有助于幼儿入学后更好胜任新的学习任务，且受益终身。 1．支持幼儿专注持续地完成任务。大班下学期，有意识地增加需要一定专注力和坚持性才能完成的游戏和活动，保证幼儿有充足的活动时间能够专注地完成任务。对需要多次探索的活动，要提供足够的时间和空间，鼓励支持幼儿持续完成，避免因活动频繁转换干扰幼儿专注做事。 2．鼓励幼儿独立思考。为幼儿提供充分的时间思考、讨论和表达自己的观点，接纳幼儿不同的想法。鼓励幼儿积极补充同伴的观点，并说明理由；对别人的观点有不同意见时敢于大胆质疑并陈述自己的观点。 3．引导幼儿有计划地做事。在一日活动开始前向幼儿介绍当天的活动安排，鼓励他们说一说自己的活动计划，和幼儿一起回顾他们的计划和完成情况，分析原因并调整。鼓励幼儿尝试有计划地安排自己的活动，如尝试安排周末的活动或日程安排

发展目标	具体表现	教育建议
3. 学习兴趣	1. 对大自然和身边的事物有广泛的兴趣，努力寻找答案。 2. 喜欢阅读，乐于和他人一起看书讲故事，遇到问题经常通过图书寻找答案。 3. 对生活情境中的文字符号感兴趣，愿意用图画、符号等方式记录自己的想法和发现。 4. 愿意用数学的方法尝试解决生活和游戏中的问题，体验解决问题的乐趣	兴趣是最好的老师，让幼儿喜欢学习、爱上学习，具备一定的学习能力比学到多少知识更重要。幼儿具有浓厚的学习兴趣和基础学习能力有助于入学后适应不同学科新知识、新技能的学习，更加主动、持久、投入地学习。 1. 为幼儿提供广泛接触自然和社会的机会。经常带领幼儿接触大自然，参加一些有意义的活动，帮助幼儿开拓视野，积累丰富的感性经验，培养广泛的兴趣。 2. 培养幼儿的倾听和表达能力。组织幼儿围绕生活和游戏中感兴趣的事情进行讨论，分享自己的发现以及探究的过程、方法。教师应给予充分的时间，鼓励和引导幼儿表达，接纳幼儿不同的想法，不轻易打断幼儿讲话。对注意力不集中或不持久的幼儿，通过适当的方式吸引他们参与到活动中来。鼓励幼儿听不懂时要主动提问，对幼儿的提问及时予以回应。坚持每天和幼儿聊一聊，说一说每天做的事情或看过的书等，帮助幼儿学习按照一定的顺序、比较完整地进行讲述。 3. 培养幼儿的阅读兴趣和能力。根据幼儿的阅读兴趣和活动需要提供和更换图画书，并给予幼儿充足的阅读时间。鼓励幼儿自主阅读，保护他们对符号、文字的兴趣和敏感性。经常和幼儿一起讨论书中内容，加深他们的阅读兴趣和理解，鼓励幼儿根据情节、图书画面对故事结果进行预测或续编、创编故事；通过绘画、手工、搭建、表演等方式再现故事情节、人物关系，促进幼儿语言、情感、社会性等多方面的发展。
4. 学习能力	1. 在集体情境中能认真听并能听懂他人说话，有疑问时能主动提问。 2. 能较清楚地讲述一件事情。 3. 能说出图画书的主要情节，并有自己的理解和想法。 4. 在绘画、拼图等活动中，能识别上下、左右等方位。 5. 能认识并书写自己的名字。 6. 能在教师指导下，尝试运用数数、排序、简单的统计和测量等数学方法解决日常生活中的问题	4. 保护幼儿的前书写兴趣。大班下学期，教师有意识地运用文字和符号辅助幼儿记录和总结游戏的过程、想法，让幼儿感受文字符号在日常生活中的功能和意义。如：鼓励幼儿用图画、符号、文字等方式为自己的活动区、生活活动设施等制作标识，记录游戏的过程、故事情节、愿望等。 5. 做好必要的书写准备。养成幼儿自己扣纽扣、系鞋带的习惯，锻炼手部精细动作，促进手眼协调。在绘画拼图等活动中认识上下、左右等方位，通过"跳房子""给小动物找家"等游戏，帮助幼儿认识田字格的结构。不宜要求幼儿提前学写字，幼儿有自发书写行为时，可以示范正确的书写姿势，帮助幼儿学习由上至下、由左至右的运笔技能，但不宜进行机械训练，也不宜简单评判写得对不对、好不好，重在保护幼儿写画的兴趣。 6. 引导幼儿尝试用数学的方法解决日常生活中的问题。发现和学习解决生活中和数学有关的问题，如：通过统计每天出勤人数、测量记录身高和体重的变化、自主管理进餐和睡眠时间等方式，帮助幼儿体验运用数学方法解决问题的乐趣

说一说

如何结合区域活动培养幼儿的学习能力？

（五）家园合作

家庭是幼儿成长的第一环境，其教育理念和方式对幼儿影响深远。家园合作有助于形成教育合力，共同促进幼儿的全面发展。

1. 家长参与

在幼小衔接的关键时期，家长应把握契机，通过日常的点滴积累，引导幼儿逐渐建立起良好的学习习惯和生活习惯，培养幼儿的专注力。如：积极参与幼小衔接的过程，了解幼儿的需求，给予支持和鼓励；还可以与幼儿一起制订作息计划，帮助幼儿逐步适应小学的生活节奏，为即将到来的小学生活奠定坚实的基础；亲子共阅读，培养阅读习惯；带领幼儿多运动，增强体质；加强幼儿的自我管理，提高幼儿的自理能力等。

2. 教师指导

在幼小衔接中，教师应定期组织家长培训讲座，向家长介绍小学生活的特点和要求，以及如何在家庭中进行相应的能力培养，讲解如何帮助幼儿建立良好的作息习惯，为家长提供具体的作息时间表范例，强调坚持执行的重要性。同时，提供适合幼儿阅读的书籍清单，指导家长进行亲子阅读；通过家长会、家访等方式，组织家长交流各自孩子的特点和需求，共同探讨个性化的教育方法，向家长提供幼小衔接的建议和指导。

案例

××班家访记录表

家访时间	2024 年 6 月 3 日	家访对象	沐沐
家访原因	如何做好幼小衔接		
具体内容	一、在园表现 在户外学习新操时很努力，能按老师的要求做动作，左右都能单脚跳几下；不用扶栏杆或墙壁就能双脚交互上下楼梯。走进社区时我们参观了小学，能对小学生学的知识感兴趣，认真听接待员讲解。在学习活动中，能有礼貌地、集中注意力倾听别人说话，大方地在集体面前表达需要、兴趣和想法，在毕业典礼的小主持人的竞选中，表现得到了大家的肯定，以全班最高票数当选了主持人，得到了老师的称赞。特别喜欢绘画，能用独特的绘画形式表达自己的想法和感受。		

具体内容	二、家长反映在家情况 （1）在家能够完成老师布置的任务，特别喜欢数学。 （2）能够帮助大人做力所能及的事情，照顾妹妹。 三、商讨对策 1. 情感衔接——家园合作激发幼儿对校园的向往之情 幼儿在进入小学前，既有对小学生活的向往，为马上成为小学生而感到兴奋，同时也因担心上了小学后老师要求严、受拘束、有作业任务而产生恐惧畏难心理。家长和老师都要注意保护和放大幼儿的前一种心理，让幼儿在兴奋与期待中开始小学生活。 2. 作息衔接——家园协调适当改变幼儿的作息时间 幼儿园和小学在作息时间上存在着很大的差异。如幼儿园的幼儿每天早上入园的时间是很宽松的，一般在 7：30—8：30 之间；但到了小学，学生必须在规定时间到校。在教学时间的安排上，幼儿园大班一次活动是在 25～30 分钟；而到了小学，每一节课的时间是 40 分钟。在幼儿园，一般都能保证充足的午睡时间；而到了小学，可能没有午睡时间或只有短暂的午睡时间。 上面种种差异就必然导致许多不适应，我们认为幼儿园应与家庭相互沟通，在作息时间上做出适当的调整。 3. 意识衔接——家园互动培养幼儿的任务意识和规则意识 幼儿心理学表明，4～5 岁的幼儿已经具备完成指定任务的能力，因此，在幼儿入园初期我们就有意识地在区域活动中培养幼儿的任务意识和规则意识。幼儿可采取自选的方式学会安排自己的活动，了解活动与规则的关系，做活动的主人。 4. 习惯衔接——家园一致培养幼儿养成良好的学习习惯 幼儿的生活、学习有一半的时间是在家庭中度过的，尤其在亲人的关心、爱护、指导、鼓励、教育和共同活动的影响下得到发展
家访效果	幼小衔接教育，只靠幼儿园是难以实现的，必须实行家园联系，采取家园共育的措施。即幼儿园与家庭、老师与家长要经常性的双向沟通，相互配合，共同促进幼儿发展，家长的作用尤其不能忽视

（六）小学与幼儿园的合作

幼儿园可以与附近的小学建立联系，组织参观小学，了解小学的学习和生活。小学教师可以参与幼儿园的活动，帮助幼儿提前了解小学的教学方式和要求，帮助幼儿更好地过渡。

（七）幼小衔接的具体活动

1. 参观小学

组织幼儿参观小学，了解教室、操场、图书馆等设施，观看小学生的上课情况。

2．邀请小学教师进课堂

邀请小学教师来园，在集体活动中模拟小学课堂，让幼儿体验小学的上课方式和纪律要求。

3．主题教育活动

开展"我是值日生"等主题活动，通过谈话、故事、游戏、绘画等形式，帮助做好各方面的衔接。

扫一扫：教案《幼小衔接中的生活准备——以大班"今天我值日"为例》

扫一扫：视频《幼小衔接中的生活准备——以大班"今天我值日"为例》

说一说

结合幼儿园的一日生活，可以具体开展哪些幼小衔接的主题活动？

4．家长讲座

邀请小学教师或幼小衔接专家来园为家长和幼儿讲解幼小衔接的注意事项，帮助家长更好地拓展幼小衔接的知识。

二 实施幼小衔接的策略

1．小班

小班幼儿年龄较小，普遍在三四岁，正处于适应幼儿园学习和生活的阶段，距离小学阶段的学习和生活还有两年多，幼儿教师或者家长不应操之过急。幼儿教师在幼小衔接工作中，要尽量避免向幼儿生硬地传达小学阶段的学习内容，应引导幼儿主动探索。在具体实践中，幼儿教师和家长应更多地从情感角度帮助幼儿提升自理能力，培养专注能力和语言表达能力。例如：在小班游戏活动"豆宝宝搬家"中，教师可以要求幼儿使用工具搬运"豆宝宝"，借此锻炼幼儿的身体反应能力、动手能力以及创造能力。教师还可以通过游戏、儿歌等形式，引导幼儿学习简单的自理技能，如自己洗手、吃饭、穿脱简单的衣物等，培养幼儿的自理意识和初步能力。

在小班幼儿入园初期，要创设温馨、舒适的环境，多给予幼儿积极的鼓励和表扬，帮助他们建立安全感和自信心，减少分离焦虑，更好地适应幼儿园生活。以简单、有趣的方式引导幼儿遵守基本的活动规则，如排队、等待等，引导幼儿建立规则意识。

为培养幼儿的观察力和专注力，教师还可以设计其他趣味游戏，比如，在袋子中放几类形状不同的物品，让幼儿通过观察、触摸，猜测里面的物品，并提问："里面一共有几种物品，你能摸出它们是什么吗？你为什么认为是这些物品?"这样一来，幼儿的专注力、思考能力和辨析能力便能得到不同程度的发展。

2. 中班

中班幼儿以具体形象思维为主，开始能进行简单的抽象思维，注意力集中时间有所延长，但稳定性仍较差，生活自理能力有一定提高，对周围环境的适应能力增强，有一定的规则意识，但执行能力较弱。可以通过讲故事、玩游戏等活动，培养幼儿的倾听、阅读兴趣和习惯，引导幼儿学会安静地听别人讲话，能简单复述故事内容。同时，开展简单的前书写准备活动，如涂鸦、画线等，锻炼幼儿手部肌肉的发展。

在日常活动中，引导幼儿遵守更多的规则，如游戏规则、生活规则等，并通过角色扮演、情境模拟等方式，让幼儿理解规则的意义，提高规则意识和执行能力。

在游戏中，组织幼儿与同伴开展合作、分享等，在具体情境中培养幼儿处理矛盾冲突、与同伴交往等社会适应能力。

在集体活动中，通过认识钟表、体验一分钟等活动，帮助幼儿初步建立时间概念，引导幼儿学会合理安排自己的活动时间。

3. 大班

大班幼儿的抽象思维开始萌芽，注意力集中时间进一步延长，生活自理能力较强，对周围环境的适应能力较强，规则意识较强，有一定的任务意识和责任感。

在集体活动中，通过看图讲述、故事续编等活动，培养幼儿的表达能力和逻辑思维能力。结合一日生活，通过分类、统计、简单运算等活动，提高幼儿的逻辑思维能力。同时，加强前书写练习，让幼儿认识田字格和四线格，学会写自己的姓名，为书写打好基础。

教师和家长还可以给幼儿布置一些简单的任务，如值日生工作、照顾植物等，并监督幼儿准时完成，培养幼儿的任务意识和责任感。还应继续加强幼儿独立生活能力的培养，如整理书包、收拾学习用品等，引导幼儿养成良好的生活习惯。

此外，大班幼儿对小学学习和生活的认知更多停留在理论层面，缺乏实际体验，幼儿园可以组织幼儿开展幼小衔接实践活动。如：组织幼儿参观小学，了解小学的环境、作息时间和学习方式，邀请小学生回园交流，激发幼儿对小学生活的向往。同时，模拟小学课堂教学，在区域活动中创设"小课堂"等区域，让幼儿感受小学的学习氛围。

综上所述，幼小衔接是幼儿园教育的重要组成部分，其有效实施关系到每一个幼儿的健康成长和未来发展。在幼小衔接工作中，幼儿园要从上述多方面着手，采取科学的策略和措施，最大限度地提高衔接成效。

任务三　有序组织大型活动

◇情境导入

　　幼儿离园后，班主任李老师接到了凯凯爷爷的电话，凯凯爷爷在电话里询问："中午凯凯在幼儿园是不是没有吃饭？为什么一回到家里就说饿？他吃了很多的零食？"文文妈妈也反映：孩子在园什么知识都没有学到，回到家里一问三不知。针对家长们反映的情况，李老师决定近期在班级开展家长开放日活动，邀请家长们来幼儿园了解孩子的学习、生活、游戏、运动情况。

　　思考：当家长提出这样的问题时，作为一名专业的幼儿园教师，你会怎么回复家长？你会做些什么？

　　开展开放日活动，走进幼儿园，一方面是为了帮助家长了解孩子在幼儿园的一日学习、生活、游戏、运动情况，并从多个角度针对孩子在集体中的表现，思考相应的家庭教育策略，更好地支持和协助孩子成长。另一方面也是为了帮助家长获取新的教育理念和教育信息，了解孩子现阶段的认知特征与性格特点，以便更加科学有效地培养孩子的各种能力，促进孩子全面发展。那么，家长在参加开放日活动时怎么做才能让这个活动更有价值呢？

　　《幼儿园保育教育质量评估指南》中"家园共育"指出：幼儿园通过家长会、家长开放日等多种途径，向家长宣传科学育儿理念和知识，为家长提供分享交流育儿经验的机会，帮助家长解决育儿困惑。家长开放日是幼儿园的常规活动，只有将"指导家长如何做"和"老师自身如何教"两者有效组合起来，才是组织家长开放日最大的价值。

一　大型活动的概述

　　幼儿园大型活动是幼儿园教育的重要组成部分，旨在通过丰富多彩的活动形式，促进幼儿在身体、智力、情感和社会性等方面的全面发展。它是幼儿园常规工作中不可或缺的一项重要内容，是幼儿园举办节日庆典、宣传教学成果和办学特色的一种方式。在幼儿园，大型活动是展示幼儿个性、兴趣，对幼儿进行素质教育的一种特殊方式。如何拓宽幼儿园大型活动开展的新视野，提升新时期幼儿园大型活动新理念，科学地组织好幼儿园的大型活动，使之尽量不增加教师的工作量，充分地调动教师参与活动的积极性，促进活动质量的提高，更好地为幼儿的健康成长服务，同时也更好地宣传幼儿园，是大型活动的意义所在。

二　大型活动的特征

　　幼儿园大型活动是指幼儿园有目的、有计划、非个别班级师生参与的具有一定规模的教育活动。针对这一定义，要把握以下几个特征。

（一）参与人员的广泛性

幼儿园大型活动往往参与人员众多，不仅包括园内各个班级的幼儿、教师，还需要家长、社区人员等的广泛参与和支持。例如，在亲子运动会中，家长作为幼儿的搭档共同参与运动项目；在社区文化活动中，社区居民也会参与到幼儿的表演和互动环节中。广泛的参与能为幼儿创造与不同人群交流互动的机会，有助于提高幼儿的社会交往能力和团队合作精神。

（二）活动目标的多元性

1．快乐中学习

幼儿园大型活动既注重对幼儿进行品德、智力、体质、审美等方面的教育，又强调让幼儿在活动中获得快乐和愉悦的体验。例如，在"六一"儿童节文艺汇演中，幼儿通过表演节目展示自己的才艺，体验成功的喜悦，同时也在欣赏同伴表演的过程中感受艺术的魅力，受到美的熏陶。

2．促进全面发展

活动目标涵盖了幼儿身心发展的多个方面，旨在通过丰富多彩的活动形式，促进幼儿在认知、情感、社会性等各领域的全面发展。

（三）活动形式的丰富性

1．多样化的活动类型

幼儿园大型活动形式多种多样，包括节日庆典、文艺表演、亲子运动会、体育竞赛、参观游览、主题展览等。不同类型的活动能够满足幼儿多样化的兴趣和需求。比如，喜欢艺术的幼儿可以在绘画展览、文艺表演等活动中展现自己的特长，而热爱运动的幼儿则可以在亲子运动会、户外拓展等活动中尽情发挥。

扫一扫：大班国庆节活动教案《我为长城添砖瓦》

扫一扫：大班国庆节活动视频《我为长城添砖瓦》

2. 创新的活动设计

教师在组织活动时，要根据幼儿的年龄特点和兴趣爱好，对活动形式进行创新设计，使其更具趣味性和吸引力。例如，在科学小实验活动中，教师可以设置情境，让幼儿扮演小科学家，通过动手操作和观察实验现象，激发他们对科学探索的兴趣。

（四）活动组织的复杂性

1. 前期筹备烦琐

幼儿园大型活动的组织需要经过精心策划和充分准备。教师要提前确定活动主题、目标、流程等，还要进行场地布置、物资准备、人员安排等一系列工作。例如，在组织亲子运动会时，教师需要提前预订合适的运动场地，准备运动器材和奖品，安排裁判和工作人员等。

2. 现场协调难度大

活动过程中，需要协调各方人员，确保活动按照预定计划顺利进行。教师要关注幼儿的安全和情绪，及时处理突发情况，还要与家长、社区人员等进行有效的沟通和协调。

（五）活动开展的有序性

1. 合理的时间安排

幼儿园大型活动会根据幼儿的生理和心理特点，合理安排活动时间，避免幼儿过度疲劳或注意力不集中。例如，活动一般不会安排在幼儿午休时间，且单个活动的持续时间也不会过长，会适当安排休息和调整环节。

2. 明确的流程引导

活动过程中有清晰的流程引导，通过主持人串场、指示牌提示等方式，让幼儿和参与人员清楚每个环节的内容和要求，确保活动有条不紊地进行。

（六）活动效果的教育性

1. 培养幼儿的综合素质

幼儿园大型活动能够为幼儿提供实践锻炼的机会，培养他们的自理能力、交往能力、合作能力、解决问题的能力等综合素质。例如，在春游活动中，幼儿需要自己整理背包、与同伴分享食物、合作完成游戏任务等，这有助于提高他们的综合能力。

2. 增强幼儿的集体意识

通过参与集体活动，幼儿能够增强集体荣誉感和归属感，学会遵守集体规则，关心集体利益，为今后融入社会集体生活奠定基础。

案例

××幼儿园大一班清明节活动方案——××烈士公园祭扫

活动背景

清明节是我国的传统节日。清明来到时，万物凋零的寒冬已经过去，风和日丽的春天真正开始了。在清明期间，围绕"清明节"这一教育主题，幼儿园组织开展系列活动。比如，向革命烈士致敬、默哀或扫墓，踏青春游、荡秋千、放风筝等等。这些活动既可以帮助幼儿了解"清明节"的传统习俗，感受浓郁的祖国传统节日文化气息，又能锻炼身体，欣赏自然风光，充分感受春景的美好。同时，还能将"清明节——踏青"的节日文化主题信息与家长共享。

活动目的

1. 利用祭扫活动的契机，进行革命传统教育，继承先烈遗志，珍惜幸福生活。

2. 通过本次活动培养幼儿的爱国情怀，知道热爱祖国、热爱家乡、热爱幼儿园。

3. 在集体中和谐发展，引导幼儿学会做一个社会适应能力强、自我管理能力强、外出游玩自觉遵守公共规则的公民。

活动地点

××烈士公园。

活动时间

2025年3月27日上午8点30分（如下雨则改期）。

活动对象

大班年级组全体老师、幼儿及家长。

活动准备

1. 老师已踩点，活动前与活动地点工作人员进行沟通、交流。

2. 全体老师、幼儿穿园服、舒适的鞋子。

3. 话筒、移动音响，人手一朵小白花。

4. 医药箱。

活动过程

1. 全体师生自行前往东塔岭前门集合。（时间：上午8点30分）

2. 老师清点人数，爬东塔岭。（时间：上午8点45分）

3. 祭扫仪式。（时间：上午9点30分）

（1）主持人致辞。

小朋友们！你们知道现在我们站在哪里吗？（××起义纪念碑）你们看，这块高大的石碑上写着"革命烈士永垂不朽"，在这块石碑后面安息的烈士，是在暴动中牺牲的烈士，他们虽然离开了我们，但是他们的贡献永远被我们所铭记，他们的精神永远激励着我们，他们的灵魂永垂不朽！而将来，建设、保卫祖国和家乡的重任就落到了我们小朋友的身上，等你们长大了能不能把我们的国家建设得更加繁荣、富强？好！个个都很有志气，只要我们从小努力学好本领，长大了一定能成为有用的人。

（2）默哀。

让我们一起向革命烈士表示由衷的敬意，全体默哀1分钟！礼毕。

（3）全体幼儿、家长瞻仰纪念碑，敬献小白花。

为了表示对烈士们的崇敬与怀念，我们幼儿园大班年级组的老师、小朋友、家长聚集在这里缅怀革命烈士，下面，请家长协同小朋友依次献花。

4. 三个班依次安排参观活动，参观次序如下。

大一班：

（1）参观起义纪念馆：了解相关历史知识。

（2）拍摄集体照。

（3）馆外唱红歌：激发幼儿对革命烈士的缅怀之情。

（4）参观烈士碑廊：感受到今天的幸福生活都是革命烈士的鲜血换来的，忆苦思甜、珍惜生活。

大二班：

拍摄集体照→馆外唱红歌→参观起义纪念馆→参观烈士碑廊。

大三班：

拍摄集体照→参观烈士碑廊→馆外唱红歌→参观起义纪念馆。

5. 活动结束，集合队伍清点人数，家长带幼儿回家。（时间：大约上午11点）

活动注意事项

1. 全体老师、幼儿及家长行为举止大方得体，注意礼貌用语。

2. 不得在烈士纪念碑下嬉戏打闹，要以崇敬的心情参加活动，了解烈士事迹。

3. 各班按照顺序依次进纪念馆参观，并遵守参观纪律。

4. 此次活动严禁带零食。

5. 不破坏绿茵草地。

说一说

这个方案体现了幼儿园大型活动的哪些特征？

三 大型活动的类型

幼儿园大型活动的类型丰富多样，通常人们一说起大型活动，就会想到"六一"儿童节、迎新年等节日庆祝活动。其实，我们应该从更广一点的角度进行思考。确定幼儿园大型活动的内容与种类时，要全面考虑各年龄段幼儿的学习与发展水平。

（一）节日庆典类

幼儿园内开展一些重大节日庆祝活动，如"六一"儿童节，幼儿园会组织文艺汇演，幼儿通过唱歌、跳舞、戏剧等形式来展示自己的才艺，庆祝自己的节日。还可以结合节日开展传统教育主题活动，例如，中秋节，幼儿园会开展制作月饼、讲述嫦娥奔月故事、赏月等活动，让幼儿了解传统节日的习俗和文化内涵；端午节，会组织包粽子、赛龙舟（可在园内模拟赛龙舟游戏）等活动，传承中华民族传统美德。

（二）亲子互动类

1. 亲子运动会

设置各种亲子运动项目，如拔河、接力赛、跳绳等，家长与幼儿共同参与，增进亲子感情，同时锻炼幼儿的身体素质和团队合作精神。

2. 亲子游园会

在园内设置多个亲子游戏摊位，如钓鱼、套圈、夹珠子等，家长和幼儿一起合作完成游戏任务，赢取小奖品，增加亲子间的互动和乐趣。

（三）体育竞技类

1. 幼儿运动技能竞赛

包括田径类项目，如短跑、跳远、投掷等，培养幼儿的竞争意识和体育精神；趣味运动项目，如袋鼠跳、滚铁环等，增加运动的趣味性，让他们在快乐中锻炼身体。

2. 班级足球赛/篮球赛

以班级为单位组织球类比赛，培养幼儿的团队协作能力和规则意识，提高他们的身体协调性和运动技能。

（四）文艺表演类

1. 文艺演出

如新年音乐会，幼儿演奏乐器、唱歌，展示音乐学习成果；舞蹈专场演出，幼儿表演各种舞蹈，如民族舞、芭蕾舞等，展现优美的舞姿和舞蹈技巧。

2. 戏剧表演

幼儿排练并表演经典童话剧，如《白雪公主》《丑小鸭》等，通过扮演角色，提高语言表达能力和表演能力，同时加深对故事内容和角色性格的理解。

（五）参观游览类

1. 参观小学

大班幼儿在入学前参观附近的小学，了解小学的环境、课程设置和学习生活，为幼小衔接做好准备。

案例

××幼儿园大班参观小学活动方案

活动思路

大班幼儿即将面临毕业，离开幼儿园，迈进小学的大门。对他们来说，小学毕竟是一个陌生而又新奇的地方，无论是课堂的设置，还是环境及作息时间等各方面都与幼儿园有着很大的不同。为了让家长和幼儿解除忧虑，实现从幼儿园教育到小学教育的顺利过渡，我们开展了"参观小学校"活动，让幼儿熟悉小学环境，做好入学的准备。

活动目标

1. 向往小学生活，初步了解小学的环境设施、作息时间、活动内容等与幼儿园不同。

2. 能大胆地访问小学生，提出自己想知道的问题。

3. 能注意户外活动安全，有自我保护的能力。

活动准备

1. 事先与附近小学联系好参观事宜。

2. 关于幼儿想知道的小学问题调查与总结。

3. 耳麦、旗帜。

活动时间

2025 年 5 月 7 日上午 9 点（暂定）

活动过程

1. 激发幼儿参观小学的愿望。

（1）谈话：再过两个月，我们就要从幼儿园毕业了，我们要去哪里上学呢？小学是怎样的？（幼儿自由讲述自己对小学的认识）你们想参观小学吗？

（2）教师向幼儿介绍活动的内容，提出参观要求。

A. 在路途中不打闹、不追逐。

B. 注意公共卫生，不随地吐痰，不乱扔垃圾。

C. 参观活动时不拥挤、不大声喧哗，保持安静。

D. 注意幼儿的文明礼貌行为。

（3）组织幼儿前往小学参观。

2．参观小学，初步了解小学的环境设施、作息时间、活动内容等。

（1）看校牌，知道小学的校名。

（2）参观校园，了解各场所的用途。

请幼儿观察：小学生的教室里有些什么，课桌椅是怎样放的，小学生带什么物品（看小学生的书包里都装了些什么），男生、女生的厕所是怎样的。

（3）了解小学生的上课时间、课间及放学时间。

（4）初步了解小学一年级学生在校学习内容，如语文、数学、音乐、美术、体育、科学等。

3．观察比较小学与幼儿园的不同点。

教室：物品（桌子、椅子，黑板及黑板上面的内容），桌椅的测量与比较（幼儿合作完成）。

走廊：宽度、上下楼梯礼仪。

厕所：布局、标志，每一层都有厕所。

4．与小学师生的互动。

（1）鼓励幼儿主动采访教师或一年级学生。

（2）观摩小学一年级学生的一节课。上课之前，教师请幼儿观察以下几点：

A．上课铃声响了代表什么？小学生怎么样准备的？学习用品怎样放置？

B．观察小学生的坐姿。

C．教师提问后，小学生是怎样举手发言的？是如何注意听讲的？

D．小学的下课时间里可以做些什么？

（3）观察小学生的课间 10 分钟。

（4）与小学生自由交流、谈话。

（5）返园分享活动心得。

5．人员安排。

联系场地：×××老师　　　　卫生保健：×××老师

活动计划：×××老师　　　　活动安全：×××老师

活动组织：×××老师　　　　活动小结：×××老师

2．参观社区设施

如参观社区医院，了解医生的工作，学习基本的健康知识；参观社区超市，认识各种商品，学习购物的流程和注意事项，增强对社会生活的认知。

（六）科普教育类

1. 科技体验活动

如举办科技小制作展览，幼儿展示自己制作的科技小作品，如简易机器人、小发明等，激发对科学的兴趣和创造力；开展科学实验秀，老师或专业人员进行一些简单而有趣的科学实验演示，如火山爆发、彩虹制作等，让幼儿感受科学的神奇。

2. 自然探索活动

组织春游秋游活动，让幼儿走进大自然，观察四季变化、动植物生长等自然现象；开展种植养殖活动，幼儿在园内种植蔬菜、花卉或饲养小动物，记录它们的生长过程，培养对生命的尊重和热爱。

扫一扫：大班春游视频

（七）健康卫生类

1. 健康知识讲座

邀请专业医生或营养师来园举办健康讲座，如口腔卫生讲座，教幼儿正确的刷牙方法和口腔保健知识；营养知识讲座，介绍均衡饮食的重要性，引导幼儿养成良好的饮食习惯。

2. 卫生习惯养成活动

如开展"我是卫生小标兵"活动，通过比赛、评比等方式，鼓励幼儿养成勤洗手、不乱丢垃圾等良好的卫生习惯。

（八）环保主题类

1. 环保宣传活动

如在"地球一小时"活动中，幼儿园组织幼儿制作环保宣传海报，向家长和社区居民宣传节约能源、保护环境的重要性；开展垃圾分类宣传活动，通过游戏、实践等方式，让幼儿了解垃圾分类的知识和方法。

2. 环保创意活动

举办环保创意大赛，引导幼儿利用废旧物品制作手工艺品，如用易拉罐制作小台灯、用废旧纸盒制作玩具等，培养幼儿的环保意识和创造力。

总之，具体的每一项活动内容，最终还是可以归结到五大领域的课程内容之中。以上的分类可以更好地帮助我们统整幼儿园大型活动的内容，从而系统地考虑幼儿的全面发展。

××幼儿园大班春游计划

活动时间

2025 年 3 月 15 日（星期六上午 8：00）。

活动地点

××植物园。

活动思路

阳春三月，春光明媚，百花齐放！大自然充满了勃勃生机，我们组织春游活动，让幼儿感受春天的气息及植物的变化，探索春天的秘密，并结合我们的主题活动"我生活的周围"，了解春天来了，周围植物的季节变化与我们生活的关系。

活动目标

1. 发展幼儿身体的协调能力，让幼儿亲近自然，开阔视野，感受春天，激发热爱大自然的情感。

2. 让幼儿感受集体生活的乐趣，培养集体意识、集体观念。

3. 引导幼儿了解植物园的各种花卉的名称及特点。

活动准备

1. 为幼儿准备水、食物。

2. 全体幼儿穿好校服。

3. 活动前，师生共同商讨并制订春游计划。

安全保障措施

1. 加强管理和监督措施，老师全面负责班级幼儿出游的安全工作，维护好纪律。

2. 进行安全教育，增强幼儿的安全防范意识和自我保护能力。

3. 活动期间一切行动听指挥。

活动过程

1. 8：00—8：20 全体幼儿集合，到达植物园，拍摄集体照。

2. 8：30—9：15 全体幼儿在老师的带领下观看公园风景。

3. 9：20—10：00 幼儿开展游戏活动。

（1）音乐游戏：喜羊羊与灰太狼。

（2）集体活动：跳绳。

4. 10：00 家长、幼儿自由观赏植物及进行亲子摄影。

5. 10：45 活动结束，家长幼儿返回。

6. 活动评价。

议一议

这个活动属于幼儿园大型活动的哪种类型？

四　组织大型活动遵循的原则

组织大型活动需要遵循一定的规律与原则，才能确保活动科学、有序、健康地开展。大型活动开展的安全性、计划性、整合性、创新性、教育性、主体性、趣味性、地方性等，是我们开展大型活动必须遵循的原则。

（一）安全性原则

活动场地要提前进行安全检查，确保地面平整、无尖锐物、无坑洼，楼梯、扶手等设施牢固，场地周边无安全隐患，如无交通要道、无水塘等。例如，在组织户外运动会时，要选择远离车辆通行区域的场地，并对场地周边的树木、石块等进行检查、清理。

（二）计划性原则

既然大型活动是课程的一部分，就要求教师对学期大型活动做全盘考虑，而不是临时计划，让幼儿和家长感到无所适从。还有一点，要注意活动的频率。我们提倡大型活动课程化，但这并不意味着大型活动开展得越多越好。教师一定要根据幼儿园一年的工作重点、季节特点、时事背景、大型活动本身的特点等各个方面来做一个综合的计划，要从统筹课程的角度来统筹大型活动的内容。

案例

大一班活动安排表

活 动 名 称	时 间 安 排	实 施 要 点
亲子运动会	10 月	1. 与故事节错开； 2. 通过人人参与、兴趣培养、知识了解、团队合作，培养幼儿参与体育运动的兴趣以及团队的合作精神，促进幼儿身心全面发展； 3. 鼓励家长积极参与，与幼儿共同感受活动过程中的快乐； 4. 通过体育节系列活动的开展，帮助家长了解我园课程的实质，展示我园的健康教育特色

续表

活 动 名 称	时 间 安 排	实 施 要 点
故事节	11月	1. 通过引导幼儿读书、讲故事等活动，培养幼儿对阅读的兴趣，让幼儿勇于大胆讲述，使他们在阅读和讲述中获得成长的快乐； 2. 全面开展家庭阅读活动，鼓励家长积极参与并关注幼儿的阅读情况，形成良好的家庭读书氛围，增进亲子感情
元旦艺术节	1月	1. 结合"六一"儿童节开展活动，是我园庆祝"六一"儿童节的载体； 2. 注重艺术节的活动过程，与幼儿园课程目标相结合； 3. 发挥家委会及家长义工队伍的作用

（三）整合性原则

大型活动的整合性原则包括教育内容的整合与教育方式的整合两个方面。幼儿的发展是整体性的，我们要关注幼儿的学习与发展的整体性，就要注重大型活动各领域之间、目标之间的相互渗透和整合，考虑大型活动内容的全面性和整合性。

（四）创新性原则

创新性主要体现在内容创新和形式创新。内容创新方面，如，结合当下热门话题、季节特点等设计新颖的活动主题；形式创新方面，有新的活动形式和组织方式，如，利用多媒体技术、虚拟现实等手段增强活动的互动性和体验感。

（五）教育性原则

活动要有清晰的教育目标，如培养幼儿的团队合作精神、增强体质、提高审美能力等。如：在组织亲子绘画活动中，目标可以是培养幼儿的色彩感知能力和亲子间的默契配合。活动内容要符合幼儿的年龄特点和认知水平，能够促进幼儿在认知、情感、社会性等方面的发展。如：对于小班幼儿，可以组织简单的角色扮演活动，帮助他们理解日常生活中的职业角色；对于大班幼儿，则可以开展稍微复杂的社会实践模拟活动，如"小小超市"购物体验等。

（六）主体性原则

活动过程中要充分发挥幼儿的主体作用，让他们积极参与到活动的策划、组织和实施中。例如，在组织班级文艺汇演时，可以让幼儿自己选择表演节目、设计服装和道具等，培养他们的自主决策能力和创造力。同时关注幼儿的个性差异，允许幼儿根据自己的兴趣和特长选择参与活动的方式。例如，对于性格内向的幼儿，可以鼓励他们以幕后工作人员的身份参与活动，如负责道具准备、舞台布置等，让他们在自己擅长的领域发挥作用。

（七）趣味性原则

采用多种活动形式，如游戏、竞赛、表演等，吸引幼儿的参与兴趣。还可以在活动中通过创设生动有趣的情境，激发幼儿的参与热情。例如，在组织"六一"活动时，可以创设"森林故事会"的情境，让幼儿扮演小动物，讲述自己在森林中的冒险故事，使活动更具趣味性和吸引力。

（八）地方性原则

任何课程都具有一定的地域性，而地域资源往往会影响课程内容的形成。幼儿园要考虑本土文化和教育资源，要充分挖掘、利用社区及家长资源，充实大型活动内容。比如，某幼儿园想借助天气的变化对幼儿进行气象教育。通过了解，教师们发现气象局就在幼儿园附近，于是，气象局成为该幼儿园进行这个主题活动的资源。

五　组织大型活动的流程和策略

"大型活动的组织"是幼儿园大型活动的核心工作，也是实践"新时期幼儿园大型活动开展新理念"的重要过程。

（一）幼儿园大型活动的组织流程

一个完整的大型活动的组织流程如下：活动定位—集思广益—方案撰写—组织与执行—总结与提升。活动定位是对整个大型活动最基础也是最核心的想法；集思广益则是对活动定位的诠释和丰富；方案撰写就是在两者的基础上形成翔实、可操作的方案；组织与执行是活动的核心工作，是在方案指导下的具体操作；总结与提升是对大型活动的汇总和反思。

（二）幼儿园大型活动的组织策略

幼儿园大型活动的组织与策划要点不仅包括对大型活动开展的意义与目的、活动人数、活动时间、活动地点、活动内容以及经费等做一个定位，还包括集思广益的价值、活动方案的撰写、组织与执行的要求等几个方面。只有从思路上明确，大型活动才能顺利开展。

1. 前期的策划与准备
（1）明确活动目标与教育价值。
（2）制定详细方案。
（3）分工责任到人。
（4）工作要求精细，具有可操作性。
（5）要有风险评估与应急预案。

案例

××幼儿园应急避震和疏散演练方案

演练目的

为了使全体教职工及幼儿了解地震发生时的应急避震知识，掌握地震发生时的防护措施和应对方法，懂得自救自护，紧急避险，最大限度地降低地震带来的损失，提高抗击突发事件的应变能力，特制定幼儿园应急避震和疏散演练方案。

演练安排

1. 时间：2024 年 12 月 25 日上午 10：00。

2. 地点：幼儿园内。

3. 参加人员：全体教职工、全体幼儿。

4. 演练内容：应急避震演练，震后疏散演练。

报警信号

应急避震和疏散以广播作为启动信号，由演练指挥部负责。

地震发生的信号：一次广播，代表发生地震，幼儿进行应急避震；二次广播，幼儿进行疏散（距发生地震约 2 分钟后）；听到广播后按预定方案进行演练，全过程要求在 5 分钟内完成。

演练领导小组及成员

组长：园长。

副组长：后勤园长　教学园长。

成员：后勤主任　保教主任　保健医生　各班老师及保育员　后勤工作人员。

分工及职责

（一）演练指挥部（园长室）

1. 总指挥：园长。

　　职责：通过报告组的汇报，迅速组织人员，分配任务；向上级部门汇报地震情况；全盘掌握演练情况，根据演练进展，及时调整演练步骤。

2. 组员：保教主任（广播、协助拍照）。

　　职责：负责警报播放，跟随总指挥，随时听候安排，协助一切工作。

（二）报告组

组长：教学园长。

职责：地震后第一时间拨打相关电话。

　　　　地震局电话：×××××××××

　　　　教育局安稳办：×××××××××

（三）通讯组

组长：×××老师。

职责：通知各班级紧急避震并转移，提醒师生注意地面，安全有序疏散，及时向演练指挥部汇报演练情况，统计幼儿人数、演练时间。

（四）疏散组

1. 组长：后勤园长。

职责：负责引导师生安全撤离，到指定位置集合。

2. 楼道疏散负责人：一楼东（×××老师）　一楼西（×××老师）

二楼东（×××老师）　二楼西（×××老师）

三楼东（×××老师）　三楼西（×××老师）

职责：负责楼道的安全，引导师生有序疏散。

3. 班级疏散负责人：各班老师及保育员。

职责：

（1）防震总指挥要做好人员分工，一旦发生地震必须亲临指挥，确保师生人身安全。

（2）防震疏散小组成员、各班老师及保育员负责幼儿的安全和疏散工作。

防震疏散指挥人员应做到：明确职责，责任到人。一旦发生地震，防震疏散小组成员要在第一时间到达所负责的岗位，每层楼的楼梯口、疏散口、每个拐弯处等，都有专人负责。

（五）救护组

组长：保健医生。

职责：具体负责演练疏散过程中发生的意外事故的应急救护和拨打120急救电话等。

（六）现场警戒组

组长：后勤主任。

组员：后勤工作人员。

职责：×××老师、×××老师、×××老师负责安全地带幼儿和其他人员进入警戒地带，维持现场秩序稳定；门卫立刻打开大门，确保通道的畅通。

（七）拍照宣传组

×××老师负责拍照、宣传。

说一说

幼儿在演练的过程中感到害怕、情绪不稳定时，教师可以怎么做？

2. 活动执行与管理

1) 幼儿参与行为引导

活动内容可以分层设计。如：小班的幼儿注重活动的简单体验；中班的幼儿在活动中可以尝试与同伴合作参与；大班的幼儿在自主参与的同时还可照顾、帮助小班的小朋友。在活动中，当个别幼儿闹情绪时，教师可给予适当的情绪支持，如：设置"安静角"供情绪波动的幼儿调节情绪。

2) 多方协作与资源整合

教师可以鼓励家长们以志愿者的形式参与活动，也可提前以文字的形式发放温馨提示，如：明确职责边界，不干预幼儿自主探索等。

案例

××幼儿园大班家长开放日给家长的温馨提示

亲爱的家长朋友：

面对本学期即将开展的家长开放活动，您和孩子一起做好准备了吗？

也许您已参加过几次开放活动，或者您还从未参与过此类活动。在此，我们站在孩子发展的角度给出几点提示，仅供参考。这对您重新认识自己的孩子，科学评价孩子的发展，客观看待幼儿园工作等会有所帮助。

开放日入班前，与孩子协商当日参加活动的安排，为其做好充分的心理准备。

父母陪伴来园后，鼓励孩子尽可能做到和平常一样，积极参与各项活动。

入班后，请听从班级教师安排，到指定地点观察或就座。

以温暖的目光给予孩子鼓励，不随意剥夺孩子自我服务的权利。

观察孩子的表现，不要盲目地与其他孩子横向比较，多看孩子现阶段比从前进步的地方。切忌在众人面前责骂和批评孩子。

用集体的眼光看待个体。有的家长会在这一天特别重视教师对自己孩子的关注。教师也会尽量让每个孩子都能有展示自我的机会，但仅为一个上午的半日活动，并不能代表教师对孩子的关注仅仅如此。也许我们会给平时相对比较内向的孩子更多展示的机会，所以家长一定要用集体的眼光看待个体。

幼儿园还可以整合、充分利用社区资源，如：联合消防队开展"安全逃生演练"，邀请手工艺人参与"传统文化体验日"等。

3) 流程把控与灵活调整

活动中要把握时间管理，活动时间不宜过长，各环节之间衔接紧密，避免幼儿消极等待，也可以使用可视化的时间提示，如沙漏、音乐信号等，帮助幼儿感知时间。当活动中设备出现故障时，可以启动备用游戏，如用手指谣替代音响播放等。

3．后期的评估与优化

1）多维成效评估

教师可以依据《3—6岁儿童学习与发展指南》中幼儿学习与发展的具体目标来观察记录幼儿在活动中的典型行为，如合作次数、问题解决能力等；也可以通过绘画、访谈了解幼儿体验，如询问："你最喜欢哪个环节？为什么?"除此之外，幼儿与教师反馈也是非常重要的。我们可以通过设计问卷来了解活动是否达到预期目标，以及后续改进的建议等。

2）经验总结与反思

活动后教师要将活动的文档、照片整理归档或者使编辑录制的视频形成案例库，也可以在教研活动中进行复盘和反思，总结不足之处。如：毕业典礼结束后，要围绕整个活动，从方案撰写、过程设计、组织排练、现场彩排、后勤支持、家长配合以及团队合作等方面，进行回顾、总结、反思并提升。

扫一扫：大班毕业典礼系列活动（1）

扫一扫：大班毕业典礼系列活动（2）

扫一扫：大班毕业典礼系列活动（3）

扫一扫：大型主题活动《成就美好童年，培养未来儿童》（1）

扫一扫：大型主题活动《成就美好童年，培养未来儿童》（2）

任务四 综合实训

实训一 设计组织"六一"游艺活动

一 实训描述

"六一"儿童节临近，为让幼儿园的小朋友们度过一个愉快、难忘且有意义的节日，现需组织一场精彩纷呈的"六一"游艺活动。幼儿园共有小、中、大三个年龄段班级，幼儿们活泼好动，充满好奇心与探索欲，但组织纪律性有待加强，部分幼儿在集体活动中易出现注意力不集中、争抢玩具等情况。本次实训旨在为幼儿园设计并组织一场面向全园幼儿的"六一"游艺活动，通过丰富多样的游戏项目、精彩有趣的表演等，营造欢乐喜庆的节日氛围，让幼儿在游戏中感受快乐，培养其团队合作意识、规则意识，同时增强幼儿园教师与幼儿、家长之间的互动与沟通。

二 实训目标

（1）通过小组合作，提升活动策划与组织协调能力，学会在团队中发挥各自优势，共同完成复杂任务。

（2）能够在实践中深入理解幼儿身心发展特点，精准把握幼儿兴趣点与需求，从而设计出符合幼儿实际且富有吸引力的游艺活动项目，进一步巩固所学幼儿教育理论知识。

（3）在与幼儿、家长、教师的沟通交流中，锻炼人际交往能力与应变能力，学会妥善处理活动现场可能出现的各种突发状况，提高自身综合素质与职业素养。

三 实训要求

（1）以小组为单位，设计一份详细、完整且具有创新性的幼儿园"六一"游艺活动方案，方案应涵盖活动主题、目的、时间、地点、参与人员、活动流程、游戏项目规则、场地布置、物资准备、人员分工、安全预案等关键要素。

（2）小组需模拟"六一"游艺活动现场组织流程，包括幼儿入场引导、游戏环节主持、秩序维护、家长互动等，以检验活动方案的可行性和小组成员的实践操作能力。

四 实训过程

（一）集体观摩学习

（1）收集并分析近年来优秀的幼儿园"六一"游艺活动视频、案例资料，重点关注不同规模、不同主题游艺活动的亮点与特色，如独特的开场表演、新颖的游戏项目设计、富有创意的场地布置等，为本次实训提供丰富的素材与灵感来源。

（2）邀请经验丰富的幼儿园园长或教师进行专题讲座，请他们分享在组织"六一"游艺活动过程中的宝贵经验、注意事项以及应对突发情况的策略，帮助小组成员树立正确的活动组织理念，提升专业认知水平。

（二）分组讨论

将参与实训的成员随机分成若干小组，每组人数适宜，并选举产生组长。每组分配一名指导老师，负责引导成员思考、解答疑惑、把控方向。各小组首先共同查阅幼儿园"六一"游艺活动相关的书籍、期刊、网络资源等，进一步拓宽视野，积累创意元素。随后，围绕活动主题、游戏项目、场地布置等关键问题展开深入讨论，初步确定小组活动方案的大致框架，并明确各成员在方案完善、物资准备、现场模拟等环节中的具体职责分工。

（三）具体过程

（1）各小组结合幼儿园实际情况及幼儿年龄特点，深入班级，通过观察幼儿日常游戏活动、与幼儿聊天、发放家长问卷调查等方式，全面了解幼儿对"六一"游艺活动的期望、喜好以及家长对幼儿参与活动的建议与期望，整理形成详细的需求分析报告，为活动方案的优化提供有力依据。

（2）小组成员充分发挥各自的专业特长与创意灵感，共同完善"六一"游艺活动方案。精心设计一系列丰富多样、趣味横生且符合幼儿身心发展水平的游戏项目，如适合小班幼儿的"小兔跳圈圈""亲子两人三足"，适合中班幼儿的"快乐拼拼乐""小熊运球"，适合大班幼儿的"智力闯关大挑战""趣味接力赛"等。并详细制定每个游戏项目的规则说明、所需道具清单以及对应的奖项设置，确保游戏活动既能激发幼儿参与热情，又能有效培养其各项能力。同时，对活动场地进行合理规划与布局，绘制详细的场地布置示意图，包括舞台搭建位置、游戏区域划分、家长观礼区设置、通道宽度预留等，充分考虑人流疏散、安全通道等关键因素。在色彩搭配与装饰方面，结合"六一"儿童节欢乐、喜庆的氛围，选用鲜艳明亮的色彩元素，如红色、黄色、蓝色等，运用气球、彩带、拉花、卡通形象装饰等营造出充满童趣与活力的活动现场环境。此外，明确各游戏项目所需物资、奖品、道具等的采购清单与制作计划，落实人员分工安排，确保活动筹备工作有条不紊地推进。

（3）在指导老师的严格监督与指导下，各小组按照既定的活动方案，开始紧锣密鼓地进行"六一"游艺活动的筹备工作。一方面，负责场地布置的成员依据场地布置示意图，精心搭建舞台，装饰游戏区域，合理摆放桌椅、道具等物资，注重每一个细节的打造，力求为幼儿呈现出一个绚丽多彩、充满吸引力的活动场地；另一方面，负责游戏道具制作与奖品准备的成员充分发挥手工制作技能，认真制作每一个游戏道具，确保道具的质量与安全性，同时精心挑选或制作各类奖品，如卡通贴纸、小玩具、精美绘本等，以激发幼儿的参与积极性。在筹备过程中，小组成员时刻关注安全与卫生问题，对于尖锐、易碎等存在安全隐患的物品进行妥善处理或替换，定期对活动场地与道具进行清洁消毒，保障幼儿的身体健康。

（4）结合"六一"游艺活动主题，小组成员精心策划一系列互动环节与表演节目，以增强活动现场的参与感与观赏性。例如，邀请幼儿园老师排练精彩的开场舞蹈，组织幼儿参与简单的唱歌表演、诗歌朗诵等节目，穿插进行亲子互动游戏环节，如"亲子模仿秀""家庭知识问答"等，促进幼儿与家长之间的情感交流与互动；同时，在游戏环节中巧妙融入简短的规则讲解、示范演示等环节，确保幼儿能够清晰理解游戏玩法，有序参与活动。此外，安排专人负责活动现场的摄影摄像工作，记录下精彩瞬间，为活动结束后制作纪念相册或视频留下丰富素材。

（5）当"六一"游艺活动方案筹备工作基本完成后，各小组组织开展模拟活动。邀请幼儿、部分家长以及指导老师作为模拟参与者，按照实际活动流程依次进行幼儿入场、开场表演、游戏环节、互动环节、颁奖仪式等全过程模拟演练。在模拟过程中，小组成员各司其职，认真观察并记录活动现场出现的各种问题，如游戏环节中幼儿对规则的理解偏差，个别游戏项目的参与人数过多或过少导致的秩序混乱，家长与幼儿之间的互动不畅等。同时收集模拟参与者的意见与反馈，及时对活动方案进行调整优化，不断完善游戏规则、环节衔接、人员引导等方面的内容，确保正式活动的顺利开展。

（6）在完成模拟活动并充分完善活动方案后，各小组在幼儿园正式组织"六一"游艺活动。活动当天，小组成员提前到达现场，进行最后的场地检查与物资整理工作，确保一切准备就绪。随着欢快的音乐声响起，幼儿在教师与家长的带领下有序入场，活动现场瞬间洋溢着欢乐、喜庆的节日气氛。在主持人的热情引导下，各项活动环节依次有序开展，幼儿们积极参与游戏，脸上洋溢着灿烂的笑容，家长们也全身心地投入其中，与幼儿们共享美好时光。小组成员密切关注活动现场的每一个角落，及时处理突发情况，保障活动的顺利进行，确保每一个幼儿都能在安全、愉快的氛围中度过属于自己的节日。

（7）游艺活动结束后，组织全体参与成员、指导老师、幼儿代表以及家长代表召开总结评估会议。各小组首先对本次活动的组织过程进行全面回顾与总结，详细阐述活动方案的设计思路、实施过程中的亮点与创新之处以及遇到的问题与解决方法；随后，指导老师、幼儿代表、家长代表分别从不同角度对活动进行点评，提出宝贵的意见与建议，如幼儿对某些游戏项目的兴趣度、家长对活动组织细节的满意度、教师在活动中的引导作用发挥情况等。小组成员针对反馈意见，深入分析活动方案与实施过程中的优点与不足，总结经验，吸取教训，形成详细的书面总结报告，并提出针对下次类似活动的改进建议，为今后更好地组织幼儿园活动提供重要参考依据。

五　实训评价标准

（1）活动方案是否完整。
（2）活动组织流程和环节是否合理、顺畅。

实训二　设计大班幼儿参观气象局方案

一　实训目标

（1）初步感知天气观测与预报的科学流程，理解天气变化对日常生活的影响。

（2）模拟参观气象局的环境和情境。

（3）学习设计与组织幼儿外出参观活动的流程，包括资源协调、安全预案制定、教育材料准备等。

（4）增强责任感与教育敏感度，理解幼儿在真实场景中的学习特点。

二　实训准备

（1）经验准备：提前了解有关气象的知识。

（2）物资准备：分组学习桌、实训表格、便携式迷你风向标、温度计模型、天气符号贴纸等。

（3）场地准备：实训室

三　实训过程

（一）集体观摩学习

集体观摩学习《大班幼儿参观气象局》的视频，初步掌握外出参观活动的流程。

（二）分组讨论

分组讨论，分工合作，明确各自的任务。

（三）具体过程

（1）根据参观视频，规划出参观路线。

（2）写出设计方案，说明关于参观气象局的活动设想：①参观气象局的缘由；②参观气象局的目标；③参观气象局的资源对接；④参观气象局的准备；⑤参观气象局的作用。

（3）绘制参观区域，制定参观流程并说明理由。

（4）分组情境讲解。小组成员轮流扮演老师、学生、讲解员，还原参观情境。

（5）各小组总结参观经验和有待改进的环节。

四　注意事项

（1）秉承客观、公正的态度对幼儿园大班幼儿参观气象局的活动进行评析。

（2）设计方案合理，各要素齐全。

（3）环节设计合理，理由充分。

（4）材料准备齐全，具有探究性、教育性、安全性。

五 活动延伸

小组尝试创设幼儿园大班幼儿参观超市的活动方案。

考点聚焦

单项选择题

1. 在幼小衔接工作中，不应把其仅仅视为两个教育阶段的过渡问题，而应把它置身于终身教育的大背景下去考虑，这体现了幼小衔接工作中（　　）的指导思想。［2023 年上半年幼儿园教师资格证考试真题］

　　A. 长期性而非突击性　　　　　　　　B. 终身性

　　C. 整体性　　　　　　　　　　　　　D. 突击性

2. 根据《幼儿园入学准备教育指导要点》，以下哪项是组织大型活动时需重点关注的幼儿发展目标？（　　）［2023 年下半年幼儿园教师资格证考试真题］

　　A. 提前教授小学课程内容　　　　　　B. 培养幼儿的任务意识和合作能力

　　C. 强制幼儿完成高难度任务　　　　　D. 仅关注幼儿的体能发展

3. 在幼儿园阶段，教师提前让幼儿学习小学的教材，如提前学习汉语拼音和书写汉字、提前学习小学的数学知识等，这使得幼小衔接工作中出现（　　）的现象。［2024 年下半年幼儿园教师资格证考试真题］

　　A. 提前为幼儿进小学打好基础　　　　B. 促进幼儿极大地发展

　　C. 小学化倾向严重　　　　　　　　　D. 小学教育学前化

4. 在组织大型活动时，为保障安全需遵循的原则是？（　　）［2024 年下半年幼儿园教师资格证考试真题］

　　A. 允许幼儿自由行动，无需管理　　　B. 提前检查场地并制定应急预案

　　C. 活动时间越长越好　　　　　　　　D. 仅依赖家长维护秩序

课后实践

1. 实践一

（1）思考：如何在实践中帮助幼儿缓解焦虑呢？

（2）以"环保主题"为核心，设计一个幼儿园大班大型活动方案，包含活动目标、准备、流程及安全措施。

2.　**实践二**

（1）以小组为单位，到幼儿园观察一名幼儿的在园一日生活，撰写一份个案观察案例。

（2）撰写《致家长的一封信》，用通俗语言解释"零起点教学"政策，缓解家长焦虑。

项目七　幼儿园班级与家庭共育

◇ 项目学习目标

[知识目标]

(1) 了解幼儿园班级与家庭共育的内涵、意义。

(2) 理解幼儿园班级与家庭共育的原则。

(3) 熟悉幼儿园班级与家庭共育的方式途径。

(4) 掌握幼儿园班级家长会、亲子活动的设计实施流程和要点。

(5) 掌握家园沟通的原则、策略和技巧。

[能力目标]

(1) 能够阐述自己对幼儿园班级与家庭共育原则的理解。

(2) 能够说出幼儿园班级与家庭共育的方式途径，并能在实际工作中灵活运用。

(3) 能设计实施幼儿园班级家长会和亲子活动等家园共育活动。

(4) 能与家长进行积极有效的沟通，建立良好的关系。

[素质目标]

(1) 树立家园共育观。

(2) 具有尊重家庭多元文化的开放态度。

(3) 形成与家长合作、沟通的职业理念。

◇ 项目学习导航

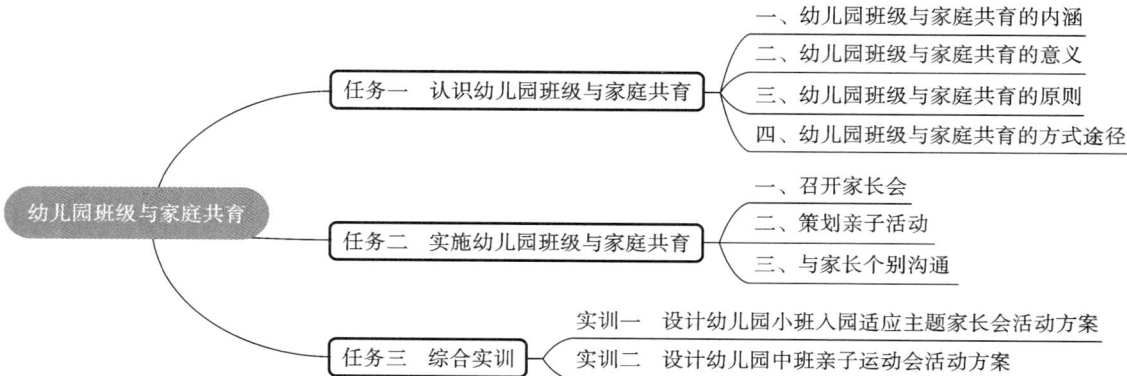

- 幼儿园班级与家庭共育
  - 任务一　认识幼儿园班级与家庭共育
    - 一、幼儿园班级与家庭共育的内涵
    - 二、幼儿园班级与家庭共育的意义
    - 三、幼儿园班级与家庭共育的原则
    - 四、幼儿园班级与家庭共育的方式途径
  - 任务二　实施幼儿园班级与家庭共育
    - 一、召开家长会
    - 二、策划亲子活动
    - 三、与家长个别沟通
  - 任务三　综合实训
    - 实训一　设计幼儿园小班入园适应主题家长会活动方案
    - 实训二　设计幼儿园中班亲子运动会活动方案

Note

任务一　认识幼儿园班级与家庭共育

◇情境导入

阅读赋能家园共育，助力孩子成长蜕变
——小雪的成长随笔

武汉市直属机关育才幼儿园　郭琳

　　刚满3岁的小雪是这学期来的插班生，她雪白的皮肤，大大的眼睛，看上去文静腼腆。每天入园她仿若考拉一般，紧紧地抱着奶奶，需要我把她从奶奶身上拉开。她上厕所不会穿脱裤子，我教她提裤子，她就会哭着说"我不会"，吃饭时只吃白饭，看见碗里有菜会撇着嘴说"不吃菜"，游戏时间不愿意参与活动，一个人坐在自己的位置上看别人玩。

　　与家长的沟通中我得知，小雪是三孩家庭中的老二，母亲需要照顾不满1岁的弟弟和上小学的姐姐，小雪主要由奶奶照料。在家中小雪也经常会哭闹，如吃饭完全靠喂，还要和弟弟争抢奶瓶喝奶，当妈妈抱弟弟时，她也吵着要抱。"这孩子在家也是动不动就哭，我分身乏术，奶奶也拿她没有办法啊！"妈妈在说这话时，我深刻地感受到家长的焦虑情绪。

　　小雪不是个例，班上有很多孩子都是由祖辈在带。以往家园共育模式，如家访、家长会、电话沟通、家长课堂等，多将重心放在与父母的交流上。如今孩子与爷爷奶奶相处时间最长，所以必须同样重视祖辈的力量，只有这样教育理念才能落实到孩子的生活中。

　　经过认真思考，我向全班家长发出倡议，邀请爷爷奶奶加入班级群。没几天班级群就从几十人壮大到百余人。我在群里定期分享孩子们在园的生活、游戏精彩瞬间，照片中孩子们灿烂的笑容和丰富多彩的幼儿园生活极大地吸引了爷爷奶奶的关注，为后续家园共育打下了基础。

　　我精心挑选了"育儿宝典"《5岁前的工作》和《看见孩子》，将它们当作这段时间的学习书目。河北科学技术出版社的《5岁前的工作》通俗易懂，以蒙台梭利家庭实践法为根基，介绍适合孩子的劳动和运动。开启共读前，我在群里分享孩子们劳动的萌照，如擦桌子、扫地、叠衣物，孩子们忙活得有模有样。群里瞬间沸腾，爷爷奶奶惊叹："在家从没见孩子这么能干！"我趁热打铁，图文并茂地剖析这本书，强调5岁前，瓜果去皮或清洗、衣物整理、清洁打扫等"工作"，能促进孩子肢体动作、专注力、逻辑思维的发展。此阶段，孩子眼中的"工作"并非传统意义上的辛苦劳作，而是在做事情的过程中，多次试错与探索，最终拥有"我能行"的信念。随后，我详细罗列书中各年龄段孩子适宜的"工作"清单，以及在家创设适宜环境的妙招。家长们纷纷留言，有人说道："过去因害怕孩子犯错、怕孩子累着，就包办代替，没想到扼杀了孩子的自信心与探索欲。"小雪奶奶更是表态，日后定会给小雪充裕的时间与空间，放手让她参与日常"工作"。

接着我又推荐了中信出版社的《看见孩子》。作者提醒我们，每一个看似任性的行为背后，都隐藏着孩子内心深处的渴望与需求；每一次哭闹或许都是孩子在向我们发出求助的信号。家长需用耐心与爱心去解读这些信号，用共情与陪伴去回应孩子的内心。这本书在印刷上独具匠心，将重点语句用醒目的红色标注出来，使得关键内容一目了然。我以此为依托，分章节采用文字与图片相结合的形式，全方位分享书中的精华内容。特别是将书中家长容易遇到的，如"孩子挑食怎么办""两兄妹争宠如何引导""如何应对孩子的哭泣"等问题场景的应对，整理成简短精练的文字笔记，分享到群里，以便祖辈们能随时回顾，轻松掌握核心要点。例如，书中提到孩子一大早就渴望吃冰激凌的情景，这时我们可以这样与之共情："我知道你很想吃冰激凌，但冰激凌并不能当作早餐来吃。我能理解你吃不到冰激凌的失望心情。"当孩子真切地感受到被理解时，情绪会逐渐平复。再如，当孩子在反复搭建积木却屡屡失败后大哭，家长只需给予孩子共情，但又不急于出手代替孩子解决问题，而是等孩子情绪稳定后提问："怎样搭建才会更结实呢？"以此鼓励孩子再次勇敢地去探索。此书分享后，家长的反馈也是出奇的好，他们一边后悔平时带孩子时没有深入思考，一边庆幸现在改正还来得及。

在私下里，小雪的妈妈主动找我聊天，通过阅读，她知道小雪行为背后隐藏的根源。妈妈的大部分精力被弟弟和需要辅导作业的姐姐占用，小雪动不动就哭闹，很可能是因为内心缺乏安全感，渴望得到更多的关注。我们也探讨出解决方案：放下固有预设，全身心地去"看见"小雪。平时多抱抱她，告诉她妈妈一如既往地爱她。当她因为不会穿裤子而哭泣时，我们不应仅仅着眼于简单地教会她这项技能，而是要先安抚她的情绪："小雪，是不是有点着急呀，没关系的，我们慢慢来，一起学着做好吗？"要让孩子切身感受到被理解、被尊重，只有这样，他们才会愿意打开心扉，勇敢地去面对各种挑战。妈妈也反馈说，生活中爷爷奶奶的教育方法也发生了转变，爷爷会鼓励小雪起床自己穿衣、穿鞋、背书包；奶奶在厨房忙碌时，也会喊小雪帮忙洗菜、择菜，边劳作边耐心讲解食材知识。在全家人齐心协力下，小雪变化惊人，生活自理能力突飞猛进，不仅学会穿衣穿鞋，吃饭也不再挑食，各类蔬菜都愿意尝试。对小雪的弟弟，他们会从现在开始培养他的生活能力，现在全家人教育观念统一了，一家人也变得和睦多了。

《幼儿园教育指导纲要（试行）》中明确指出："家庭是幼儿园重要的合作伙伴。应本着尊重、平等、合作的原则，争取家长的理解、支持和主动参与，并积极支持、帮助家长提高教育能力。"家长工作是幼儿园班级管理过程中的重要组成部分，班级管理教师只有协调好与家长的关系，使家长积极参与幼儿教育工作，优化整合所有可利用的资源，形成一股强大的合力，才能真正促进幼儿身心健康发展。

一 幼儿园班级与家庭共育的内涵

幼儿园班级与家庭共育，顾名思义，是指幼儿园班级与家庭携手，共同促进孩子的成长与发展。其核心内涵体现在以下几个方面。

(一)双向互动

强调幼儿园班级与家庭之间的双向沟通与交流。家长与幼儿园教师共同分享关于孩子成长的信息，相互学习教育方法，共同解决教育过程中遇到的问题。

(二)资源共享

家庭与幼儿园各自拥有独特的资源，如家长的实践经验、幼儿园的师资力量和教育设施等。家园共育倡导双方资源的共享与互补，以丰富孩子的教育环境。

(三)协同育人

家庭与幼儿园是孩子成长的重要场所，双方在教育目标、教育内容、教育方法等方面应保持一致，形成协同育人的合力，共同促进孩子的健康成长。

(四)强调合作

注重幼儿园班级与家庭的合作，双方建立平等的伙伴关系，共同参与到孩子的教育中。这种合作不仅限于孩子的日常教育，还包括对孩子行为习惯、人格品质等方面的共同培养。

二 幼儿园班级与家庭共育的意义

(一)指导家教，提高家庭教育的科学性

家长们一般未经过教育方面的专业训练，没有系统学习过如何教育孩子，大多凭主观经验来进行家庭教育。这就导致许多家庭教育孩子的方式不科学、不正确，如暴力专制、拔苗助长、溺爱等。班级的家长会、"家长学校"等形式多样、丰富多彩的家园共育活动能帮助家长树立正确的教育理念，掌握家庭教育的基本原则，学习科学的育儿方法及解决育儿问题的策略。

(二)互通信息，提高幼儿教育的针对性

从教师角度来看，通过与家长的沟通，教师可以更全面地掌握班级中每个幼儿的家庭教育背景、生活环境和发展状况，可以更加有针对性地制订班级工作计划和个别教育方案。从家长的角度来看，经常与教师进行沟通，家长可以了解幼儿在幼儿园最真实的学习和生活状况，能更有针对性地配合教师实施教育。

(三)亲子互动，改善家庭的亲子关系

有些家长不知道该如何与幼儿互动，有些家长没有时间与幼儿互动，有些家长没有形成与幼儿互动的意识，从而导致亲子关系紧张。教师可以通过开展各式各样的亲子活动（如亲子运动会、手

工合作等），让家长从"旁观者"转变为"参与者"，深度融入幼儿的成长，增强教育责任感，同时可以帮助家长用更加科学、积极的方式（如积极倾听、耐心沟通等）与幼儿进行互动及情感沟通，建立和谐的亲子关系。

（四）家长参与，提高班级的保教质量

家园共育能让家长成为班级管理的得力助手。目前，家长参与工作主要分为三类：一是对班级物质环境的管理，如收集环创材料、制作环创物品等；二是参与班级活动的管理，如寻找活动场地、提供活动材料、收拾活动场地等；三是参与班级财务的管理，如班费，对班费的使用进行登记管理和监督等。做好班级管理工作、提高幼儿保教质量离不开家长的关注与支持、监督与评价。家长参与班级管理，家长进课堂参与集体教学，或家长参加幼儿园志愿者活动，都能给幼儿不一样的感受，从而促进保教质量的提高。

（五）家长支持，丰富班级的教育资源

幼儿园班级与家庭共育，能充分利用家长这个庞大群体的人力资源、物力资源和信息资源丰富班级的教育资源。家长们从事各行各业，有的还是业界精英，通过家长进课堂等活动，能充分发挥他们在专业方面的资源优势。家庭中有着丰富的材料资源，废旧的锅碗瓢盆、婴儿用品等都可以收集成为幼儿喜爱的区域游戏材料。家长这个庞大群体，还蕴藏着丰富的信息资源。比如，在幼儿园开展"春天来了"的主题活动中，某小班准备外出春游，教师对周边资源进行了考察，没有发现合适的场地。因此，教师就在班级群里发出"召集令"。没过多久，就有家长推荐了自己家的小区。在家长的陪伴下，教师对小区进行了实地考察。最终确定了该小区为幼儿春游的场地，活动效果非常好。

三　幼儿园班级与家庭共育的原则

（一）平等性原则

平等性原则是指教师在进行家长工作管理时，要理解和尊重家长，建立平等互助的伙伴关系。这要求教师摆正自己与家长之间的关系——不是教育者和被教育者的关系，也不是服务者和顾客的关系。教师应该站在家长的角度和立场看待问题，避免自我中心主义，忽视家长的教育地位和作用。有些教师在进行家长工作时，往往采用发号施令的语气或单向通知，甚至因幼儿不好的表现指责家长，这样的做法只会增加家长与教师之间的隔阂。教师只有做到尊重家长，认同家长的教育作用，才能充分发挥家长的主体作用。与家长沟通时应避免使用"你应该……"的指令性语言，要改为"我们可以一起尝试……"等商量式语句。对于不同背景和环境的家庭（如单亲家庭、离异家庭、隔代抚养等），也应当尊重理解、一视同仁。

（二）针对性原则

为了使家长工作更有成效，对于不同类型的家长，家长工作的方式甚至内容也应该有所不同。

对包办代替型家长，可以用制度管理来减少频繁出入园所带来的过度呵护的行为；对高期望型家长，可以肯定赏识其孩子的优点和家长认真负责的态度，同时说明高期望对孩子健康成长的害处；对放任型家长，可以强调规则对孩子成长的重要性；对冲动直率型家长，微笑静听；对拒绝配合型家长，从孩子入手，让孩子成为"小广播"，每天向家长播报幼儿园里的趣事、乐事，吸引他们关注幼儿园，关注老师的工作，然后请他们参加一些活动，与孩子互动，与其他家长互动，用别人的热情去影响他们；对被动配合型家长，让他们看到幼儿园和教师实际的工作成绩，用事实来说明问题，给他们更多的参加各类活动的机会，让他们在活动中了解幼儿园，了解自己的孩子，理解教师的工作；对主动配合型家长，"感谢"二字挂在口头，向他们更细致地介绍班级的工作，并将活动深入到家庭中，使他们成为家长工作的领头人；对性格内向、沉默寡言的家长，要面带微笑，经常主动热情地与他们交谈，逐渐拉近与家长之间的心理距离。

（三）一致性原则

一致性原则要求家园在教育理念、教育目标、行为规范等方面保持一致，避免幼儿因双重标准产生困惑。例如，教师要求幼儿自己穿衣、如厕等，家长则需在家同步培养幼儿的生活自理能力；若幼儿园要求自主进餐，家庭则需同步减少喂食，防止幼儿产生认知冲突；若幼儿园有意培养幼儿的礼貌用语、分享行为等社会性品质，家庭则需在家同步引导、传递一致的教育理念。教师可在学期初家长会上与家长一起讨论班级教育目标，在家园联系栏上发布本月或本周教育目标，让家长清楚班级的教育目标，并落实到家庭教育中。如本月目标是"培养幼儿自主收纳玩具的习惯"，那么教师可以通过各种沟通渠道提醒家长在家里设置固定收纳区，并鼓励幼儿自己收纳整理，并在每周家园联系表上记录目标达成情况（如"今天自己收玩具√/△/×"）。教育理念上，教师可通过《3—6岁儿童学习与发展指南》普及幼儿发展规律，进行科学育儿宣传，避免家长因焦虑而超前教育。

（四）常态化原则

常态化原则是指教师要坚持做到家长工作管理的经常化和日常化，根据具体情况及时调整工作内容和策略等。教师应该将家长工作纳入班级日常工作程序中，制定家长工作的实施方案，随时与家长进行交流，及时调整各自的教育行为。一方面要将幼儿在园的情况及时反馈给家长、对家长提出相应的家庭教育要求和建议；另一方面要经常主动地了解幼儿在家的情况和家庭教育中的问题，及时地有针对性地开展教育活动。例如，利用每日入园、离园时的简短时间与家长沟通，反馈幼儿的在园表现和闪光点（如"今天主动帮助小伙伴"等）；通过家园联系手册记录幼儿成长轨迹，持续双向反馈幼儿发展状况；利用家园联系APP分享幼儿每日在园情况（如午睡、进餐等）；每周至少在QQ群推送一次班级活动照片（如"搭建积木发展空间认知"等）；每学期至少举行一次亲子运动会或亲子实践活动（如户外探索、节日活动等）。

练一练 ▶

如何向祖辈家长解释"游戏比认字更重要"？

四 幼儿园班级与家庭共育的方式途径

（一）图片文字类

1. 家园联系栏

家园联系栏一般设置在班级教室门口的墙面上，有班级教师介绍、保教计划、保教知识、通知栏等板块，其主要功能是向家长介绍本班近期教育目标、需要家园合作的教育内容、好的教育理念或教育知识、家教指导文章、活动通知等内容。

教师在设置家园联系栏时，要注意以下事项。

（1）家园联系栏应办得生动活泼，能吸引家长。文章、资料要短小精悍，可由教师编写，可摘录家教报刊上的内容，也可以由家长提供经验、体会等。

（2）家园联系栏要及时更新，更新时间没有固定要求，主要是根据家园联系栏中的具体内容而定。其中班级的保教周计划应该在每周五下午离园之前进行更新，好的教育理念或教育知识和家教指导文章至少一个月更新一次，活动通知则在开展活动的前一周更新。

（3）可以提前一天告知家长家园联系栏有更新，鼓励大家观看，以及提出问题和建议，此外，也可以将家园联系栏内容的电子稿发送至班级网络平台，满足那些不常来幼儿园家长的需求。

（4）在家园联系栏上设置家长信箱或家长留言板，鼓励家长与教师进行互动，充分发挥家园联系栏的互动功能。

（5）做好家园联系栏的阶段性总结工作，及时整理班级家园联系栏里的纸质文件，对每个月的信息进行梳理，以免出现重复或遗落，也为下个月的工作提供借鉴和参考。

连线职场

家园联系栏示例

扫一扫：阅读家园联系栏育儿知识电子版示例《培养孩子阅读习惯的六个实用技巧》

2．家园联系手册

家园联系手册是一种简洁有效的书面联系方式。它以幼儿的成长特征为线索进行设计，家长可从手册中了解到幼儿的进步、存在的问题及幼儿园对家庭在配合教育方面的具体要求；教师则可以从家园联系手册中获得幼儿园教育效果的反馈，了解幼儿在家中的表现。

教师在使用家园联系手册时，要注意以下事项。

（1）要在思想上重视家园联系手册的管理。使用之前，要向家长和幼儿说明家园联系手册的重要作用及使用方法，可以向家长展示之前做得好的手册，以便家长学习。

（2）填写家园联系手册，要从每个幼儿的特点入手，不能千篇一律。填写的事情要具体生动，不能泛泛而谈，要从细微处体现出教师的细心。

（3）平时注意多观察、分析幼儿，把平时观察的结果及时地记录在笔记本上，或者直接记录在家园联系手册上，做好素材收集工作。

（4）将收发家园联系手册的时间固定下来，让幼儿、家长和教师养成及时填写家园联系手册的良好习惯。

扫一扫：了解家园联系手册示例

3．问卷调查

问卷调查一般是为了获取幼儿学情状况、家长满意度、家长需求和意见等数据信息所进行的主要针对家长的调查，以便达到更好的办园效率或班级管理效率，如幼儿学情调查、班级满意度调查、亲子阅读情况调查、幼儿晚餐需求调查等。

扫一扫：阅读调查问卷示例《幼儿园班级家长满意度调查问卷》

4．回执单

幼儿园家长回执单是幼儿园与家长之间的一种书面沟通工具，主要用于确认家长已收到幼儿园的通知、活动邀请、政策变动或其他重要信息，并反馈家长的意见或选择。

1）回执单的常见用途

活动确认：如亲子活动、家长会、春游等，需家长填写是否参加。

通知签收：如放假安排、费用调整、健康提示等，要求家长阅后签字确认。

意见反馈：针对幼儿园的课程、饮食、安全等问题征集家长建议。

协议签署：如安全责任书、隐私政策同意书等。

2）回执单的主要内容

标题：如"××活动回执单""家长知情确认书"等。

正文：简要说明通知或活动内容（或附原件）。

家长填写部分：是否参与（是/否）；家长签名及日期；联系方式（如需）；意见或建议栏（可选）。

幼儿园信息：班级、教师姓名、回收截止时间等。

3）示例模板

回执单示例模板如下。

××幼儿园秋游活动回执单

尊敬的家长：

我园计划于×月××日组织秋游活动，地点为××公园，费用××元。请确认是否同意孩子参加，签字后于×月××日前交回班主任。

□参加　　□不参加

家长签名：_____　　日期：_____

联系电话：_____

（其他需备注事项：_____）

4）注意事项

及时性：家长需按截止时间交回，以便幼儿园统计安排。

责任明确：回执单可作为双方约定的书面凭证，避免后续争议。

电子化趋势：部分幼儿园可能通过微信群、小程序等在线方式收集回执。

通过回执单，幼儿园能有效传递信息并获取家长反馈，是家园共育中的重要环节。家长收到后应仔细阅读内容，按要求填写并及时返回。

扫一扫：阅读回执单示例《幼儿园入离园交通安全告知书家长回执单》

（二）信息平台类

1. 微信公众号和网站

幼儿园开设微信公众号和网站，定期更新内容，可让家长及时了解幼儿园的信息，从而更好地配合家园工作。微信公众号可公布教育教学活动计划及幼儿园管理、教学、卫生保健工作的新闻通知等，如周食谱、放假通知、获奖喜报、活动新闻等。幼儿园网站内容可设立"家园驿站""育儿心得""专家讲坛""亲子乐园"等板块，让家长了解育儿知识。

2. 电话沟通和网络沟通

打电话是非常直接和便捷的通信手段，当无法与家长面对面交流或遇到紧急情况时，教师可以利用电话和家长联系。教师在与家长进行电话沟通和网络沟通时，要注意以下事项：

（1）要存下每个幼儿家长的电话，最好多存几个，以防遇上突发事件时，第一联系人联系不上，耽误事情。

（2）打电话时，要先介绍自己，然后再讲述事情。语言一定要得体。

（3）了解最佳的通话时间，事情不紧急的情况下，选择合适的时间与家长沟通。

（4）通话后注意及时记录信息，并进行后续观察与反馈。

QQ群、微信群等网络平台是家园联系较常见的形式。一方面，网络平台具有便利性、及时性，能让家长第一时间看到班级的消息、通知，也能及时地了解幼儿的情况。比如，在幼儿刚入园时，教师会分享每个幼儿在班级活动中的照片，减轻家长担心幼儿能否适应幼儿园的焦虑情绪。另一方面，网络平台大大地提高了教师的工作效率。比如，教师想以"春天来了"为主题，用幼儿作品创设班级环境，就可以在网络上搜索一些与自己想法相关的作品信息，放到班级网络平台上供家长借鉴，这比单纯的语言表达要更有效。又比如，教师想收集家庭中的废旧物品投放到室内外环境中供幼儿自主游戏，就可以在群里发布"征集令"，征集厨房用具、生活用品、宝宝物品等游戏材料，并配以图片加以说明，高效便捷。

但是网络平台的建立也会带来许多问题，比如，有的家长会在网络平台上闲聊，有的家长因为文字表达不到位而产生冲突，有的家长甚至会在网络平台上发送广告。因此，教师在建立网络平台时，要提前联系家长，讨论如何有效地管理班级网络平台，一旦制定好规则，大家必须严格执行。

案例

在学期初的家长会上，李老师组建了班级的微信群。在组建时，李老师就班级微信群的使用制度与家长进行了沟通交流。首先，李老师向家长说明了此微信群的功能，用于向全体家长发送班级的通知以及支持家长参与班级事项的讨论；其次，李老师让家长以小组为单位讨论班级微信群的使用制度，并写下来，向集体阐述；最后，李老师将所有家长的建议进行整合梳理，撰写出班级微信群的使用制度，放在微信群的公告栏里。

具体制度如下：

1. 申请进群时必须告知群主自己的真实姓名，否则不得入内。

2. 加入后，修改自己的群名片为"幼儿姓名十爸爸/妈妈"。

3. 只有群主能邀请他人进群。

4. 每个家庭最多只能加入两位家长。

5. 家长在群里要注意自己的言语，积极发言，不散布谣言。

6. 如需发布其他信息，需得到群主的同意。

7. 尽量不聊与本群主题无关的事，不可以在群里发送广告、拉投票等。

8. 如有个人需要交流的情况，请私聊。

9. 教师发布通知或公告时，所有的家长看到后要及时阅读并回复。

（三）家园互动类

1. 家长会

家长会是幼儿园召开的全体（全园或全班或全年级）幼儿家长的会议，目的是向家长报告幼儿园本学期或某一阶段的工作及幼儿的情况，宣传幼儿教育的任务、内容和方法，听取家长的意见，与家长共同探讨本园、本年龄段、本班教育中普遍性的问题，以提高幼儿园教育质量和家长的教育素养。一般每学期举行1～2次，如有特殊情况可随时召开。

2. 家长开放日

家长开放日是指幼儿园定期或者不定期地向家长开放，邀请家长来班级观摩或参与幼儿园班级活动的一种家园共育活动形式，可以帮助家长最直观地了解幼儿园的教育理念、班级的教育氛围、教师的教育特点，让家长更加理解幼儿教育。家长观摩或参加幼儿园的活动，可以从中具体了解幼儿园教育工作的内容、方法；可亲眼看到自己孩子在各方面的表现，孩子的发展水平及与伙伴交往的状况；特别是可看到自己的孩子在与同龄幼儿相比较中显示出的优势与不足，从而有助于家长深入了解孩子，与教师合作，有针对性地教育孩子。同时家长在观摩与参与活动的过程中，还可以观察到教师的教养态度、教养方法、技能，这对家长来说也是一种实地学习，有助于改善家长的教养行为。

3. 亲子活动

为了增进亲子之间的关系，加强情感交流，让家长对幼儿园工作有更多的了解，教师会组织班级亲子活动。常见的亲子活动形式有亲子运动会、亲子春游、亲子节日活动、亲子表演活动、亲子手工制作活动等。比如亲子运动会，由家长带领孩子一起参加体育游戏，一起竞赛、分享胜利的喜悦，一起在体育活动中获取运动技能。比如，妇女节时邀请奶奶、外婆或妈妈来园接受孩子们的祝福，重阳节时让孩子们给爷爷、奶奶、外公、外婆献上自己的心意。又如儿童节时，可以邀请家长来到幼儿园参加由教师精心设计的形式丰富的游园会，家长和孩子可以一起在大操场上随着欢快的乐曲跳韵律操，共同参与智力猜谜、小猫钓鱼、赶小猪等游戏。每个孩子的脸上都绽放着快乐的笑容，每个家长的脸上都荡漾着喜悦的神情，家长和孩子一起开心地做游戏，浓浓的亲情也拉近了家园距离。

4．家长学校

幼儿园家长学校是由幼儿园主导、家长参与的协同育人平台，以幼儿成长为核心，整合教育资源，通过专题讲座、工作坊、经验交流等形式，提供系统化、专业化的家庭教育指导，帮助家长掌握科学育儿方法，解决家庭教育中的实际问题。主要内容有：理论学习类，如儿童发展阶段特征、教育心理学、亲子沟通技巧等；实践指导类，如行为习惯培养、情绪管理、社交能力提升等案例分析与实操演练；专题研讨类，如入园适应、幼小衔接、家庭教育误区等热点问题讨论；个性化支持类，针对特殊需求家庭（如多子女家庭、单亲家庭）提供定制化指导。

每学期，幼儿园可邀教育专家来园为家长和全园教师进行专题讲座，如幼儿期行为习惯的养成、如何培养良好的阅读习惯等。专家们凭借多年的教育研究经验并结合实践，深入浅出地讲解孩子发展的各阶段的特殊性、家庭教育的重要性及孩子智力开发的必要性。家长们有了相应的知识，会改进教育方法，主动配合幼儿园的工作。

班级可组织经验交流会和专题工作坊，邀请育儿经验较丰富的家长来做分享，也可以就某个集体性的育儿问题展开讨论，寻找好的解决方法。要注意活动形式，形式宜新颖丰富，如通过"家长读书会"形式，组织家长共读《正面管教》，并结合幼儿实际案例讨论如何教育孩子。

5．家长进课堂

家长们从事着不同的职业，有医生、护士、老师、警察、环卫工人、设计师……这些工作有着各自不同的环境和特点。幼儿园可以充分利用家长资源，让家长进课堂给幼儿上课，既能发挥家长的资源优势，让家长更了解幼儿在园的生活学习情况，又能拉近家长、教师和幼儿之间的距离。

例如，有一位小朋友的家长是医生，班级教师就特邀这位家长到班上，穿上工作服，为班上小朋友现场检查身体，并讲解小朋友肚子疼的原因。同时，还请这位家长为他们讲解饭前便后要洗手等卫生常识。他们饶有兴趣，听得认真仔细，取得意想不到的教育效果。

6．家长志愿者

家长志愿者有三种形式：一种是参加家长护卫队保护幼儿的安全；一种是来幼儿园做义工，参与幼儿园保教活动；一种是参与班级管理，协助班主任策划活动、维护活动中的秩序。

7．家长委员会

家长委员会（简称"家委会"）成员一般是家长自荐或班级教师根据对家长的了解推荐产生的，更多的是针对班级管理的工作，沟通交流家长们的需求和想法，提出合理化建议。家委会作为家庭与幼儿园班级之间的信息联络纽带，能将家长们对幼儿园的疑问、意见和建议等及时、真实、全面地反馈给幼儿园，同时督促幼儿园在一定时限内回复。

与家园之间的沟通相比，家长之间的交流更容易为他们所接受，家委会有利于家长和幼儿园之间进行平等、双向的沟通与交流，从而提高信息交流的效率。如关于班费的管理问题，班级教师根据春游、早操观摩和文艺演出等活动的需要，希望为幼儿购买统一的物品、服装等，但又担心有的家长不理解。班级教师与家委会成员沟通后，由家委会成员负责与家长沟通，与教师共同考察并购买。由于有家长参与，在质量和价格上增加了透明度，家长们都很乐意接受，同时也减轻了教师的负担。

8．家访

家访是一种常见的家园联系方式，指的是教师到幼儿的家庭中，与家长进行沟通，了解幼儿在家的生活和教育等情况。

家访按时间，可以分为入园前家访和入园后家访两种。入园前家访指的是教师在幼儿入园之前进行家访，主要目的是让幼儿提前认识教师，减轻幼儿的入园焦虑，也让教师提前了解幼儿，方便入园初期的工作开展。入园后家访则是指幼儿已经进入幼儿园学习，教师到其家庭中进行交流。入园后家访按性质，可分为经常性家访和临时性家访两种。经常性家访是指学期教学计划中已安排的、固定的家访，主要是为了保持与家长的联系，尤其是那些很少去幼儿园的家长。

教师在进行家访时，要注意以下事项。

（1）家访前，与家长联系，确定具体的时间，千万不要突然到访。

（2）家访前，确定本次家访的目的，并与家长确认幼儿是否在家。

（3）家访时，做好家访记录，并将记录给家长看，让其确认是否有误。

（4）家访时间以 20～30 分钟为宜，不宜过长也不宜过短。

案例

入园前的新生家访

李老师是刚接手小班的主班老师，对于接下来带小班的工作，李老师做好了充分的准备。首先，李老师将入园前新生家访的时间进行了调整，她准备在开学前一个月（也就是 8 月初）进行家访。其次，她在家访前进行了充足的准备，提前 3 天跟家长预约好家访时间，并针对幼儿的家庭情况、生活习惯、兴趣爱好等方面设计了访谈提纲。接着，李老师还为每位家长设计了一份入园前的准备事项表，让家长们根据表格上的项目有针对性地做好入园前的准备工作。最后，李老师准备了一个生动、形象的自我介绍和一个小游戏，用于向幼儿介绍自己并与其互动。有了这些准备，李老师的新生家访非常顺利，她给孩子们留下了深刻的印象（到了开学，孩子们都还记得李老师的名字），也让家长们觉得可以放心地把孩子交给她。

9. 家长约谈

家长约谈是指教师与家长提前约定一个时间，双方在幼儿园里就幼儿的情况进行交谈的家园联系方式，一般是针对家长或幼儿的特殊情况进行交流或讨论。

教师在进行家长约谈时，要注意以下事项。

（1）事先做好谈话准备，包括汇集、分析有关幼儿发展的材料，准备提出的问题及解决问题的初步设想等。

（2）提前预约教师和家长的空闲时间，不被其他事情打扰。

（3）选择合适的、具有隐秘性的地点，营造宽松的气氛，让家长不会太拘谨，也不会被别人干扰。

（4）交流过程中，先讲幼儿的优点再讲幼儿的问题，讲述问题时要客观真实，少下结论。避免使用专用术语，交流尽量口语化。

（5）交流后及时记录信息，做好小结并进行后续观察与反馈。

10. 接送时简单交流

接送时简单交流是指教师可以选择在幼儿来园或离园时，与家长进行简单的交流。这是幼儿园中最常见的、最简洁的家园联系方式。交流的内容主要包括告知家长幼儿在园的主要情况，了解幼儿在家的生活和学习情况，收集一些有关幼儿的特别注意事项等。这种谈话时间比较短，因此，内容不宜过多。

任务二　实施幼儿园班级与家庭共育

◇ 情境导入

开学了，幼儿园又到了开家长会的时候。下面是对家长的采访记录。

家长 A：开家长会就是老师的报告会，轮到我们家长提建议时，老师一般都没有认真听，我们还没有说完就宣布散会了。

家长 B：每个学期的家长会都差不多，家长会流于形式，没什么意思。

家长 C：一般都是老师主持，家长就在下面听老师说。我们就像是"听众"，恭恭敬敬地听老师"训话"。

思考：

1. 家长喜欢到幼儿园开家长会吗？

2. 家长对家长会有什么需求？

一　召开家长会

家长会本是一次绝好的教师与家长相互交流、协调的机会，可是因为形式单调、内容乏味等原因，部分家长不喜欢去幼儿园开家长会。那么，怎样才能将家长会开得更生动些、更有成效些呢？

幼儿园家长会主要有全园家长会、年级家长会和班级家长会。全园家长会一般一学期一次，以观念引领为主；年级家长会主要针对一个年龄段的家长，大多是升班以后开；班级家长会一般一学期两次，第一次为新学期家长会，教师介绍本班的情况、新学期工作计划、新学期的要求等，第二次主要在学期末，以幼儿展示和期末汇报为主，也会介绍幼儿教育的新理念、新方法。本节我们主要学习班级家长会的召开流程。

（一）会前准备

1. 收集家长需求

会前可设计问卷对家长的会议需求或主题相关内容进行调研，对数据进行分析后，以此作为会议内容的依据。如设计问题："您在家遇到的育儿困惑是什么？""您希望老师在家长会上分享哪些内容？"可以统计高频需求，作为会议重点讨论内容。

连线职场

幼儿园家长会需求调查问卷

尊敬的家长：

您好！

为了更好地开展家园共育工作，了解您的需求与建议，特设计此问卷。您的反馈将帮助我们优化教育服务，共同促进幼儿健康成长。感谢您的支持与配合！

一、基本信息

1. 您孩子的班级：_____

2. 您与孩子的关系：□父亲　□母亲　□其他（请注明）_____

二、家园沟通需求

1. 您希望家长会的频率是：

□每月一次　□每学期2～3次　□其他（请注明）_____

2. 您更倾向于哪种家长会形式？

□集中讲座式　□分组讨论式　□线上互动式　□其他_____

3. 您希望家长会重点讨论哪些内容？（可多选）

□幼儿在园表现　□教育理念分享　□亲子活动建议　□健康与安全知识

□其他_____

三、幼儿发展关注点

1. 您最关注孩子在哪些方面的成长？（可多选）

□生活习惯　□社交能力　□学习兴趣　□情绪管理　□身体素质

其他_____

2. 您希望幼儿园提供哪些方面的育儿指导？（可多选）

□如何培养自理能力　□如何应对分离焦虑　□亲子阅读技巧　□科学育儿知识

□其他_____

四、活动与课程需求

1. 您希望幼儿园增加哪些类型的活动？（可多选）

□户外探索　□社会实践　□艺术创作　□科学实验　□亲子运动会

□其他_____

2. 您是否愿意参与幼儿园组织的家长志愿者活动？

□非常愿意　□视情况而定　□不太愿意　□原因：_____

五、其他建议

1. 您对幼儿园的教育教学或服务有哪些具体建议？

2. 您希望幼儿园通过哪些方式与您保持沟通？（可多选）

□家长微信群　□家园联系手册　□定期家访　□电话沟通　□其他_____

六、结束语

再次感谢您的参与！您的意见对我们至关重要，我们将认真整理并积极改进。

2．明确目标与主题

家长会的核心目标主要包括家园共育、信息互通、问题解决、情感联结，具体目标则需要根据班级阶段需求进行设计，如小班"缓解入园焦虑"、中班"培养规则意识"、大班"幼小衔接"等。具体示例如《从"小哭包"到"小勇士"——如何帮助孩子适应幼儿园》（小班），《规则不是"紧箍咒"——如何让孩子主动遵守规则》（中班），《从"幼儿园"到"小学"——幼小衔接的关键准备》（大班）。具体主题主要来源于家长需求调研（如问卷星调查）、班级共性问题（如"挑食""午睡难"等）、学期重点工作（如"安全教育月"）。

3．理清思路

（1）想一想。班级中最需要向家长交代的事情是什么？

（2）比一比。在这么多的事情里，哪一件或哪几件事情是最突出和重要的？

（3）写一写。撰写家长会的大纲，帮助自己整理思路、准备材料。

4．制订方案

幼儿园家长会活动方案一般包括以下要素：会议名称、主题、时间、地点、与会人员、会议目的、准备、要求和内容等。

连线职场

××幼儿园大二班幼小衔接主题家长会活动

会议主题

幼小衔接，让孩子快乐起航。

会议时间

2025 年×月××日（星期×）下午 2：30。

会议地点

×××××。

与会人员

主班宋老师　　配班王老师　　苏老师　　本班幼儿家长

会议目的

1. 了解幼儿进入小学前要做的基本准备工作。

2. 学习先进的育儿理念和正确的育儿方法，做好高质量的陪伴。

会议准备

1. 会场布置：桌椅摆放成两组。

2. 邀请××小学苏老师。

3.《幼小衔接，让孩子快乐起航》PPT。

会议要求和内容

学习学前教育的相关政策法规，了解孩子，科学育儿。

苏老师为家长做专题讲座：进入小学要做的基本准备工作。

1. 增强体质。

一上小学，学习就成为孩子的主要活动，课间休息时间和游戏时间短，课后又有作业，相对于幼儿园必然会增加孩子的紧张度。为使孩子较快适应小学的生活节奏，家长应积极引导孩子锻炼身体，增强体质。

2. 能力方面提升。

要培养孩子独立生活的能力，自己的事情自己做，如洗自己的袜子、自己穿脱衣服，等等。还可要求孩子参加一些力所能及的劳动，如扫地、抹桌子、整理图书和玩具。

3. 培养任务意识、增强时间意识。

开展活动"赛速度"，通过"认识时钟、倒计时"体验"一分钟有多长"，帮助幼儿建立时间概念；根据幼儿做事拖拉的现象开展珍惜时间的教育，让幼儿了解"时间一去不复返"；开展"早晨来园时间调查"活动，讨论从起床、洗漱、吃早饭到出门，为什么有的幼儿只花二十分钟，有的幼儿却要一个多小时，让幼儿认识到做事要有条理、有顺序。

4. 学习习惯培养。

一年级是孩子学习习惯培养的最佳时期。有了好的习惯做保证，在以后的学习生活中，才能学得轻松，学得快乐。例如：严格遵守作息时间的习惯，看书时坐姿端正的习惯，爱想爱问和认真回答问题的习惯，专心听讲的习惯，爱护书本及学习用品的习惯等。

5. 适当地进行小学知识的储备。

为入学做好一定的知识储备也是有必要的，但家长要把握好"度"，不要过量、过度教育。建议家长从这几个方面考虑：每天让幼儿写自己的名字，学抄一些简单的字，熟悉田字格，培养正确的握笔姿势、书写姿势，提前养成良好的书写习惯。为幼儿精选一些适合他们阅读的图书，培养他们的阅读兴趣，拓宽知识面，提高阅读的能力。

5．撰写讲稿

讲话稿的好与坏直接影响教师在家长心目中的形象，更会影响家长对教师的信任和对教师教学能力的评价。因此，教师要认真准备讲稿。如果仍然没有足够的自信心，害怕在开会时遗漏细节，教师可以在开会前把会议的内容缓慢地、有条理地试讲一遍，试讲时注意用眼神和"听众"交流，这样可以显得更自信。

6．物品与资料准备

（1）列出所需的道具物品清单，逐一清点。

（2）准备互动环节所需的小礼品。

（3）准备发放或展示给家长的、与当期主题相关的资料，如幼儿照片（生活、学习、游戏），作品（绘画、手工），评语（教师观察记录），学期计划表。

（4）准备签到表、问卷调查表、问题收集表等。

7．布置会场

（1）制作横幅或PPT展示"××幼儿园××班××××学年家长会"。

（2）会场提前做好清洁整理。

（3）根据家长人数，整齐摆放桌椅板凳，若有分组，提前分好组。

（4）可用气球或鲜花做点缀，营造温馨氛围。

（5）如有条件，可准备园所自制点心或茶水。

8．发布通知

通过网络、电话等方式多次发布会议邀请信息；临开会前，还要再次核实哪些家长能来参加会议，哪些家长不能来参加会议。

连线职场

家长会通知

亲爱的家长们：

大家好！

孩子每一次的成长都带给我们无限的惊喜与感动。我们认为孩子是一粒有着无限生命力的种子，而种子的每一步成长都离不开父母的关心和爱。为了更好地开展家园互动，让您在新学期对我们的工作有所了解，我园将召开秋季开学家长会，欢迎您的到来！

时间：9月5日（星期四）　16：30—17：00

地点：小一班教室

温馨提示：

1．家长会上需要签到，请家长务必准时参加。

2．为保证家长会安静有效地进行，请家长在家长会期间将手机调至静音状态。

期待大家的到来！

谢谢配合，收到请回复。

××幼儿园　小一班　×老师

2024 年 9 月 1 日

（二）会中沟通

家长会的内容是家长会的灵魂。如果会议内容是家长感兴趣的，即使开会时间长，家长的兴致也会很高，也愿意听。可以说，家长对家长会的态度，在很大程度上取决于家长会的内容是否恰当和能否引起家长的兴趣。

1. 会议内容

家长会的主要内容一般包括以下方面。

（1）分析班级整体情况，介绍目前教育重点。

（2）深入探讨教育主题，家园携手科学育儿。

（3）告知家长配合之处，恳请家长提供支持。

2. 流程示例

1）开场环节

（1）教师自我介绍：姓名、职务、教育理念（如："我坚信每个孩子都是独一无二的"）。

（2）会议目的说明：强调共育。如"今天的会议不是老师的'独角戏'，而是我们共同探讨如何让孩子更好地成长。"

（3）暖场活动：剪辑幼儿在园日常片段（如吃饭、游戏、午睡），配上温馨的音乐，编辑成视频播放。开展暖场互动游戏，如"击鼓传花"，音乐停止时，请相应的家长分享对孩子的期望（一句话即可）。

2）班级情况汇报

（1）幼儿发展分析：可以用数据化方式呈现，如："本学期 90％的幼儿能独立完成穿衣，较上学期提升 30％。""85％的幼儿能主动与同伴分享玩具，社交能力显著增强。"也可以分享具体案例，如："小明从开学时不敢说话，到如今能主动表演节目，他的进步离不开家园配合。"

（2）班级活动回顾：如"春游踏青"（展示幼儿观察植物、合作搭建帐篷的照片），"消防演练"（播放幼儿模拟逃生的视频，强调安全教育的重要性）。

3）重点内容讲解

（1）主题分享：可以用结构化表达方式，首先引入问题"您是否遇到过孩子晚上不睡觉的情况"，其次分析原因"这可能是孩子白天活动量不足，或睡前过于兴奋"，最后提出解决方案"建议增加孩子白天的户外活动，睡前 1 小时避免看电子屏幕"。

（2）工具使用：图文并茂的 PPT，直观的图表。

（3）互动问答：注意提问技巧。

4）分组讨论

明确讨论主题，提供问题框架，教师注意引导，巡回参与讨论，记录关键观点，请小组派代表发言，最后教师总结提炼。

5）结束环节

总结反馈（如"今天的会议，我们共同探讨了规则意识的培养，感谢大家的积极参与！"）或布置"家庭小任务"。

3. 注意事项

（1）家长会当天，穿上比较正式的服装，化淡妆，让自己显得更加精神。

（2）避免负面标签，尽量用积极语言。

（3）微笑、点头、眼神交流，避免交叉双臂或背对家长。

（4）走下讲台，拉近与家长的距离，增强亲和力。

（5）准备会前互动，活跃会议氛围。

（6）分工合作，展现班组整体风貌。

（7）巧妙应对会议中的难题。

（三）会后总结

（1）教师团队内部沟通。总结本次家长会成功的经验和不足之处。

（2）总结家长意见和建议。总结家长们在会议中提出的意见、建议和反馈，以及针对这些意见和建议的教育措施和改进计划。

练一练

班级家长会上，小明爸爸突然提了一个问题，作为教师，你回答不出来。面对这种情形，怎么处理比较合适？

知 识 链 接

家长会常用话术模板

以下是为幼儿园家长会设计的常用话术模板，涵盖开场白、幼儿表现反馈、教育重点、家园共育建议、安全与健康及结束语等环节，可根据实际情况调整使用。

一、开场白

模板1（亲切问候）

"亲爱的家长朋友们，大家好！感谢大家在百忙之中抽出时间参加今天的家长会。

我是××班的×老师，很高兴能和大家共同探讨孩子们的成长与教育。接下来，我会从班级情况、幼儿表现、教学计划等方面和大家交流。"

模板2（互动开场）

"各位家长，大家好！今天看到大家齐聚一堂，我感到非常温暖。孩子们在园的每一天都充满了欢笑与进步，这离不开家园的共同努力。接下来，让我们一起回顾近期孩子们的成长点滴吧！"

二、幼儿表现反馈

模板1（整体情况）

"本学期，孩子们在自理能力、社交能力、学习习惯等方面都有显著进步。例如，大部分孩子已经能独立完成穿衣、洗手等日常事务，部分孩子还能主动帮助同伴整理玩具，展现了良好的团队精神。"

模板2（个体反馈）

"××小朋友在语言表达方面进步很大，能清晰地讲述故事；××小朋友在数学思维上表现出色，对形状和数字的认知非常敏锐。当然，每个孩子都有自己的成长节奏，我们会持续关注并支持每一位孩子的成长。"

三、教育重点

模板1（生活习惯培养）

"接下来，我们将重点培养孩子们的独立性和责任感，例如通过'小小值日生'活动，鼓励他们参与班级事务；同时加强午睡习惯的养成，帮助孩子们形成规律的生活节奏。"

模板2（认知与社交）

"本学期，我们将围绕'自然探索'主题开展活动，通过观察植物生长、探索季节变化等，培养孩子们的观察力和科学思维。同时，我们会组织更多合作游戏，提升孩子们的沟通与协作能力。"

四、家园共育建议

模板1（鼓励参与）

"孩子的成长需要家园的紧密配合。建议家长在家中：鼓励孩子独立完成力所能及的事情（如整理书包、摆放餐具）。每天留出15分钟与孩子进行亲子阅读或游戏，增进情感交流。关注孩子的情绪变化，及时与老师沟通。"

模板2（具体方法）

"为了帮助孩子更好地适应集体生活，建议家长：①鼓励孩子表达自己的想法，耐心倾听他们的需求。②在家中设置固定的阅读或游戏时间，与幼儿园的活动形成互补。③遇到问题时，先倾听孩子的感受，再引导他们寻找解决方案。"

五、安全与健康

模板

"安全与健康是幼儿园工作的重中之重。我们会：定期检查设施设备，确保无安全隐患。严格执行晨检、午检制度，关注孩子的身体状况。家长接送孩子时注意交通安全，避免让孩子独自过马路。"

六、结束语

模板1（感谢与期待）

"再次感谢大家的支持与配合。孩子们的成长需要家园的共同努力，希望我们继续携手为孩子们创造更美好的未来！"

模板2（展望未来）

"接下来，我们将继续优化课程设计，融入更多实践项目，让孩子们在玩中学、学中做。期待与家长们共同见证孩子们的蜕变与成长！"

二　策划亲子活动

（一）策划班级亲子活动的流程

1. 明确活动目标

亲子活动目标一般有以下几方面：促进亲子关系，通过合作游戏增进家长与孩子的互动；家园共育，让家长了解幼儿园教育理念，配合班级工作；促进孩子发展，锻炼孩子的社交能力、动手能力或体能；营造良好的班级氛围，加强家长之间的交流，营造和谐班级文化，促进班级凝聚力等。

2. 确定主题形式

根据季节、节日或教学计划确定活动的主题，如"秋季亲子运动会""中秋亲子手工""环保小卫士"等。形式要新颖，符合幼儿的年龄特点，适合幼儿的实际情况，可选择户外运动会、手工DIY、亲子游园会、故事剧场、自然探索等。如"亲子厨房"（父母和孩子一起做饼干），"自然寻宝"（父母和孩子一起在公园寻找指定树叶/石头，并制作标本）等。

3. 确定时间和地点

根据活动主题的不同来选择时间、地点。考虑到家长工作时间，尽量不安排在工作日，提高家长的参与率，一般安排在周末上午。活动地点的安排也要合理，考虑到安全性、场地大小、距离远近、人员多少等方面的综合因素，可以选择幼儿园户外操场、活动室、社区公园（需提前申请场地）等。

4. 设计活动过程

幼儿园班级亲子活动需要兼顾趣味性、教育性和安全性，活动过程组织有序，班主任要积极发挥总指挥的作用，协调好教师、幼儿、家长等多方关系。

1）开场环节（10分钟）

欢迎家长，介绍活动目标和流程。

亲子暖场游戏（如"音乐律动""模仿秀"）。

2）亲子游戏/任务（60分钟）

游戏1：协作类（如"两人三足""亲子运球"，培养默契）。

游戏2：创意类（如"树叶贴画""纸箱城堡"，发挥想象力）。

游戏3：竞技类（如"趣味接力赛"，注意安全，弱化比赛性）。

3）休息与分享（15分钟）

提供点心、饮水，家长和孩子自由交流。

邀请家长和孩子分享感受。

4）集体活动（20分钟）

全班合作完成任务（如"拼贴班级树""合唱表演"）。

拍照留念（可设计创意合影区）。

5）结束环节（10分钟）

颁发参与奖（如孩子的手工作品）。

提醒家长整理物品，注意接送安全。

（二）撰写班级亲子活动方案

策划活动方案的撰写既是幼儿园文案管理的要求，也是幼儿园活动组织中很重要的一环，活动方案撰写具体的要求如下。

1. 文案命名

一般来说，幼儿园对教师文案的撰写有统一要求，各幼儿园的规定有些差异，但基本的要求都是清晰规范。文案命名要包括活动名称、班级或年级、学期、幼儿园简称等，例如：《2024年秋小太阳幼儿园中二班亲子运动会活动方案》。

2. 方案内容

活动方案一般包括以下方面的内容：活动名称、活动目标、活动时间、活动地点、参加人员、活动准备、活动流程及突发事件的应急预案等。

3. 书写格式示例

题目：小二号，黑体，加粗，居中。

一级标题：四号，宋体，加粗，左对齐。

二级标题：四号，宋体，缩进两格。

正文：五号，宋体，首行缩进两格，1.5倍行距。

（三）班级亲子活动前准备

1. 人员分工

一般由班主任统筹，配班老师协助，家长志愿者参与（如摄影、物资准备等）。活动前需明确各环节的负责人，如明确签到、游戏引导、安全监督等环节的负责人。

2．物资准备

提前准备好活动需要用到的物资，如游戏道具（彩虹伞、积木、绘画材料等）、奖品（贴纸、小勋章等）、后勤物资（饮用水、急救箱、签到表、家长联系表等）。

3．通知与宣传

提前1～2周发放纸质通知或在班级群公告，说明活动时间、内容、着装要求（如穿运动服）等。附上活动流程表，让家长清晰了解时间安排。

（四）活动注意事项

（1）安全第一，活动前应充分考虑各类安全隐患，提前做好安全防范措施。

（2）避免过度竞争，强调参与乐趣。

（3）灵活调整，根据幼儿状态缩短或延长某个环节。

（4）准备备用方案（如遇雨天改为室内活动）。

（5）后续跟进，活动后分享照片、视频到班级群。

（6）收集家长反馈，优化下次活动。

连线职场

××幼儿园大一班亲子春游活动方案

设计思路

为了让幼儿能够更好地了解大自然，春风盈盈，幼儿园组织了一次亲子登山春游活动，带领幼儿、家长一起感受大自然带给我们的暖暖春日。登山活动不但可以增强幼儿的体质，还可以培养幼儿的集体荣誉感。也希望在此活动中，幼儿户外活动的安全意识及自我保护能力得到提升。

活动目标

1．引导幼儿感受春季大自然的特征，为家乡的美景感到骄傲。

2．增进教师与家长、家长与孩子、家长与家长之间的情感交流。

3．引导幼儿树立"爱护植物，保护环境"的环保意识。

4．提升幼儿的安全意识及自我保护能力。

活动地点

××山风景名胜景区。

活动时间

2025年3月22日（星期六）。

活动准备

1. 通知家长相关事项并对幼儿进行安全教育。

2. 活动旗帜、食物、药物、奖品等。

3. 幼儿着运动衣、运动鞋，带水壶、隔汗巾，适当带些健康食品可用于中途补充能量；家长着运动服和登山鞋。

活动过程

1. 8：20在××山正门牌坊下拍摄集体照（培养幼儿的集体意识）。

2. 教师向家长及幼儿交代登山注意事项。

（1）开始登山前与幼儿一起做热身运动，舒展筋骨。

（2）幼儿由家长牵着步行登山，尽量不要背、抱幼儿（培养幼儿独立、坚强、勇敢的精神）。

（3）登山过程中一定要注意安全：最好走大路上山，不能往崖边走，幼儿一定要跟着家长走，不能独自行动。途中注意行人，避免相撞。幼儿相互之间不得嬉戏打闹，要适当休息、补充体力；家长们可以沿途教幼儿认识景区的安全标记和警示牌，提升幼儿的安全意识。

（4）途中与幼儿一起欣赏景区内春天的美景（感受春季家乡美景的变化，为此而感到骄傲），同时跟路人宣传环保知识。

（5）登顶后在观光车终点处集合，教师组织开展亲子游戏。

（6）活动结束后，下山途中家长带着幼儿也一定要注意安全。要适当休息，避免关节过度劳损。

3. 8：30正式入景区。在景区大门旁的瀑布处观赏景区内植被和植物情况。

4. 9：00开始登山，教师人员安排如下：宋老师负责带领家长和幼儿登山，陈老师在山顶等候先到山顶的家长和幼儿，周老师负责在登山途中拍照，李老师负责准备医药用品。

5. 登山途中，引导幼儿结合"春天"的主题找春天。

实践一：画树皮的纹路。

实践二：用树叶做手环。

6. 10：30前登山到达山顶观景台（观光车终点处），颁发奖品并组织亲子塑料袋游戏。

（1）游戏名称：塑料袋跑得快（幼儿）。

游戏规则：幼儿手拿"扇子"，将塑料袋吹好扎紧，用"扇子"扇塑料袋，先到者为胜。

（2）游戏名称：你抛我接（亲子）。

游戏规则：父母与幼儿面对面站好，相互抛接塑料袋。

（3）游戏名称：袋子别落地（亲子）。

游戏规则：父母与幼儿共同扇"塑料袋"，不能让塑料袋落下来。

（4）制作塑料袋风筝。

制作方法：在塑料袋上画画做装饰，贴好尾巴，塑料袋风筝就做好了。

7. 11：30集体活动结束，在景区广场解散。家长可带幼儿自行参观景区，也可直接下山回家，途中要注意安全。

三　与家长个别沟通

（一）沟通的原则

1. 专业性原则

专业性原则是指教师要用专业的理念、知识和技能来与家长沟通，从沟通前的准备、沟通时的表现以及沟通后的处理等环节可以看出一位教师的专业水平。其中，最重要的是沟通前的准备。教师要对沟通的地点、时间、内容和方法深思熟虑，对沟通的内容尤其要深入思考。教师可以使用观察、谈话、记录等了解幼儿的基本方法和教育心理学的基本原理和方法事先收集有关沟通的内容，力争做到真实和客观，这样可以避免在沟通的过程中因泛泛而谈而给家长留下不好的印象。

2. 情感性原则

情感性原则是指教师在与家长沟通时，要充分体现出教师对幼儿富有爱心、责任心、耐心和细心。教师在与家长沟通时，要注意语言的使用，语言要温和，还可以积极使用各种肢体动作，营造轻松和谐的沟通氛围。

3. 经常性原则

经常性原则是指教师要经常保持与家长的联系，将沟通作为幼儿园的日常工作，目的在于增强相互之间的理解，达成共识。在与家长的经常联系中，首先，教师应使用多种多样的沟通方式，教师应将面对面的口头交流和书面交流相结合，园内交流和园外交流相结合，正式交流和非正式交流相结合，针对不同的家长选择恰当的沟通方式，激发家长的沟通意识。其次，教师应选择丰富多样的沟通内容，在选择内容时，要注意谈论幼儿优点和缺点相结合的原则，一味地谈幼儿的缺点或优点，都不利于家长对幼儿建立正确的认识。另外，除了反映幼儿的学习情况以外，也可以就幼儿的同伴关系、生活能力、情绪状态与家长进行沟通，帮助家长全面了解幼儿的发展现状及过程。

4. 及时性原则

及时性原则要求教师能够在最短的时间内与家长进行沟通，目的在于解决问题，尤其是在发生突发事件时。及时沟通对教师的现场反应要求比较高，教师要清楚各项突发事件的应急方案，并定期进行预演。此外，当教师发现了幼儿的不良行为或发展上的进步时，也要做好及时沟通工作，让家长能够了解幼儿的即时信息。

（二）沟通策略

1. 服务与要求相结合

家长为了自己的孩子愿意支持教师的工作，但是在被多次要求之后可能会产生消极的情绪。而且，有时教师只是直接在班级群里发送任务要求，没有说清楚事情的前因后果，家长不清楚为什么要这么做，有时候甚至会认为教师是在给家长布置任务。所以，教师需要做到服务与要求相结合。

教师在布置任务之前，应先介绍自己已经做了哪些事情，取得了哪些成效，整个计划的制订过程，让家长明白教师前期的计划和准备都经过专业的思考；在布置任务的过程中，要及时了解家长的困惑并解答或给予帮助；在布置任务之后，及时向家长反馈后期的处理，尤其应对幼儿的积极行为进行反馈，增加幼儿的成就感和家长的认同感。

2. 学会倾听与反思

教师要学会成为一个良好的倾听者。教师只有仔细倾听，才能知道家长的真实想法，才有可能与家长产生共鸣，最终相互理解；教师只有仔细倾听，才能让家长体会到被尊重的感觉，才能让家长对教师产生信任；教师只有仔细倾听，才能寻找到与家长建立关系的话题和契机，才能更有效地解决问题。要成为良好的倾听者，应做到以下几点。

（1）尽可能安排一个不被打扰的地点和时间进行沟通。

（2）使用积极的口头语言或肢体语言来肯定家长的讲述，理解他们的感受。

（3）在家长进行表述时，不要进行价值判断。

（4）遇到疑问时，先总结对方的观点，再抛出自己的问题。

在倾听时和倾听后，教师都要及时反思，先从家长的讲述中厘清问题的核心，然后分析问题产生的原因。在分析原因时，教师要学会先从自己身上找问题。在面对家长投诉时，教师一定要学会控制自己的情绪，理性地分析和解决问题。

3. 识别家长的需求，积极沟通

家长群体因为性格、教育水平、生活环境等因素的影响，育儿观念和教养方式都有所不同。教师应该在沟通之前了解、分析家长的育儿需求及特点，有针对性地进行沟通，才能取得好的结果。

任务三　综合实训

实训一　设计幼儿园小班入园适应主题家长会活动方案

一　实训目标

（1）知识目标：了解幼儿分离焦虑、入园适应阶段的特点及家园共育的理论知识；掌握家长会活动的设计原则，如科学性、针对性、互动性、规范性等。

（2）能力目标：具备幼儿园家长会设计与组织能力，包括需求分析、流程策划、互动设计及方案撰写等技能。

（3）素质目标：增强家园共育意识，树立以幼儿为本的教育理念。

二 实训准备

（一）理论复习

（1）复习小班幼儿身心发展特点，如分离焦虑的表现、自理能力发展阶段等。

（2）掌握家园共育中缓解入园焦虑的策略，如渐进式分离、家庭支持方法等。

（二）资料收集

（1）调研小班新生家长的常见问题，如"孩子哭闹不愿入园怎么办？""如何培养孩子的自理能力？"等。

（2）参考优秀的家长会案例，分析其针对入园适应问题的设计思路。

（三）工具准备

电脑、PPT制作软件、家长会方案模板、调查问卷设计工具（如问卷星）。

三 实训要求

科学性：方案需符合小班幼儿发展规律，策略具有可操作性。

针对性：聚焦入园适应核心问题，避免泛泛而谈。

互动性：设计家长参与环节，如角色扮演、经验分享等。

规范性：语言简洁，格式符合方案文档要求。

四 实训过程

步骤1：需求调研与分析。设计家长问卷，整理问卷数据，提炼3～5个核心问题。

步骤2：方案框架设计。确定主题，设定目标，规划流程。

步骤3：内容细化。设计互动工具，准备辅助材料（如缓解焦虑的绘本、亲子游戏示例等）。

步骤4：方案撰写与优化。撰写方案，包含时间安排、人员分工、物资清单等。小组互评，提出改进建议，根据反馈优化活动细节。

五　实训评价标准

评价维度	评分标准（满分100分）
需求分析	问卷设计合理，问题提炼准确，家长关注点覆盖全面。（20分）
方案结构	目标明确，流程清晰，环节衔接自然。（20分）
内容质量	策略科学有效，案例贴近实际，互动环节有吸引力。（30分）
创新性	形式新颖，体现家园共育理念。（15分）
规范性与可行性	格式规范，时间安排合理，物资清单详细。（15分）

六　实训成果提交

（1）提交一份完整详细的小班入园适应主题家长会活动方案（含 PPT、发言稿等）。

（2）提交家长问卷及数据分析报告。

（3）提交小组互评记录及方案优化说明。

实训二　设计幼儿园中班亲子运动会活动方案

一　实训目标

（1）知识目标：掌握中班幼儿（4～5岁）体能发展特点及适宜运动项目，理解幼儿园亲子运动会的组织原则（安全性、科学性、趣味性、规范性）。

（2）能力目标：具备幼儿园亲子运动会的设计、组织与实施能力，包括活动策划、流程安排、安全预案制订及资源整合等能力；能设计符合中班幼儿年龄特点的亲子运动游戏，合理规划运动会流程。

（3）素质目标：增强团队协作意识，提升对幼儿及家长需求的敏感性，培养活动创新与应急处理能力。

二　实训准备

（一）理论复习

（1）复习中班幼儿动作发展目标，如跑、跳、平衡、投掷等能力的发展目标。

（2）掌握亲子活动的教育价值及组织原则。

（二）资料收集

（1）调研中班幼儿及家长对亲子运动会的兴趣点（如运动项目偏好）和时间安排。

（2）参考优秀的亲子运动会案例，分析其项目设计、互动形式及亮点。

（3）收集经典亲子运动会游戏，如"袋鼠跳""运球接力"等。

（三）工具准备

电脑、PPT 制作软件、活动方案模板、调查问卷设计工具（如问卷星）、场地布置图设计工具（如绘图软件）、运动器材清单（如标志桶、跳绳、软球等）。

三　实训要求

安全性：明确安全规则（如禁止推挤、提前检查器材），制订应急预案。

科学性：项目设计需符合中班幼儿动作发展水平，避免高难度或危险动作。

趣味性：融入游戏化元素（如角色扮演、积分奖励），激发幼儿参与兴趣。

规范性：方案结构完整，语言简洁，格式符合方案文档要求（含附录、流程图）。

四　实训过程

步骤1：需求调研与分析。设计问卷，收集家长和幼儿的运动兴趣（如喜欢跑跳类还是投掷类游戏），整理问卷数据，提炼核心需求。

步骤2：方案框架设计。确定主题，设定目标，规划流程，如将主题设计为"趣动童年，亲子同行——中班亲子运动会"。

步骤3：内容细化。设计项目规则与评分标准，规划场地布置，准备辅助材料。

步骤4：方案撰写与优化。撰写方案，包含时间安排、人员分工、物资清单等。小组互评，提出改进建议，根据反馈优化活动细节。

五　实训评价标准

评价维度	评分标准（满分100分）
需求分析	问卷设计合理，需求提炼准确，家长与幼儿兴趣点覆盖全面。（20分）
方案结构	目标明确，流程清晰，环节衔接自然，时间分配合理。（20分）
内容质量	项目设计科学有趣，规则明确，安全措施完备。（30分）
创新性	形式新颖，体现家园共育理念。（15分）
规范性与可行性	格式规范，物资清单详细，应急预案可行。（15分）

六　实训成果提交

（1）提交一份完整详细的幼儿园中班亲子运动会活动方案（含 PPT、发言稿等）。

（2）提交家长问卷及数据分析报告。

（3）提交小组互评记录及方案优化说明。

扫一扫：了解超实用的家园沟通话术集

考点聚焦

一、单项选择题

1. 幼儿园开展家园共育工作时，以下哪项做法是不恰当的？（　　）。〔2023 年上半年幼儿园教师资格证考试真题〕

A. 定期召开家长会，交流幼儿发展情况　　B. 通过微信群每天布置家庭作业

C. 邀请家长参与节日活动策划　　D. 建立家长委员会，共同制定教育计划

2. 家长对幼儿园教育有误解时，教师应首先（　　）。〔2022 年下半年幼儿园教师资格证考试真题〕

A. 坚持专业立场，拒绝家长意见　　B. 主动倾听家长诉求，耐心解释教育目标

C. 向园长汇报，由园长处理　　D. 建议家长更换幼儿园

二、简答题

1. 简述幼儿园开展家园共育的三种主要途径。〔2021 年上半年幼儿园教师资格证考试真题〕

2. 如何帮助家长树立科学的育儿观？〔2020 年下半年幼儿园教师资格证考试真题〕

课后实践

1. 实践一

设计一个以"家园共育"为主题的家长开放日活动方案。

2. 实践二

大班幼儿小明的家长认为"幼儿园应该多教拼音和算术"，否则孩子会输在起跑线上。作为教师，你如何与家长沟通？

参考文献

[1]　教育部基础教育司. 《幼儿园教育指导纲要（试行）》解读［M］. 南京：江苏教育出版社，2002.

[2]　教育部教师工作司. 《幼儿园教师专业标准（实行）》解读［M］. 北京：北京师范大学出版社，2013.

[3]　李季湄. 学前教育学［M］. 北京：北京师范大学出版社，2017.

[4]　李季湄，冯晓霞. 《3—6岁儿童学习与发展指南》解读［M］. 北京：人民教育出版社，2013.

[5]　华纳. 幼儿园班级管理技巧150［M］. 北京：中国轻工业出版社，2010.

[6]　左志宏. 幼儿园班级管理［M］. 2版. 上海：华东师范大学出版社，2023.

[7]　张金陵. 幼儿园班级管理［M］. 上海：华东师范大学出版社，2023.

[8]　唐碧云，伍友艳，杨彦. 幼儿园班级管理实务与案例评析教程［M］. 武汉：武汉大学出版社，2023.

[9]　林茂霞. 幼儿园班级管理［M］. 北京：北京理工大学出版社，2023.

[10]　侯娟珍. 幼儿园班级管理［M］. 北京：北京师范大学出版社，2021.

[11]　张莅颖. 幼儿园班级管理［M］. 2版. 北京：高等教育出版社，2019.

[12]　刘凤英，袁萍. 幼儿园班级管理［M］. 北京：北京师范大学出版社，2021.

[13]　谷瑞勉. 幼儿园班级管理：反思性教师的思考与行动［M］. 北京：北京师范大学出版社，2016.

[14]　于爱国. 幼儿园安全治理实践与探索［M］. 青岛：中国石油大学出版社，2021.

[15]　张卫东. 幼儿园安全管理及风险防范［M］. 2版. 济南：山东大学出版社，2022.

[16]　纪艳红，刘超. 幼儿安全管理与教育［M］. 北京：清华大学出版社，2018.

[17]　李娟梅，许同昇. 看得懂，做得会——幼儿园一日生活安全管理口袋本［M］. 上海：华东师范大学出版社，2024.

[18]　曹雪梅. 幼儿园安全防护实用手册［M］. 北京：北京师范大学出版社，2024.

[19]　徐途琼. 润泽儿童生命：幼儿园安全教育课［M］. 北京：科学出版社，2024.

[20]　刘文英. 幼儿园安全教育常识［M］. 保定：河北大学出版社，2012.

[21]　陈艳丽，张莉. 幼儿园班级管理［M］. 2版. 北京：高等教育出版社，2022.

[22]　莫源秋. 幼儿园班级管理68问［M］. 武汉：长江文艺出版社，2022.

[23]　刘娟. 幼儿园班级管理［M］. 南京：南京大学出版社，2020.

Note

［24］ 廖莉．幼儿园班级管理：角色·关系·空间［M］．南京：南京大学出版社，2020．

［25］ 陈泽婧，陈思慧．幼儿园班级管理［M］．吉林：东北师范大学出版社，2025．

［26］ 张燕．幼儿园班级管理［M］．北京：人民教育出版社，2013．

［27］ 陶金玲．幼儿园班级管理［M］．南京：南京大学出版社，2019．

［28］ 李慧英．幼儿园班级管理［M］．3 版．北京：高等教育出版社，2024．

［29］ 缪晓方．家园合作共育——共同负起责任［M］．南京：南京大学出版社，2023．

［30］ 陈静．一日活动组织——富有弹性的课程［M］．南京：南京大学出版社，2023．

［31］ 郑丽圆．幼儿园班级管理问题与处理［M］．北京：中国轻工业出版社，2017．

Note

版 权 声 明

为了方便学校课堂教学，促进知识传播，便于读者更加直观透彻地理解相关理论，本书选用了一些论文、电影、电视、网络平台上公开发布的优质文字案例、图片和视频资源。为了尊重这些内容所有者的权利，特此声明，凡在本书中涉及的版权、著作权等权益，均属于原作品版权人、著作权人等。

在此向这些作品的版权所有者表示诚挚的谢意！由于客观原因，我们无法联系到您，如您能与我们取得联系，我们将在第一时间更正任何错误或疏漏。

教学支持说明

为提升教育教学质量，本套教材融合多种媒体，配套了丰富的数字资源，使教材理论与实践密切结合，强调实践性，教材内容呈现形式灵活，方便教师教学，利于学生学习。

为方便教师的教学，我们将向使用本套教材的教师赠送教学课件或相关教学资料，请扫码加入托幼一体化专家俱乐部QQ群与我们联系，获取"数字资源申请表"并认真填写后发送给我们。

群名称：托幼一体化专家俱乐部
QQ群号：732618071

查看更多同系列教材